乡村产业空间发展丛书

都市圈乡村产业空间发展

刘兰君　张致伟　潘　悦　著

中国建材工业出版社

北　京

图书在版编目（CIP）数据

都市圈乡村产业空间发展/刘兰君，张致伟，潘悦著．--北京：中国建材工业出版社，2024.3
（乡村产业空间发展丛书）
ISBN 978-7-5160-3830-7

Ⅰ.①都… Ⅱ.①刘… ②张… ③潘… Ⅲ.①乡村—农业产业—产业发展—研究—中国 Ⅳ.①F323

中中国国家版本馆 CIP 数据核字（2023）第 178383 号

都市圈乡村产业空间发展
DUSHIQUAN XIANGCUN CHANYE KONGJIAN FAZHAN
刘兰君　张致伟　潘悦　著

出版发行：*中国建材工业出版社*
地　　址：北京市海淀区三里河路 11 号
邮　　编：100831
经　　销：全国各地新华书店
印　　刷：北京雁林吉兆印刷有限公司
开　　本：787mm×1092mm　1/16
印　　张：10.25
字　　数：250 千字
版　　次：2024 年 3 月第 1 版
印　　次：2024 年 3 月第 1 次
定　　价：69.80 元

本社网址：www.jccbs.com，微信公众号：zgjcgycbs
请选用正版图书，采购、销售盗版图书属违法行为
版权专有，盗版必究。本社法律顾问：北京天驰君泰律师事务所，张杰律师
举报信箱：zhangjie@tiantailaw.com　　举报电话：(010)57811389
本书如有印装质量问题，由我社事业发展中心负责调换，联系电话：(010)57811387

前言

"都市圈"是一种城镇化空间形态,其中乡村地域规模在都市圈空间范围中占有相当大的比重,承担着生态、安全、农业、游憩等多项职能。目前,我国都市圈发展的理论与实践研究一直关注城镇空间和生态资源等方面,应将对乡村产业空间的研究同样视为重点领域,研究都市圈乡村产业空间的演进逻辑和内在机理,优化都市圈乡村土地资源配置手段,以实现都市圈乡村功能完善,促进城乡统筹发展。

当前,都市圈乡村产业空间同质化、碎片化和低效发展现象十分突出,不利于都市圈乡村产业空间统筹布局,削弱了乡村土地资源效益并制约了城乡统筹发展,因此应进一步有针对性地完善乡村土地资源配置手段,并进行政策引导。虽然近几年开展的国土生态整治、精准扶贫、三乡工程等乡村振兴工作收获了不少成效,但是业界对"全局性谋划、战略性布局、整体性推进"层面的都市圈乡村产业空间研究不足,短期内难以转变都市圈乡村土地资源与技术、资金、人才等"流要素"之间的大量"错配现象"。在此背景下,本书重点研究乡村产业与空间融合方式,提炼具有集聚特征的现代农业型产业空间、共生特征的生态资源型产业空间和衍生特征的农旅融合型产业空间,并研究三类空间的演进特征、集聚效应和组织模式,深化"都市圈(次区域)—县区级—乡镇级—村级"层级协同传导的乡村产业空间规划策略。

本书基于产业融合发展趋势下,产业重组与空间重构的耦合效应,探索都市圈乡村产业空间发展的内在机理,具体研究:都市圈乡村产业空间演进特征;都市圈乡村产业体系构建与空间格局响应,包括城乡供需关系和乡村产品特征、"产业-空间"耦合逻辑、乡村产业空间认知框架以及产业空间格局响应;都市圈乡村产业空间发展的内在机理,包括构建"现代农业型""农旅融合型""生态资源型"产业空间内在机理的分类研究,并从宏观、中观、微观层面剖析其影响因素。

本书运用层次分析法和情景模拟法提炼乡村产业空间的三种类型,以此指导乡村产业空间分类分区并发挥土地要素市场化配置的效用。不同类型乡村产业空间涉及的主次要素、机理特征和周期特征存在较大差异,通过空间聚类等相关方法分别研究三类产业空间的集聚特征,以及对周边乡村空间的影响变化。同时,遵循都市圈乡村产业空间统筹布局要求和演进特征,通过数据可视化,分析不同空间层级的乡村产业空间结构特征与演化趋势。

本书以发挥生态与经济双重价值的乡村土地资源优化配置，以及推进乡村产业空间"自组织＋他组织"发展机制为目标，深化都市圈多层次空间协同的规划策略和编制技术研究。首先，依据多层次空间协同的国土空间规划技术传导和"县镇村联动发展"的乡村建设管理职责衔接要求，合理构建"都市圈（次区域）—县区级—乡镇级—村级"中的乡村产业空间规划重点内容和配套政策；其次，遵循现代乡村产业集群及其空间集聚发展的特征规律，协调乡村土地资源保护与利用的关系，分级分类优化乡村土地资源配置方法和乡村产业空间布局规划，加快构建现代乡村产业体系并促进一二三产业融合发展，多向提升乡村价值，科学推进乡村规划并实现农村农业现代化发展。

本书由刘兰君同志负责主体内容的编制撰写工作，张致伟同志负责文献收集与案例整理工作，潘悦同志负责研究方案和全书内容框架的制定工作。

由于作者水平所限，书中不足之处在所难免，恳请广大读者批评指正。

著　者
2023 年 6 月

目录

1 导论 ··· 1
  1.1 研究背景与意义 ·· 1
  1.2 研究目标与解决问题 ·· 6
  1.3 研究特色与创新 ·· 7
  1.4 研究方法与思路 ·· 8

2 理论研究与现状识别 ·· 11
  2.1 理论支撑 ·· 11
  2.2 实证样本选择与研究方案 ·· 20
  2.3 武汉都市圈乡村产业空间现状识别 ·· 28

3 都市圈乡村产业空间演进特征与优化逻辑 ··· 36
  3.1 都市圈乡村产业空间发展基本特征 ·· 36
  3.2 宏观机理：城乡供需关系下的都市圈乡村空间发展 ····························· 41
  3.3 微观机理：我国农村制度对乡村空间组织的影响机制 ························· 49
  3.4 都市圈乡村产业空间优化逻辑 ·· 55

4 路径1：都市圈乡村产业集群发展 ·· 68
  4.1 都市圈乡村产业集群发展动力机制 ·· 68
  4.2 都市圈乡村产业集群发展方式 ·· 70
  4.3 都市圈乡村产业集群发展模式 ·· 71
  4.4 集群类型差异下的都市圈乡村产业优化发展 ····································· 74
  4.5 都市圈乡村产业集群发展策略 ·· 83

5 路径2：都市圈乡村空间集聚类型与特征 ··· 86
  5.1 都市圈乡村产业空间集聚发展的动力机制 ··· 86

5.2 都市圈乡村土地资源价值及其转换 ·· 93
5.3 都市圈乡村产业空间集聚机理研究 ·· 101
5.4 "现代农业型"乡村产业空间集聚发展 ·· 110
5.5 "农旅融合型"乡村产业空间集聚发展 ·· 114
5.6 "生态资源型"乡村产业空间集聚发展 ·· 119

6 路径3：产业视角下都市圈乡村生态功能空间整治技术优化 ············· 124
6.1 "两山理论"下的都市圈乡村生态功能空间转化逻辑与模型 ············· 124
6.2 产业视角下都市圈乡村生态功能空间效用与技术优化 ······················· 133
6.3 都市圈乡村生态功能空间识别与整治——武汉都市圈实证 ··············· 136
6.4 基于产业导向的都市圈乡村生态资源分区修复策略 ························· 146

参考文献 ··· 152

1 导　　论

1.1 研究背景与意义

1.1.1 概念解读

1. 都市圈

都市圈是区域城镇化发展到中期阶段的产物,是单个城市向城市群发展进程中的重要环节,在引领城乡融合、区域协调发展方面具有重大作用。对都市圈如何定义,目前尚未形成共识。国内外的都市圈内涵不尽相同,如美国北加州大都市圈、日本东京首都圈、英国英伦城市群、中国长三角城市群、中国武汉都市圈等。

本书所述的都市圈概念以《都市圈国土空间规划编制规程》中的定义为准,即以辐射带动功能强的城市或具有重大战略意义的城市为核心,以一小时交通圈为基本范围,包括与核心城市有着紧密的产业、商务、公共服务、游憩等功能联系的各级各类城镇的跨行政区地域空间单元。(注:都市圈内可以包含一个或多个核心城市。)

2. 乡村产业空间

都市圈乡村作为都市圈的"二级词汇",既是现代农业和城市外溢产业的空间载体,又是实现城乡要素联动和产业供需平衡的重要依托。在存量规划的背景下,乡村相对于城市而言具有较多的未开发建设用地,是都市圈扩张发展备用的"空间腹地"。本书认为都市圈内划定的"城镇开发边界"可视为"城市(镇)"地域,其余区域可视为"都市圈乡村"范畴。

乡村产业发展需要相应的空间进行承载,乡村产业升级和重构也必然通过空间形态和结构等维度变化进行表征。乡村产业空间不仅具有空间自属的地理位置、"长、宽、高"维度等物质形态属性,还具有产业附属的农业、工业、服务业等功能要素属性。同时,基于"山水林田湖草海"等土地资源要素衍生的乡村产业项目及项目之间的空间关系,可理解为"乡村产业空间",乡村土地资源与乡村产业空间具备"天然的"传导关系。本书将"乡村产业空间"定义为:在乡村地域范围内从事生产活动、承载生产要素、彰显产业功能所需要的空间,具体包括生产空间、资源空间以及服务配套空间。

3. 产业链、供应链、价值链与产业集群关系

从国内外学者的概念界定上看,供应链是基于物流范畴产业之间的直接供应或需求端的链条连接,主要目的是一方面减少产业资源与产品流通的成本,另一方面提高产业产品与消费者之间的联系程度。

产业链与价值链逻辑上存在相似之处,然而其理论表现形式不同。产业链理论关注产业集群中各种产业的分工与产业配套,资源在产业链上的集中、升值伴随着功能的传递与累加,使产业每个"节点"对上游或者相关的产业提出需求,对下游产业实现供给，偏向中观与宏观的产业经济管理。价值链理论强调区域价值多重供应中形成的"链式"市场经济关系，有助于产业集群针对产业发展现状及未来的潜在目标进行价值分析与预测，是一种测量产业优势与劣势的方法理论，这是价值链与产业链之间最显著的区别。

产业链、供应链、价值链与产业集群的关系大体上可以界定为：产业集群是在一定区域内依托供应链进行战略联盟与资源整合的经济群体，价值链与产业链是产业集群中多重供应效应的复合体（图1-1）。

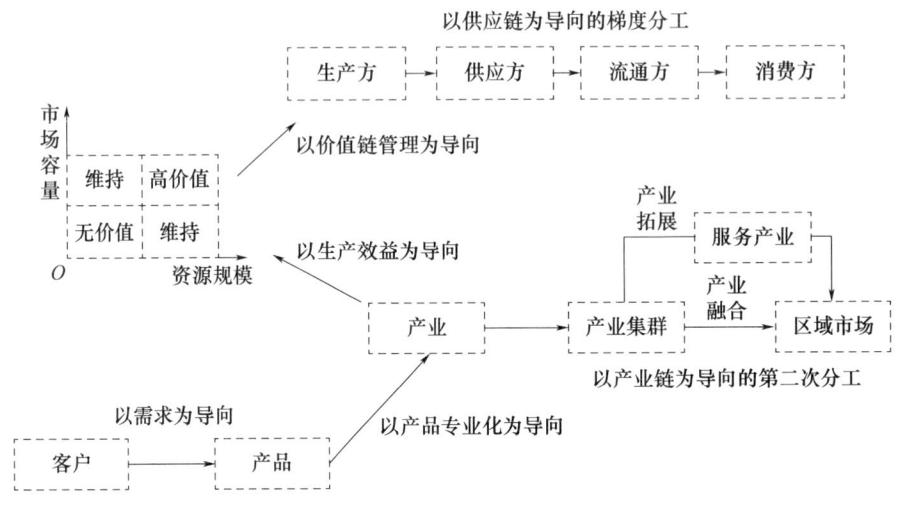

图 1-1　产业链、供应链、价值链与产业集群的关系图示

1.1.2　研究背景

1. 乡村振兴的提出与发展

当前，我国开启全面建设社会主义现代化国家新征程，发展乡村产业意义重大。我国的乡村振兴自2002年开始至今取得了一定的成效，2010年中央一号文件提出鼓励乡镇发展休闲农业、乡村旅游，进一步拓展农村非农领域的就业空间；2017年10月18日，习近平同志在党的十九大报告中提出，实施乡村振兴战略，并指出农业、农村、农民问题是关系国计民生的根本性问题，必须始终把解决好"三农"问题作为全党工作重中之重。

2018年9月，中共中央、国务院印发的《乡村振兴战略规划（2018—2022年）》中以"乡村兴则国家兴，乡村衰则国家衰"为规划背景，提出加快构建乡村产业空间新格局，完善城乡产业体系。乡村振兴战略的核心目标是通过优化资源配置、完善社会保障、提高农民收入等一系列手段深化农村改革，推动乡村发展，同时实现城乡互补、协调发展，进一步稳定和促进社会和谐发展。

2022年2月，国务院印发了《"十四五"推进农业农村现代化规划》，提出优化城乡土地资源配置，并强调了乡村空间规划的重要性。随着乡村振兴战略的实施，产业发展成为新时期农村发展的核心议题。如何抓住新机遇，推动产业升级，促进农民增收致富，成为当前乡村振兴工作的重要课题。

发展乡村产业是乡村全面振兴的重要根基。乡村振兴，产业兴旺是基础。要聚集更多资源要素，发掘更多功能价值，丰富更多业态类型，形成城乡要素顺畅流动、产业优势互补、市场有效对接格局，乡村振兴的基础才牢固。

发展乡村产业是巩固提升全面小康成果的重要支撑。全面建成小康社会后，在迈向基本实现社会主义现代化的新征程中，农村仍是重点和难点。发展乡村产业，让更多的农民就地就近就业，把产业链增值收益更多地留给农民，农村全面小康社会和脱贫攻坚成果的巩固才有基础、提升才有空间。

发展乡村产业是推进农业农村现代化的重要引擎。农业农村现代化不仅是技术装备提升和组织方式创新，更体现在构建完备的现代农业产业体系、生产体系、经营体系上。发展乡村产业，需要将现代工业标准理念和服务业人本理念引入农业农村，推进农业规模化、标准化、集约化，纵向延长产业链条，横向拓展产业形态，助力农业强、农村美、农民富。

因此，当前迫切需要改善乡村空间发展模式以提升产业效率，通过产业发展促进乡村经济发展，从而高效利用资源，合理安排生态空间，有助于为产业投入和资源转换提供优质的产业发展软环境，助力挖掘乡村空间潜在价值。

2. 都市圈乡村产业发展瓶颈

在快速工业化和城镇化进程中，由于内生发展动力和外源驱动力的综合作用，乡村地域的功能不断转型并日趋多元化，乡村生产空间、生活空间和生态空间也因而重构。这一趋势在都市圈表现得最为突出，乡村地域已由"生产性空间"转型为"后生产性空间"或"多功能性空间"。在基础设施改善与景观优化的基础上，借助乡村旅游等活动的开展，大都市周边的乡村日益成为城市居民的消费空间。

2019年2月印发的《国家发展改革委关于培育发展现代化都市圈的指导意见》，提出在都市圈层面率先实现城乡融合发展，并强调了资源要素流动和配置的重要性。2020年4月印发的《中共中央 国务院关于构建更加完善的要素市场化配置体制机制的意见》，提出扩大要素市场化配置范围，引导要素集聚以及破除无效供给。以都市圈等宏观"界域"为核心的城乡一体化发展格局正逐渐形成，在此过程中，小而广的乡村是大城市困境突围的抓手，有助于完善城乡统筹战略拼图。同时，都市圈乡村从地理空间角度排除了"就乡村论乡村"和"片面强调城镇化"的观点，使乡村融入城乡地域分工体系，是乡村振兴的重要依托与落脚点。

随着乡村振兴的全面推进，历史遗留的以城市发展为主导的城乡资源要素分配不平衡现象将得到有效缓解，乡村产业类型将逐渐完善和丰富，并逐渐摆脱"普遍短缺"的困境。因此，乡村自身资源转换效率和产业要素流转已成为阻碍乡村产业发展的主要瓶颈。在以城镇化为依托的消费升级下，乡村产业发展目标是满足农村居民生产、生活的需要，更是加强乡村空间治理，促进要素合理流动以及集约高效利用乡村土地资源。多元化的都市圈乡村消费需求激发了乡村产业空间自组织发展活力，促使乡村产业空间类型扩展和土地资源价值提升。在具有针对性的乡村土地资源配置手段与政策引导下，转变农村发展思路，加快农村产业结构的调整和转变，有助于突破都市圈乡村产业空间发展瓶颈和完善乡村功能。

1.1.3 研究意义

1. 现实意义：多元化的都市圈乡村消费需求激发了乡村产业空间自组织发展活力，但缺乏有针对性的乡村土地资源配置手段与政策引导，阻滞了都市圈乡村产业空间统筹发展与乡村功能完善

都市圈内部城市与乡村之间存在生态、产业等多方面功能的要素循环与协调发展诉求，也是都市圈积极融入"国内大循环为主体"的空间主体响应。2018年起，国家陆续出台了《乡村振兴战略规划（2018—2022年）》《关于培育发展现代化都市圈的指导意见》《中共中央 国务院关于构建更加完善的要素市场化配置体制机制的意见》《"十四五"推进农业农村现代化规划》等重要文件，对都市圈、乡村发展及土地要素配置等内容做出了重要指示要求。上海市、广州市、武汉市、成都市等各大城市也陆续编制了"都市圈发展规划"。

都市圈内划定的"城镇开发边界"可视为"城市（镇）"地域，其余区域可视为"乡村"范畴。受到大城市对周边地区的外溢影响和多元化乡村消费需求带动，都市圈乡村地域成为产业投资的"热土"，乡村不仅为城市提供粮食供给，同时呈现出现代农业、休闲旅游、康养度假等多元化项目类型。而都市圈乡村产业空间整体呈现出来的同质化、碎片化和低效发展现象十分突出，不利于都市圈乡村产业空间统筹布局，进而削弱了乡村土地资源效益并制约了城乡统筹发展。虽然近几年开展的国土生态整治、精准扶贫、"三乡工程"等乡村振兴工作收获了不少成效，但是对"全局性谋划、战略性布局、整体性推进"层面的都市圈乡村产业空间研究缺位，难以有效转变都市圈乡村土地资源与技术、资金、人才等"流要素"之间存在的大量"错配现象"。那么，抓住日益增长的多元化乡村消费需求和日益完善的乡村配套设施的契机，研究都市圈乡村产业空间的演进逻辑和内在机理，优化都市圈乡村土地资源配置手段，可实现都市圈乡村功能完善和城乡统筹发展。

2. 学术价值：既有的理论体系均无法全面阐释都市圈乡村产业空间的演进特征与集聚现象，亟待构建乡村产业空间认知框架与运行机理研究

目前，我国都市圈发展理论与实践的研究多关注城镇空间和生态资源等方面，而对乡村产业空间的研究同样应视为待深化的重点领域。基于"山水林田湖草海"等土地资源要素衍生的乡村产业项目及项目之间的空间关系，可理解为"乡村产业空间"，乡村土地资源与乡村产业空间具备"天然的"转换关系，但两者之间并不是"线性关系"。农村土地制度"三权分置"改革加快形成了多元乡村经营主体的格局，通过大量资金、先进理念和科技手段的植入，提升了传统农业空间及其他乡村空间的附加价值。乡村产业空间所具备的依附性、融合性、趋利性和开放性特征推进着空间"自组织"发展，然而在缺乏有序组织引导的制度设计下，众多投资行为往往"用脚投票"，导致大城市周边地区乃至都市圈内部的乡村产业空间出现同质化无序发展的普遍现象，抑制了乡村产业空间后续的集聚效应。

既有的理论和实践研究成果，无法全面阐释都市圈乡村产业空间发展中出现的若干现象。一是理论缺位，现代农业经济学集中于从乡村产业组织、产业技术和产业集群发展等方面研究乡村产业发展；旅游管理学从"吸引物"角度和旅游十二要素方面研究乡村旅游产业产品体系，近年来多关注农旅融合、文旅融合现象；而城乡规划学与土地资源管理多关注人居环境、设施配套和土地整治等乡村空间发展。二是实践缺位，近年来国家部委和地方政府密集出台并推动实施的土地"三权分置"制度改革、集体经营性建设用地入市制度，以及创建美丽乡村、发展全域旅游等乡村振兴举措，可视为从项目建设层面推进乡村经济发展，依然缺乏宏观协调和对问题的凝练。三是治理缺位，在"推进县镇村联动发展"要求下，"县—镇—村"上下级之间和同级之间如何协同联动构建现代乡村产业体系，优化产业空间布局，深化产权制度改革①，这些方面表现出对乡村资源和乡村空间的治理水平依然有待提高。

本书认为应推进农业农村现代化发展和都市圈城乡统筹发展，其必要性在于：①基于西方新古典经济学理论和农业区位论指导，对现有的国土空间体系层级进行论证，都市圈界域能够相对全面地观察乡村产业空间现象，基于此范围研究乡村产业空间发展特征和规律，弥补都市圈乡村空间研究的类型空缺和乡村产业空间研究的界域空缺；②基于乡村土地资源的根植性和稀缺性特征并遵循乡村产业发展特征，提炼具备兼容性、推广性和实施性的乡村产业空间类型，并研究不同类型乡村产业空间集聚发展特征，指导乡村土地资源类型分区和乡村产业空间布局；③积极融入乡村治理体系和国土空间规划体系，遵循都市圈及其乡村产业空间的演进规律，研究"都市圈（次区域）—县区级—乡镇级—村级"四级乡村空间要素传导逻辑，形成都市圈乡村产业空间"自组织＋他组织"发展机制。

3. 应用价值：优化都市圈乡村空间规划策略与技术，精准引导都市圈乡村土地资源开发利用与乡村产业空间集聚发展

识别都市圈乡村产业空间演进特征及其在自组织发展机制下可能出现的若干问题，亟须加强乡村土地资源优化配置和乡村产业空间分类分区引导，并通过规划治理和管控手段进行干预，避免市场化经济行为失灵和乡村土地资源的低效利用。可以达成这样一个共识，缺乏对土地经济价值体系合理认知的"一刀切式"治理手段将削弱乡村土地资源价值，而缺乏宏观引导的乡村产业空间无序发展同样会抑制空间集聚发展并破坏生态环境。

都市圈发展规划和乡村规划分别作为国土空间规划体系中的类型之一，优化乡村产业空间规划可支撑"县镇村联动发展"，加快构建现代乡村产业体系并促进一二三产业融合发展，多向提升乡村价值。整体来看，发挥都市圈发展规划统筹协调效用和乡村规划支撑产业振兴实施效用，其必要性在于两点：①加强研究层级传导的都市圈乡村产业空间规划策略。新古典经济学中关于农业部门存在规模效益不变和完成自由竞争两个基本假设，导致对乡村传统农业的集群研究几乎可以忽视，而现今随着我国乡村产业生产力与生产方式的提升，乡村产业空间出现了集聚现象并带来产业的高收益。由此，完善"都市圈级（次区域）—县区级—乡镇级—村级"层级传导的规划策略研究，分级分类指导乡村产业空间布局。②遵循现代乡村产业集群及其空间集聚发展的特征规律，协调乡村土地资源保护与利用的关系，分类研究乡村土地资源配置方法，科学推进乡村规划并实现农村农业现代化发展。

---

① 《国务院关于印发"十四五"推进农业农村现代化规划的通知》（国发〔2021〕25号）。

1.2 研究目标与解决问题

1.2.1 研究目标

（1）对都市圈乡村土地资源要素（"山水林田湖草"等）禀赋特征和乡村产业与空间的耦合关系进行考察，构建乡村产业空间体系认知框架，提炼出"现代农业型、生态资源型、农旅融合型"三类乡村产业空间类型，支撑国土空间规划体系下乡村产业空间分类分区。

（2）研究"现代农业型、生态资源型、农旅融合型"三类乡村产业空间发展的主次要素、机理特征、周期特征和集聚效应，并分类提出乡村土地资源配置方法；遵循都市圈乡村产业空间统筹布局要求和演进特征，指导"都市圈（次区域）—区县级—乡镇级—村级"乡村产业空间布局。

（3）协调发挥乡村土地资源的生态与经济双重价值，构建都市圈乡村产业空间"自组织+他组织"发展机制，补充完善多层次空间协同的乡村产业空间规划策略，及其约束传导的空间用途管制政策，以此优化都市圈国土空间规划和乡村规划技术方法。

1.2.2 拟解决问题

依托"优化乡村土地资源配置—促进乡村产业空间发展—完善都市圈乡村空间功能—优化空间规划技术"的递推逻辑，以乡村产业空间发展为目的积极引导乡村土地资源配置，落实对都市圈乡村土地资源分类分区和乡村产业空间布局的迫切要求。受到多元化乡村消费需求和城市外溢效应的综合影响，遵循乡村产业发展规律，如何解读都市圈乡村产业空间的演化机理？面对乡村产业空间融合现象和多元类型特征，如何提炼具备同一属性特征的乡村产业空间类型？每类乡村产业空间如何集聚、有何集聚效应？构建乡村产业空间"自组织+他组织"发展机制，如何优化都市圈发展规划和乡村规划的相关技术？以上这些都成为本书研究涉及的关键科学问题。

1. 如何在识别都市圈乡村产业空间现状下研究乡村产业空间演化机理

逻辑上，乡村产业空间发展的关键要素为乡村土地资源禀赋、乡村消费需求和农村土地制度，可依次视为影响因素。本书通过对武汉都市圈乡村产业空间发展的时空特征识别，并辅以其他典型案例研究发现，缺乏宏观引导的乡村产业空间大多以自组织形式发展，"用脚投票"的大量产业项目的空间集聚容易出现低效、同质化和碎片化现象，这在大城市周边区域乡村尤为明显。那么针对乡村产业空间的演化机理研究，本书需要回答上述三个关键要素对乡村产业空间发展在微观和宏观层次的影响机制。首先，乡村土地资源禀赋决定了产业空间原生类型，不同类型的乡村产业与空间的耦合关系有何差异？同一空间层次的乡村土地资源构成要素差异，对乡村产业空间格局发展有何影响？其次，乡村消费需求和城市外溢效应，对乡村产业空间融合发展和多元化类型有何促进作用？应对不同发展阶段的都市圈乡村消费偏好及其产品规模，乡村产业空间如何响应？最后，农村土地制度改革对农村土地资源的激活效应，以及对多元经营主体类型的影响，乡村产业空间对这些因素如何进行响应？基于此，同样需要论述上述三类要素综合对乡村产业空间发展产生的密切影响，由此进入对乡村产业空间的后续研究。

2. 如何划分都市圈乡村产业空间类型并研究其集聚效应

对乡村产业空间集聚效应进行考察是本书要解决的关键科学问题之一，而其中的核心又是如何划分乡村产业空间类型。相应地，依据乡村土地资源可衍生的生态价值、农业价值或游憩价值，研究"山水林田湖草"等要素禀赋可拓展的乡村产业类型，同时考虑乡村产业与空间的耦合关系和融合方式，运用层次分析法和情景模拟法提炼乡村产业空间的三种类型，以此指导乡村产业空间分类分区并发挥土地要素市场化配置的效用。不同类型乡村产业空间涉及的主次要素、机理特征和周期特征存在较大差异，通过空间聚类等相关方法分别研究三类产业空间的集聚特征以及对周边乡村空间的影响变化。同时，遵循都市圈乡村产业空间统筹布局要求和演进特征，并通过数据的可视化与解释分析不同空间层级的乡村产业空间结构特征与演化趋势。

3. 如何优化都市圈生态功能空间技术和空间治理手段，引导乡村土地资源优化配置及产业空间集聚发展

通过有针对性的优化乡村土地资源配置手段与生态功能空间政策引导，推进都市圈乡村产业空间集聚发展并完善乡村功能。具体内容包括：①构建生态功能空间与乡村产业空间的资源转换关系，并在区域尺度上提取格局结构要素，即确立生态源地、搭建生态廊道、识别生态节点；在整治系统尺度上筹划整治、优化四类分区，归纳总结各类分区修复模式和技术要点。②遵循现代乡村产业集群及其空间集聚发展特征，依托多层次空间协同的乡村产业空间体系，分类研究乡村土地资源配置方法和约束传导的土地资源空间用途管制政策。③积极融入国土空间规划"五级三类"体系，完善都市圈发展规划和乡村规划等相关内容，提出乡村土地资源配置、用地空间布局及其配套政策的建议。

1.3 研究特色与创新

1.3.1 研究视角的特色与创新

"都市圈"作为一种城镇化空间形态，乡村地域规模占了都市圈空间范围中相当大的比重，承担了生态、安全、农业、游憩等多项职能。基于此范围研究乡村产业空间发展特征和规律，弥补都市圈乡村空间研究的类型空缺和乡村产业空间研究的界域空缺，可视为本书研究视角的特色和创新之处。同时，乡村产业空间在"自组织"发展机制下呈现的低效和同质化现象，急需一个空间范畴对乡村产业空间起到"他组织"的协调和统筹效用。运用农业区位论等经典理论和实践经验对多级空间层次进行考察发现，都市圈边界可视为乡村地域较为完整地承接城市辐射与外溢效应的"临界点"，基于此构建"自组织＋他组织"协调发展机制，可有效推进都市圈乡村产业空间集聚发展。

1.3.2 学术观点的特色与创新

一个较具普遍性的共识是，乡村产业空间可理解为乡村土地资源衍生出的各类乡村产业项目的空间映射。传统农业空间缺乏集群效应，一直不被西方新古典经济学所关注，而科技、人才、资金外溢推动的乡村产业现代化发展，为乡村产业集聚发展及形成空间集聚现象提供了支撑。那么如何解释复杂的乡村产业空间现象，构建乡村产业空间的理论分析框架，并研究不同类型的乡村产业空间集聚特征，可视为本书学术观点的特色和创新之处。从空间机理视角，通过对乡村产业、乡村土地资源和"产业-空间"耦合关系的研究，提炼具备兼容性、推广性和实施性的乡村产业空间类型，并研究各类空间的演进特征和集聚效应；从空间治理视角，研究都市圈乡村产业空间时空发展的演进特征、内部协调机制和多层次协同的乡村土地资源约束传导政策。

1.3.3 规划实践的特色与创新

以发挥生态功能与经济产业双重价值的乡村土地资源优化配置为目标，深化都市圈"产业-生态"空间协同发展的规划策略和编制技术研究，并依据乡村产业空间演进与集聚特征优化土地资源配置方法，可视为本书规划实践的特色和创新之处。首先，依据"产业-生态"空间协同的国土空间规划技术传导和"县镇村联动发展"的乡村建设管理职责衔接要求，合理构建都市圈乡村产业空间规划重点内容和配套政策制定。其次，遵循现代乡村产业集群及其空间集聚发展的特征规律，协调乡村土地资源保护与利用的关系，分级分类优化乡村土地资源配置方法和乡村产业空间布局规划，加快构建现代乡村产业体系并促进一二三产业融合发展，多向提升乡村价值。

1.4 研究方法与思路

1.4.1 研究方法

1. "文献研究＋理论支撑"的方法

目前有关都市圈乡村产业空间发展的研究主要集中在乡村产业类型、城乡产业配套和相关政策制度等方向，而聚焦"产业-空间"耦合视角，对乡村产业体系构建和空间机理研究是较为少见的。本书通过对都市圈乡村产业空间现状特征及发展困境进行解读，结合国内外的文献以及理论研究，初步构建都市圈乡村产业空间认知框架。通过文献研究农村发展背景、农村土地制度内涵、城乡供需关系及其对乡村产业空间的若干影响，并对典型都市圈乡村特征及其空间现状特征进行分类梳理与总结归纳。

2. "系统归纳＋模型构建"的方法

本书基于都市圈乡村产业空间演进特征，结合城乡供需关系，系统归纳出都市圈乡村产业空间格局认知框架，原创性地提出产业空间发展的内在机理。在研究都市圈乡村空间内在逻辑与空间类型的过程中，综合运用"分区-分类"的空间规划方法，并结合空间模型和情景模拟的技术方法，推演和提炼出都市圈乡村空间组织的典型模式，并进行稳健性检验。例如，在城乡供需关系研究时，采用供需偏好模型，运用理论和模型对典型大城市的近郊区乡村需求进行分析；在乡村空间类型的研究中，对不同主导功能、产业职能的乡村进行"分区-分类"分析，并对每类村庄的类型进行发展模式研究。

3. "信息技术＋空间识别"的方法

本书通过收集到的基础地理资料，构建合理的空间指标体系和评价模型，并进行数据的可视化分析处理，采取定量方法对武汉都市圈的生态功能空间进行格局构建并予以评价。具体手段是运用 Arc GIS 相关工具箱，包括空间利用量化统计、聚类分析、叠加分析以及可视化图形输出等基本功能，对都市圈的生态安全格局的源地、廊道、节点关键技术等进行研究，为乡村空间组织优化提供参考。

4. "思路总结＋案例实证"的方法

"前期基础研究—空间演进—空间格局—机理研究—案例实证"构成本书研究的内容。本书在"产业-空间"耦合下以都市圈乡村为研究对象，构建都市圈乡村产业空间内在机理，并研究其产业空间关系，系统梳理产业重组特征和空间重构特征，并构建"现代农业型""农旅融合型""生态资源型"三类产业空间发展内在机理，对其产业空间关系、要素流转逻辑进行解读，总结都市圈乡村产业空间集聚类型与产业重组发展路径，并结合武汉都市圈新洲区问津耕读园、英山县九龙湾示范区、黄陂区富水湾三大案例进行逻辑思路实证，最后全面提出武汉都市圈生态功能空间识别与整治优化策略。

1.4.2 研究思路

本书是在都市圈层面对乡村产业空间发展内在机理的研究。具体而言，在都市圈乡村产业空间发展的相关概念辨析、国内外研究进程、相关理论研究的基础上，分析产业空间演进的动力因素、现象与原因，并归纳出"点状共存、网状共生、面状共荣"的都市圈乡村产业空间演进阶段性特征。通过都市圈城乡供需关系以及对乡村产品特征的认知，从产业空间耦合的视角构建都市圈乡村产业空间格局认知框架。同时，在产业重组和空间重构基础上解读乡村产业空间发展的内在机理，对"现代农业型机理、农旅融合型机理、生态资源型机理"进行分类研究，并从宏观、中观、微观角度解释产业空间发展内在机理的影响因素。最后，以案例探析都市圈乡村产业空间发展的方案设计与模式选择，总结传导经验。

（1）学术研究主线：基于土地资源价值提升的乡村产业空间类型及其集聚效应研究。以发挥乡村土地资源多元价值为切入点，划分乡村产业空间类型并分类研究其演进特征与集聚效应，基于都市圈界域构建层级协同的乡村产业空间"自组织＋他组织"发展机制。

（2）应用研究主线：基于乡村产业空间集聚发展的乡村规划策略与技术研究。完善产业集群、空间集聚和生态功能空间治理的规划路径，并遵循现代乡村产业集群及其空间集聚发展的特征规律，分类研究乡村土地资源配置方法（图1-2）。

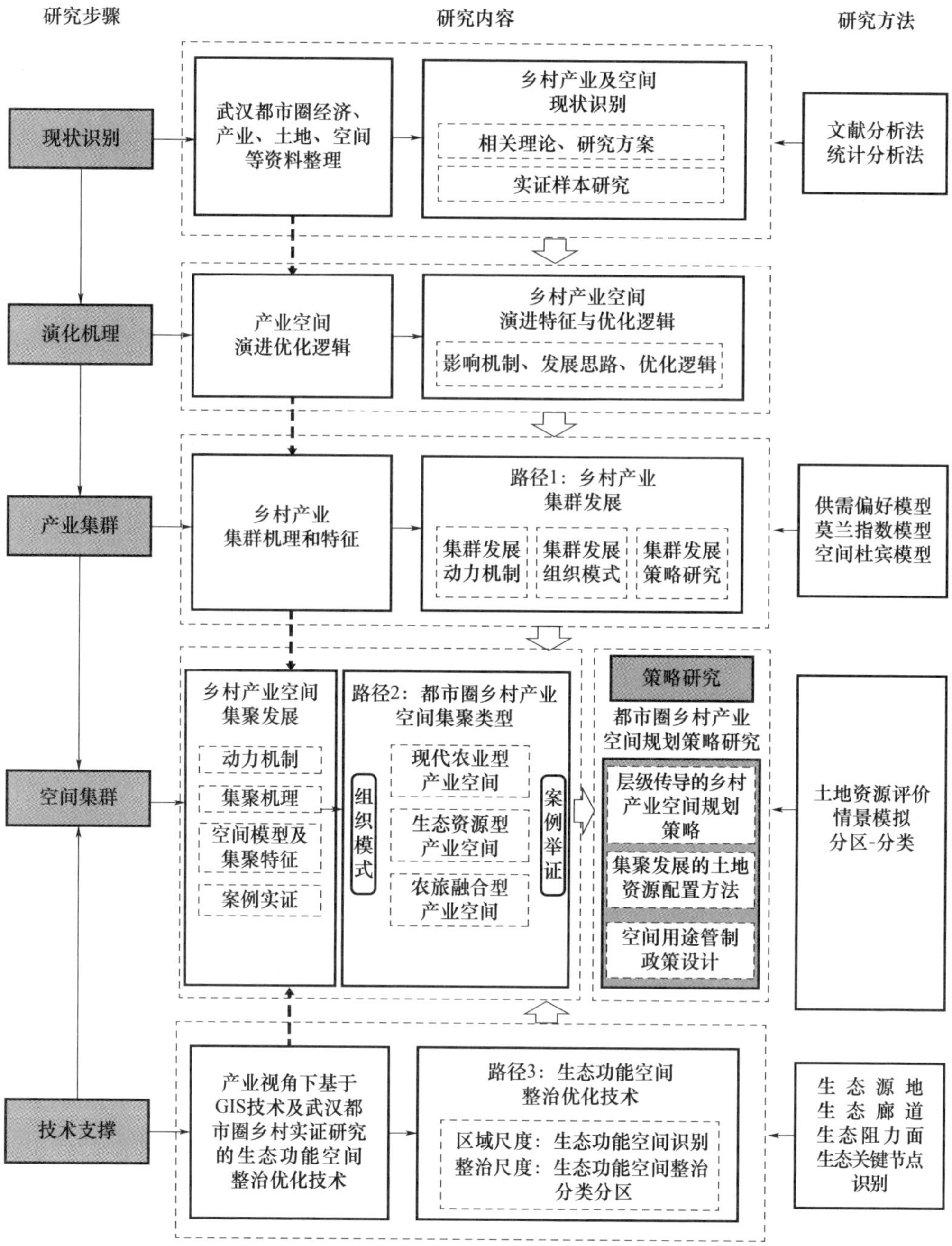

图 1-2 研究内容框架与技术路线图

2 理论研究与现状识别

2.1 理论支撑

根据本书的研究方向和涉及的主要内容，文献述评工作将从以下逻辑展开：首先研究乡村发展对完善都市圈城乡功能的作用，其次是多元化乡村产业发展研究，进而梳理乡村产业空间若干特征，并通过空间治理和乡村规划手段予以整固。即①都市圈乡村空间发展的相关研究；②乡村产业类型、组织、集群研究；③乡村产业空间组织和空间集聚研究；④乡村空间治理与乡村规划研究。

2.1.1 都市圈乡村空间发展相关研究

1. 都市圈相关研究

随着工业化推动的城镇化进程的加快，城市经济规模和人口规模日益扩张，城市之间的交流联系日渐频繁，带来了城市空间结构的变化。各国基于不同的社会经济背景，提出了不同的发展模式，如都市区、都市圈、城市群、大都市带等，城市空间结构理论也不断得到丰富与发展。20世纪初期，英国著名城市学家霍华德在《明日的田园城市》一书中提出了城镇集群（Town Cluster）的概念，被认为是都市圈概念最早的雏形，霍华德的研究也为"城市-区域"空间形态的研究奠定了基础。

学者们在研究"都市圈"概念时通常会从美国"都市区"概念切入。1910年美国出于统计目的提出了"都市区（MA或MD）"的概念，并在1949年对这一概念进一步完善，命名为"标准大都市统计区（SMSA）"，指具有一定规模的核心城市以及与之有高度经济、社会联系的城镇所组成的空间组合。美国"都市区"的概念随后得到许多国家效仿，如英国的"标准大都市劳动区"、加拿大的"人口普查大都市区"、德国的"就业密集地区"、意大利的"城市化区域"等。

"都市圈"的概念最早由日本提出，在一定程度上借鉴了美国"都市区"的思想。日本的"都市圈"在学者木内信藏"三地带学说"的基础上发展而来，木内信藏认为，大都市圈可以分为中心地域、城市周边地域和市郊外缘广阔腹地三部分，并由市中心向外呈圈层式扩展。在此基础上，日本政府在1958年开始制定首都圈规划，对东京都市圈进行了自上而下的干预。小林博在总结日本学者看法的基础上，认为"都市圈"的概念包括三方面内涵：一是功能上相互联系的都市势力圈；二是被扩大的日常生活圈；三是与核心城市相邻的扩展区域。

我国学者对城市扩张现象的研究始于20世纪80年代，在改革开放带来的工业化和城镇化步伐不断加快的背景下，部分学者开始引入和发展国外的研究。1983年，于洪俊、宁越敏主编的《城市地理概论》一书中详细论述了"巨大都市带"的概念，将戈特曼的思想引入中国。1986年，北京大学周一星教授认为我国应该借鉴国外城镇化地区

（Urbanized Area）的概念提出我国基本城镇地域单元的概念，将其命名为近市（镇）区，同时借鉴美国标准大都市统计区（SMSA）的概念将与市区周围经济联系密切的县命名为"城市经济统计区"。周一星教授认为我国城市地域体系应该由"建成区—旧城区—市中心—近市（镇）区—城市行政区—城市经济统计区—城市连绵区"所组成；随后周一星又借鉴日本"一日生活圈"的概念，提出"城市功能地域"的概念，指以一日为周期的职、住、教、医、娱等功能所波及的范围。该范围以城市建成区为核心，以县为基本单元，具有一体化发展倾向。周一星教授的研究奠定了我国都市区、都市圈和城镇体系研究的基础。1992年，姚士谋在借鉴戈特曼思想的基础上，首次提出了城市群的概念，总结出我国城市群的基本特征。1995年，杨建荣分析了我国城市化发展的基本态势，首次将都市圈的概念引入中国，并将城市群和都市圈认定为现代城市发展的新形态。

进入21世纪，都市圈的概念逐渐得到明晰，张京祥、邹军等认为，都市圈是指由一个或多个核心城镇，以及与这个核心具有密切社会、经济联系，具有一体化倾向的临接城镇与地区组成的圈层式结构，是客观形成与主观规划双向作用的产物。这一概念得到国内学术界的普遍认可，随后，高汝熹、罗守贵、杨勇等对都市圈理论进行了进一步发展，杭州、南京、苏州、无锡、常州、武汉等城市也纷纷开始都市圈建设实践，通过核心带动外围的方式，提升区域整体发展水平。"十一五"时期我国提出将城市群作为城镇化的主体形态，使城市群的研究成为热点，学者们对于都市圈的关注度相对减小。而后在核心大都市影响力不断增大、核心都市高度聚集引发的"大城市病"引起关注、城市化空间高度连绵对传统"城市群"模型提出挑战的背景下，都市圈的概念再度兴起。越来越多的学者对这一概念进行了重新定义，如肖金成、马燕坤、熊健、孙娟等学者的研究均对都市圈核心城市及周边地域范围进行了更为明确的界定。

从雏形期发展到成熟期阶段，都市圈辐射范围的扩展同样伴随着乡村空间的扩张（Harvold，2012；栾强，2016），通过实证案例并运用叠加分析、经济距离、引力模型和场强模型的定量方法，可对都市圈边界进行研究（宁越敏，2015；黄亚平，2021），进而计算出都市圈乡村空间规模。对都市圈动态边界的适应过程正好反映出都市圈"空间自组织过程"的自育属性（孙彤宇，2019），构建"自组织＋他组织"机制同样重要（彭翀，2016）。通过构建"格局—机理—效应—调控"框架分析都市圈空间构成要素和内部运行体系（卢中辉，2018），可判断城市与乡村之间在功能、产业和生态上的关联循环、互为补充关系，也可通过极化效应、回波效应和外溢效应合理协调"城-乡"空间的聚集和辐射关系（叶裕民，2013；刘彦随，2010）。同时，大量学者以武汉都市圈（蒲丽娟，2013）、上海都市圈（钮心毅，2018）、成都都市圈（唐伟，2010）、南京都市圈（陈斌，2018）的规划实践经验，研究大城市周边乡村地区的时空距离和产业关联强度及其一体化建设现状，并提出一系列深化产业空间分工协作的创新机制（陆军等，2020）。

2. 都市圈乡村发展研究

对国内外都市圈的空间特征研究发现，以40～100千米为半径是人口增量最为突出的地域，产生了大量的"乡村消费需求"，吸引了多元化的就业人口和乡村旅游（卢小丽，2014）。都市圈本质上就是一个日常生活意义上的城乡一体化、劳动力等要素和产品的统一市场（杨开忠，2018）。日本、荷兰、德国等国家已有较为成熟的经验，无论都市圈乡村演变为以农业生产为主，还是以兼业为主，乡村原有的风貌、机能、生态环境都发生了巨大的变化（沈费伟，2016）。乡村不仅作为大都市高品质农产品的主要供给基地，也提供了防灾、交流、休闲、福利、教育的场所，同时在自身管理、社会养老等方面发挥着积极作用（杨小敏，2018），这一切都需要产业的支撑。大量学者研究指出，创新农业、技术创新和制度创新是发展都市圈现代农业的基础（虞虎等，2016），以及"先进要素"和"消费需求"促进现代农业发展的可能性。都市圈农业的综合性程度较高，可加快传统自给自足的"小农经济"向市场化"规模经济"转变（李国英，2019）。研究三大都市圈近20年的发展历程（程恩富等，2015），归纳总结城市规模与旅游发展的关系及共性规律，认为人口规模、城市级别、经济规模与乡村旅游发展水平正相关。

乡村作为我国基层治理的最小单元以及自然生态保存最完善的区域，长期以来在城乡发展过程中起到了"联系基层"的作用，是区域经济提档升级的"最短一块木板"，也是党和国家关心农民群众和乡村社会问题的重要通道。从都市圈层面来看，乡村发展困境关乎经济、社会、生态、文化等多元要素的相互作用，涉及产业活力不足、人文生态损坏、社会系统失衡等多方面，并通过产业发展和人居环境状况予以体现。近年来，国务院接连发布关于"乡村振兴""三农""促进农村一二三产融合发展"的文件，政策势能的积累保障了农民的主体地位，为都市圈乡村的农业生产、生态保育、社会保障奠定了基础，提供了从资源要素入手促进农村产业融合，构建后现代农业体系的机遇。同时，乡村对自然资源要素的统筹、利用和保护的观念逐渐加强，并随大城市产业资源要素外溢呈现多业态复合和多空间缝合现象，为都市圈乡村产业空间重构提供了契机。

然而，大城市面临的大量消费需求与近郊区乡村人口流失、土地荒置现象形成了显著反差，实质是农村土地制度下的乡村产业发展没有突围（洪亮平，2013），部分学者（贺欢欢等，2014）从二元土地市场和城乡收入差距对此造成的极大障碍做出解释。而近年来的乡村振兴和精准扶贫政策实施工作，乡村物质空间重构现象显著，但是同样存在返贫的潜在风险（耿虹等，2020），认为"脱贫"与乡村产业发展同样重要。

3. 都市圈乡村生态资源价值评价

乡村生态空间的自然生态属性，使其具有生态产品和生态服务两种功能，可理解为乡村发展的基础（龙花楼等，2011），其目的是为城市提供较好的生态环境和休憩空间，更多的游憩功能研究出现在旅游管理学领域（吴必虎等，2004）。生态环境共保联治是都市圈一体化发展的必然要求，具体可通过生态政策、生态资源评价和生态治理三个方面予以支撑（周扬，2019）。而生态保护优先的发展导向，由于缺乏生态资源与乡村产业的有效转化，更多地停留在保护研究层面（俞孔坚，2005）。

在制度方面，《生态文明体制改革总体方案》要求改善环境质量，提高生态资源利用效率。习近平提出的"绿水青山就是金山银山"，突出了发挥生态资源的经济价值，同时又需要把握人地和谐的实现导向，促进"社会—经济—环境—生态"要素的多维耦合（陈婷等，2016）。齐骥（2019）认为"绿水青山就是金山银山"理论为乡村振兴赋予思想价值和发展动力，而浙江地区在环境治理和产业转型方面已经取得了显著成效，并基于"绿水青山就是金山银山"理论提出了具有创新性的城乡绿色发展模式（付伟，

2017）。薄海（2017）认为经济欠发达地区面临着经济压力和生存压力的双重制约，应当积极调整产业结构，探索经济发展与环境保护并济的绿色发展之路。2017年年底，国家环境保护部（现生态环境部）指出"三线一单"是推进生态环境保护精细化管理、加强国土空间环境管控的一项重要工作任务（尹怀斌等，2019）。

对乡村生态资源的评价技术和生态修复研究与实践，可作为乡村土地资源价值认知并发挥其经济价值的技术基础。运用群组AHP-模糊综合法和层次熵分析法对生态资源价值进行定量与定性研究（王瀛旭等，2021），并可指导"双评价"和"三线划定"工作（罗彦等，2021）；结合GIS（地理信息系统）和RS（遥感）技术对生态敏感性评价和生态服务功能重要性评价，进行生态功能分区，可提出各功能区的发展方向及管控策略（任晓旭等，2021）。部分学者利用层次分析法等方法对未来土地适宜性程度进行了分级和分类，提出了生态修复工程、技术与生态治理方面的建议（樊漓，2022）。

2.1.2 乡村产业类型组织与集群研究

1. 乡村产业类型与多业融合发展

随着日益多元化的乡村消费需求，都市圈乡村作为城市居民消费空间的特征明显增强，呈现出多主体、多功能、异质化、混杂性的"后生产性空间"和"消费乡村"空间（杨军等，2004）。与此同时，城市资本大量进入乡村地区投资项目（杨开忠，2018），进一步加速了乡村空间的消费转向，推动了新的消费空间出现。已有学者（潘悦等，2021；龙花楼，2011）对大城市周边乡村的经济类型与产业特征进行研究，乡村产业升级与转型的动力机制及其配套政策存在较为明显的地区性差异，而在农村集体经济制度的实现形式下，乡村级政府和乡村能人对乡村产业发展具有明显的带动作用（严文彬，2014）。

多业融合发展是农村产业现代化发展的显著现象（胡剑锋，2010），最初由日本提出传统农业向六次产业转换，而后韩国高度重视三产融合，助推乡村现代化进程。荷兰则提出"农业全产业链"发展思路，极大挖掘了乡村农业附加价值，美国则以生物农业、数字农业等新型农业形态实现乡村产业的快速崛起。就其概念而言，农村的三产融合是以农业为基础，技术为媒介，在要素平等流动、政策有效供给作用机制下，延长产业链、拓宽新功能（刘国斌，2019），主要体现在农旅融合和文旅融合两大方面。

作为现代农业与旅游业"产业融合"作用下的产物，农业为旅游业提供资源，旅游业为农业提供服务的农旅融合形式（叶春近等，2017），在农旅融合发展产业链构建过程中要注重农业旅游价值挖掘与特色提炼。细分来看，目前已有大量关于对农家乐、民宿和休闲旅游的空间集聚、融合测度与分异特征，以及产业与空间融合模式等研究（郎亚萍等，2019）。对文化产业与乡村旅游融合的政策偏好（曹祎遐等，2021），推进了"文旅融合产业"新兴业态发展，对拓展乡村产业链和经济一体化发展起到了较大作用。目前，大体可总结出资源融合、界域融合、技术融合、业务融合以及市场融合五种文旅融合路径（钟华美等，2020）。综上所述，农旅融合与文旅融合作为"旅游+"的一种模式，是农业现代化发展诉求、文化高兼容性优势下的新兴业态，对提高产业效益，实现乡村振兴大有助益。

当前农村产业融合的类型主要包括第一二产业融合、第一三产业融合、第一二三产业融合三种类型。

（1）第一二产业融合主要存在以下情形：第一种是将工业技术应用于农业生产，借此对农业生产的过程进行升级改造，实际中表现为农业工厂化；第二种是将农业生产与农产品加工相结合，即将原有的产业链进行纵向延伸。

（2）第一三产业融合主要存在以下情形：第一种是将旅游、文化等服务业向农业领域进行渗透，实践中表现为乡村旅游、农村研学等；第二种是将互联网引入农业经营之中，实践中表现为农村电商、智慧农业等；第三种是农产品供销产生的关联，实践中表现为物流产业与农产品供销进行融合，形成完备的农产品供需物流体系。

（3）第一二三产业融合具有三种产业特征的形式，实践中表现为特色农产品加工厂观光旅行等。

2. 乡村产业组织研究

乡村产业组织对乡村产业空间发展的影响不可回避。经济组织选择何种产业模式与当地的资源禀赋有关，地区间经济发展的不平衡也会显著地影响乡村产业组织形态（翁一峰，2014）。比较研究我国各地区农业产业组织模式的优化经验（朱雷洲等，2021），认为组织创新、组织形式和组织间的协调是发挥产业组织功能的重点，并通过组织特性和分类方法比较多元化的农业组织类型。部分学者通过构建新的交易成本理论分析框架（规模经济、交易成本、分工经济、信息处理效率四种解释逻辑）（翟勇，2006），从制度视角分析了四种典型农业产业组织（互助社、人民公社、家庭经济、农业产业组织多元化格局）的交易成本，进而优化产业体系并耦合乡村资源的空间格局（秦振兴等，2016）。

通过分析土地制度改革与技术创新对乡村旅游组织演化起到的作用，研究企业内组织、产业内组织、产业间组织和政府组织等内部关系及其优化方向，可以考察不同发展阶段的乡村旅游产业组织关系与空间演化的趋势特征（郑世卿，2009）。有学者（曾艳芳等，2019）以旅游业为突破口，研究发现旅游产业发展环境、动力及其过程，伴随着业态创新、产业结构创新和产业政策创新。显然，上述从农业和旅游业视角分别考察乡村产业组织的研究是不彻底的（杨萍等，2019），有必要纳入对产业组织与产业空间的关联考察。理论上，产业链上下游主体之间相互作用，和横向、纵向维度上的企业组合就形成了不同的乡村产业组织模式，进而形成具有特定产业形态和功能的空间关系（Ford等，2012），间接地对空间集聚产生了影响。

3. 乡村产业集群研究

传统农业集群研究几乎被西方经济学家忽视，这一现象的存在原因在于新古典经济学中对农业部门存在的规模收益不变和完全自由竞争两个基本假定（曾光等，2018）。随着我国土地制度改革和农业科技快速发展，农业产业集聚成为农村经济组织的最重要形式，主要划分为两类——资源集聚型和创新集聚型。它们通过产业链网和产业空间互动实现产业最大程度的提质增效，空间上具备高密度集聚特征（唐燕，2019），最终形成农业集聚竞争优势（韦光，2005）。通过整理全国多个农业集群案例，研究不同农业集群形成与演变机制、特点和规律（郭红东，2018），可将其视为一个系统性工程，"资源、设施、能人、组织、市场和政府"是农业集群发展的核心要素。已有学者（向延平等，2021；杨忍等，2021）运用新经济地理学模型、集体效率模型和动态模型等研究集群形成动力机制，并分析了市场机制和政府的主导作用，以及产业集群的周期阶段特征及其经济主体类型的作用。而邹明妍（2019）提出打破集群固化状态，通过制度变迁下的"路径依赖"转变为"嵌入式依赖"，对后期的集群空间优化有较大益处。

乡村旅游集群大多以旅游"十二要素"的协同合作为基础，依托经济组织关系类型形成的空间集聚现象（李涛等，2014），对解决地方就业、乡村文明和振兴发展有显著作用。"全域旅游"体现了地域范围内乡村旅游产业和其相关空间的集聚，即各个行业围绕着目的地吸引物，开发满足旅客全方位体验需求的旅游产品。它通过整合相关旅游资源，形成各具特色的旅游业态集群，是旅游业统筹多元化乡村产业联动的创新模式（黄震方等，2015），同时也需要关注生态环境脆弱地区的旅游集聚发展特征（邓宏兵，2007；周家俊，2016）。

2.1.3 乡村产业空间集聚研究

广义上，乡村空间结构是指一定时空内物质要素的空间组合，是一种人与自然互动形成的地域结构。狭义上，乡村空间结构理论主要是研究人类活动导致的乡村空间集聚规模与形态。乡村空间结构的构成要素可以简单分为"点、线、面"三种，其中点作为构成空间的最基本单元，具有明确的区位标志性，例如，在地图上标注规划项目区位（site），使用点状要素既能精确定位，又体现出简洁明了的表达效果；线作为点要素的一阶扩展要素，相比点状空间结构增加了方向性，同时能够标识起点与终点，在空间结构中通常用来表达交通流线和发展轴线，是社会经济空间横向扩展的基础；面状要素也叫域面要素，是同质性的线要素在空间上非规则性或不确定性延展的结果，类型多样且具有面积属性。

"乡村产业空间"可以看作产业和其相关的生产活动所占据的空间，它是一种生产要素和资源活动的场所（李郇等，2012）。受到土地资源的空间特征影响，以交易成本为目的的产业空间集聚同时受到市场主体的投资行为影响。不同乡村产业的空间交融特征，形成了新的空间范式及其空间冲突现象（王雨村等，2017），进而部分学者提出了规划干预和土地要素配置的应对措施（耿虹等，2019），但产业空间的低效现象依然存在。结合新时期出现的都市圈乡村产业空间复杂现象，乡村产业空间组织和空间集聚研究依次从以下 3 个方面展开。

1. 乡村产业空间类型划分

国内已从多种视角、运用多种方法划分乡村产业空间类型，为都市圈乡村产业类型提供了借鉴。早期依据三次产业结构占比划分我国乡村发展类型（张正峰，2007），后续部分学者运用产业指标法统计将乡村类型归纳为农业主导、工业主导、商旅主导、均衡发展 4 种类型（龙花楼，2013），而孟欢欢（2013）沿用产业指标法对安徽、福建和华北平原地区进行了实践检验；使用空间集中度和功能识别等方法，将乡村产业类型归纳为经济发展功能主导、农业生产功能主导等 6 种类型（杨忍，2014）。依据乡村"产业梯度指数（IGI）"和"分区-分类"的空间规划方法提炼出具备主导产业和完整产业要素的"产业空间单元"（潘悦，2021），具体细分为传统与规模农业单元、设施农业单元、农产品加工单元、农旅产业单元、服务配套单元和其他类型单元。与单一维度的产业分类视角不同，部分研究者综合应用多种方法对乡村产业进行分类。如史云扬等运用

Pearson 相关系数矩阵和数理统计方法，测量乡村性指标体系，将乡村发展类型分为产业主导、生态友好等 5 种类型，为后续类型划分方法研究拓宽了视野。

不同空间类型涉及的产业用地效益评价技术与方法存在差异性。部分学者（李书群，2012）归纳了产业用地数据采集的方法与途径，细分为地图数据、影像数据和文本数据等三大基础板块对不同类型数据进行分析，进一步评价不同产业类型的乡村用地效益；在 GIS 环境的 mapinfo 软件和 DEA 模型下，整理实证数据、图形，并构建评价模型，可对产业用地效率进行量化评价（郑玲，2013；曹文杰，2014），也可通过优化 TOPSIS 法定量分析各层次的土地利用集约程度（王颖君，2013）。

2. 乡村产业空间集聚发展

传统产业空间是基于地理空间格局对"农林牧渔"不同类型产业的内部空间关系的研究。目前较多的是从产权关系视角研究乡村人地空间组织模式（袁奇峰，2012；冯长春，2014），关注农村集体土地特性与农村土地产权关系，研究农村土地供应、农地流转与产业建设之间的关系，以及如何有效整理和重构村庄生产、生活空间，推进乡村空间资源要素的有序整合（洪亮平等，2017）。方法层面，基于多时间点的遥感数据分析村庄空间格局与演变特征，分形理论、聚维数、网格维数、关联维数等也较多地被运用于空间结构分析中，定量揭示乡村空间组织与演变特征（乔杰，2019）。此外，引力模型、断裂点公式可用于分析各乡村空间之间的关联作用强度。

以地域背景下的乡村发展类型及乡村空间分异研究为基础（李同昇，2013），部分学者基于农户视角、市场视角和制度变迁视角对乡村要素整合和空间重构机制进行研究。李广斌（2017）、彭震伟（2014）等以实证为基础构建了用于识别农村用地结构空间模式的综合测评指标体系。通过面板数据，运用产业区位熵、耦合关系等模型，分别对养殖、种植产业集群进行分析，提出相应产业空间集聚的类型、特征和机理，分析其产业集聚度与产业用地效益的空间关系（范树平，2013）。此外，运用 GIS 与 SPSS 软件构建土地资源价值的测度模型，实现多因子空间叠置分析，研究资源观光型、度假旅游型、专题旅游型和特殊兴趣型等类型的乡村旅游空间集聚效应，也可对大城市乡村旅游市场能级进行测度研究（王娟等，2016）。

3. 乡村产业与空间的耦合关系研究

乡村产业与空间耦合关系的研究重点在于耦合测度方法以及产业空间重构的优化策略研究。陈兴中（1990）等我国较早研究乡村产业结构、地域空间耦合关系的学者，提出了若干观点；依据资源特征的根植性理论，从耦合逻辑角度提出产业结构的变化，将引起不同产业间土地利用结构的效益差异（翁一峰、吕斌，2014），从而推进空间结构转型，同时通过实证进行了检验，进一步提出乡村产业结构与空间结构关系的适应性策略（高密，2012）。

研究方法上，通过土地利用系统与城市主导产业、土地利用结构与产业结构的关联分析，定量论证了"产业-空间"关联关系，为乡村土地利用和产业结构调整提出对策与措施（许学强，2012）。利用统计分析法、指数分析法和复合指标法，研究乡村产业空间的复合关系，揭示了产业结构与用地结构的耦合变化规律。李秀霞等（2013）构建"偏离-份额"分析模型、比较分析和灰色关联模型，可判断产业结构与土地利用结构的匹配关系，系统指出乡村"产业-空间"脱钩原因及纠偏建议。陈刚（2020）则在构建综合性评价模型的基础上,计算耦合协调度,从时空维度验证了乡村产业、空间、人口的耦合协调关系,并提出产业布局优化、空间格局调整的协调策略。其中,龙花楼(2013)则关注乡村经济社会结构变化下的土地资源与乡村空间重构的互动关系,指出优化两者的耦合关系是优化各类乡村产业用地结构的前提。同时,结合三生理论,利用土地整治新模式,从产业重构与空间重组角度提出"人-地-产"协调发展的乡村规划策略(姜申未,2018;闫建,2019)。

2.1.4 乡村空间治理与乡村规划研究

1. 农村土地制度、集体经济组织与乡村空间治理

乡村空间治理是以促进乡村经济、社会和生态全面协调可持续发展为出发点,统筹乡村各类资源全要素和全空间(曾菊新、朱媛媛,2013)。根据现代产权理论,清晰的农地产权不仅能够激励农户生产经营的积极性,还有助于降低交易成本,实现农业规模化经营(Holden 等,2007)。总体来看,农村产业绩效的提高与土地要素配置的效率有关,从我国农地优化配置模型构想分析乡村政府、外来企业与农户在不同层次农地配置中的角色与作用,得出地权改革能够推动农地优化配置和提高农地效率,而地权稳定性对加大农村投资积极性具有显著影响(游和远,2014),不同地区对农地流转的积极性存在差异性(卞琦娟,2010;许恒周,2011),导致当地乡村经济的不同程度增长(高欣,2007)。

在乡村产业发展过程中,地方政府和农村集体经济组织在不同的历史时期都扮演了重要角色。乡村振兴强调县级政府对乡村发展的主导作用,乡镇也应成为乡村规划管控的主体平台(王明田,2019)。"以县级和乡镇级政府为主"的供给模式下,乡村空间治理效益、乡村组织自利性以及村庄内部整合能力,都有明显的强化。以"企业+农村集体经济组织+农户"模式为例,村集体通过组织土地来组织生产并组织农户,比直接组织农户更容易,并且成本更低(陈建等,2013),如果是分散的小农户和外来企业自我经营的异质性问题较多,组织成本也较高。通过对农村在人才、技术和资本等生产要素方面的引入情况分析,农村集体经济组织发展依然面临发展不平衡不充分、管理不完善、资产流失等困境,为此需要加速市场化改革以激发乡村内生发展动力(陈建等,2013;蓝启先,2020)。由此,改变乡村传统的"输血式"帮扶,激发乡村自身"造血式"发展,带动乡村产业走内涵式发展道路才是优化乡村空间发展的根本。

2. 乡村规划新类型与新方法

随着生态文明体制改革的推进,2018 年改组成立的自然资源部接管了国土资源部以及住房城乡建设部、国家发展和改革委员会的部分相关职责,提出建立空间规划体系的决定,由此开启了国家规划体系的整体性改革。根据党中央和国务院的部署,将之前分属于不同部门的"主体功能区规划"和"城乡规划管理"等组织编制合并为统一的国土空间规划,实现"多规合一",并以此建立全国统一、责权清晰、科学高效的国土空间规划体系。通过建立统一的国土空间规划体系并监督实施,把每一寸土地规划得清清楚楚、明明白白,形成生产空间集约高效、生活空间宜居适度、生态空间山清水秀,安全和谐、富有竞争力和可持续发展的国土空间格局,全面提升国土空间治理体系和治理能力现代化水平。

在此背景下，乡村产业空间发展不仅涉及"五级三类"规划体系中的相关层级和类型，同时受到"双评价"、国土整治与生态治理等工作的指导（孙爱博，2022），不断演进的信息化技术和手段对改进乡村规划工作也做出了贡献。村庄布点规划在评价乡村资源禀赋、指导村庄产业发展和建立实施保障机制上起到了重要作用（李小云、罗奇，2007），具体可选用GIS空间分析法、模拟分析法、综合评价法或公众参与等定性和定量的多样性技术方法运用于村庄规划，构建县镇域村庄建设类型体系、产业发展体系及其空间建设指引（宋小冬、吕迪，2010）。"双评价"主要针对生态保护、农业生产、城镇建设三大核心功能开展，不仅是完善国土空间治理的技术基础（周道静等，2020），也是进行"三条控制线"划定和指导乡村发展的参考依据。贾克敬（2020）认为资源环境禀赋特征决定乡村发展方向，适宜性评价划定乡村发展控制线，承载规模评价确定乡村规划指标，问题风险识别推进国土空间生态修复，情景分析支撑乡村产业发展空间策略。

2.1.5 小结

1. 研究视角总结

乡村产业及其空间发展对乡村振兴的重要性不言而喻，乡村地域在都市圈城乡统筹发展中承担着重要功能作用。国家已发布大量政策文件指导都市圈和乡村振兴发展，国内外的相关研究成果也极为丰富。目前，基于都市圈界域研究乡村产业空间发展，或从乡村产业空间视角研究都市圈乡村空间发展的成果均较少。然而，对"都市圈"与"乡村产业空间"两个对象的整体性研究，可分别阐释都市圈城乡统筹发展和乡村产业空间集聚发展研究与实践中存在的盲点、难点和重点之处。本书尝试建立一个都市圈乡村土地资源、乡村产业空间与空间规划干预的理论框架，系统地对都市圈乡村产业空间现象识别、乡村产业空间演进机理及其集聚发展特征进行分析，从而在一个更加"完整"的视角下丰富既有乡村产业空间理论的研究，同时也完善都市圈空间规划的技术内容。

2. 空间治理总结

乡村空间治理可视为促进农业农村现代化发展和提高乡村治理水平的重要手段。政策方面，既有研究成果在都市圈、产业集群、乡村空间理论和策略研究方面已有丰富的积累，然而"都市圈"与"乡村产业空间"的概念并不是"线性"的叠加关系，本书则融合都市圈城乡统筹发展和县镇村联动发展的双向要求，构建层级传导的乡村产业空间规划策略及其配套政策研究方案，分级分类指导乡村产业空间发展；技术方面，既有研究成果缺乏对"乡村产业、产业空间、土地资源配置"一以贯之的技术方法探讨，而基于已有成果，本书试图遵循乡村产业空间集聚发展特征，分类研究乡村土地资源配置优化方法。本书从政策和技术两个方面入手，应对我国乡村建设的地方政府事权体系和国土空间规划体系特征，提出乡村土地资源和乡村产业空间发展的治理方法、手段和技术，这与既有研究相比也是一个新的尝试。

2.2 实证样本选择与研究方案

2.2.1 研究样本

1. 研究区域选择

在信息过量、空间过载、文化过杂的大数据时代,产业空间在地理上将产生更大范围的投影,区别于传统以血缘为纽带的农村社区,新时代乡村在市场经济推力下呈现开放化、多元化结构。在城乡交流日益紧密的背景下,以乡镇单元为研究对象难以反映乡村产业发展的供需关系,突破行政边界限制的都市圈地域空间有助于疏解城市功能、拓展城乡供需关系,是研究乡村产业空间发展及其变化的适宜区域,其为城乡供应主体和消费主体提供了物质空间载体。武汉都市圈集聚了其所在省域近六成的人口以及GDP总量,产业增长极以及空间极化现象显著,同时,也是省域内客源市场最佳的旅游目的地,对于定位和把控城乡供需市场具有重大意义。本书以武汉都市圈为研究区域,通过尝试探究乡村产业空间的不同模式类型挖掘其内在机理。

2. 武汉都市圈范围界定

武汉都市圈(Wuhan Metropolitan Area)地处长江中下游、中部五省中心位置、湖北省东部,地处鄂东地区北纬 28°50′～31°57′,东经 112°22′～116°22′,又称武汉"1+8"城市圈(图2-1)。武汉都市圈以武汉为龙头,与黄石、鄂州、黄冈、孝感、咸宁、仙桃、潜江、天门共9个城市组成城市联合体,是中部崛起的重要战略支点。武汉都市圈是长江中游最具发展潜力和活力的城市群,也是湖北省产业最密集的地域。2021年12月,武汉都市圈同城化发展座谈会要求强化"九城就是一城"理念,全力将武汉都市圈打造成为中国重要增长极。

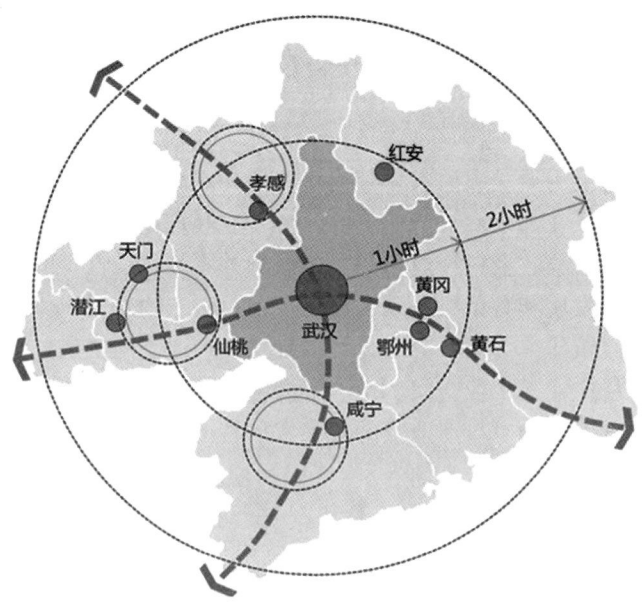

图 2-1 武汉都市圈圈层范围分布图

近年来,"1 小时生活圈"的话题炙手可热,在《武汉市城市总体规划(2017—2035)》中,以武汉市主城区为圆心根据通勤时间距离 1 小时提出了武汉大都市区并界定范围,相较于都市圈 150 公里的通勤距离,武汉大都市区的通勤距离减少了近一半,可以视为武汉都市圈的核心圈层范围。在全国圈层战略发展引导下,为推动周边区域经济发展以及储备武汉都市圈发展的地域空间,洪湖、广水、京山、监利又被增设为武汉都市圈的观察员城市(图 2-2、表 2-1)。

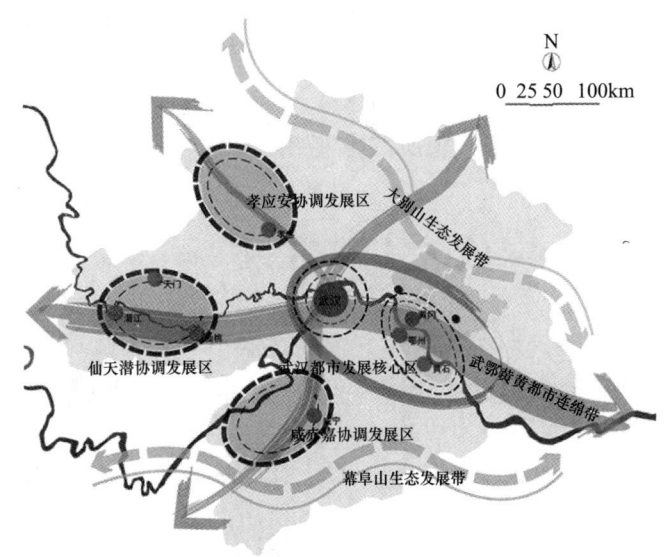

图 2-2　武汉都市圈发展轴线规划图

表 2-1　武汉都市圈空间单元划分

城市	类别	县级及县以上空间单元
武汉	副省级市	市区、黄陂区、汉南区、东南湖区、蔡甸区、江夏区、新洲区
鄂州	地级市	鄂城区、华容区、梁子湖区
黄石	地级市	市区、大冶市、阳新县
黄冈	地级市	市区、麻城市、武穴市、罗田县、团风县、浠水县、黄梅县、英山县、蕲春县、红安县
孝感	地级市	市区、安陆市、汉川、应城市、云梦县、大悟县、孝昌县
咸宁	地级市	市区、赤壁市、嘉鱼县、通山县、通城县、崇阳县
天门	县级市	—
仙桃	县级市	—
潜江	县级市	—

2.2.2　研究方案

1. 宏观层面:武汉都市圈乡村产业空间时空变化特征

步骤 1:相关基础数据获取。本书采用第三次全国土地调查数据,多年的遥感数据、土地利用变更调查数据,并统一坐标系和投影;结合 ArcGIS 软件平台,划分武汉都市圈"次区域—县区级"空间单元,构建两个层次的空间单元"山水林田湖草"自然要素的比例关系,标识空间单元的地形特征(山区型、丘陵型和平原型),作为判断乡村产业空间变化特征的基础。

步骤2:乡村产业空间布局特征分析。采集2011—2020年的各区县经济产业数据资料,选取考察案例并整理历年面板数据和设定产业变化分析模型,运用区位商方法,以全国和湖北省的平均区位商为标准,研究各区县十年间农业发展和旅游服务业发展的变化;并通过GIS予以可视化反映,研究都市圈乡村产业空间的时空变化。

根据区位商指数算法的内涵,针对本书的研究,区位商可以定义为乡镇范围内农业或旅游业产业收入占县区各产业总产值的比重,与研究范围内所有乡镇农业或者旅游业产业收入与研究范围内各产业总产值所占比重相比较的比率,见式(2-1)。

$$LQ_{ij} = \frac{L_{ij} / \sum_{i=1}^{n} L_{ij}}{\sum_{i=1}^{n} L_{ij} / \sum_{i=1}^{m} \sum_{j=1}^{m} L_{ij}} \tag{2-1}$$

式中,i表示第i地区($i=1,2,3,\cdots,n$);j表示第j个行业($j=1,2,3,\cdots,n$);L_{ij}表示第i地区,第j行业的产值;LQ_{ij}表示i地区j行业的区位商指数。最终结果$LQ_{ij}>1$表明该行业为向外输出产品,在该地区具有行业优势;$LQ_{ij}<1$表明该行业在该地区处于行业劣势,无法满足需求;$LQ_{ij}=1$表明该行业在该地区居于一般水平,无明显优势,仅能自给自足。

2. 微观层面:都市圈乡村产业空间外溢效应测度

步骤1:研究对象选取。从武汉都市圈选取三个典型地域为对象,研究乡村产业空间的外溢效应,考察产业空间发展的扩散机制和规律特征。本书选取武汉都市圈中的黄陂区(农旅融合型)、罗田县(生态资源型)和潜江市(现代农业型)作为实证研究区域,以乡镇空间为基本单元,选取2011—2020年各乡镇经济产业的面板数据为依据。一是考察时空变化下优先发展的乡村产业空间对邻近乡镇的"外溢效应";二是在当前我国土地与生态管控制度的约束背景下,探索乡村产业空间优先发展对"三生空间"统筹协调发展的"外溢效应"。

步骤2:乡村产业空间"外溢效应"研究。借助探索性空间数据分析方法,通过计算全局和局部Moran's I指数,对乡村产业空间外溢效应和空间演变特征进行分析,验证乡村产业空间的集聚特征和对周边乡镇的"外溢效应"。其中,全域Moran's I反映乡村产业空间的全局空间自相关性,其计算公式为:

$$I = \sum_{i}^{n} \sum_{j \neq i}^{n} \omega_{ij}(x_i - \bar{x})(x_j - \bar{x}) / S^2 \sum_{i}^{n} \sum_{j \neq i}^{n} \omega_{ij} \tag{2-2}$$

式中,$S^2 = \sum_{i=1}^{n}(x_i - \bar{x})^2 / n$;$n$为乡镇单元数量;$x_i$和$x_j$分别表示乡镇$i$和乡镇$j$的产业经济的指标值;$\bar{x}$表示产业经济的平均值;$\omega_{ij}$为空间权重矩阵,表示空间单元的邻近关系。

乡村位置越邻近,产业空间属性越趋同,产业经济效益也越相似,产业空间"外溢现象"越显著。此外,还需要借助局域空间自相关来分析和观测局部空间聚集情况。

局域Moran's I计算公式为

$$I = \frac{(x_i - \overline{x}) \sum_{j \neq 1}^{n} \omega_{ij}(x_j - \overline{x})}{S^2} \tag{2-3}$$

利用 Moran 散点图可以研究局部空间的异质性，会出现高高、低低、低高、高低四种类型局部空间关系。不同集聚结果反映了相邻空间单元之间存在空间异质性的差异，即空间"溢出"分异现象。

进一步采用局部 Getis-Ord* 指数（G_i^*）来探测局部的空间自相关特征，其计算公式为

$$G_i^* = \frac{\sum_{j=1}^{n} w_{ij} x_j - \overline{x} \sum_{j=1}^{n} w_{ij}}{\sqrt{\frac{n \sum_{j=1}^{n} w_{ij}^2 - (\sum_{j=1}^{n} w_{ij})^2}{n-1}}} \tag{2-4}$$

式中，若 G_i^* 值显著为正，则表明 i 单元周围为高值区域，即空间上的热点区；若 G_i^* 值显著为负，则表明 i 单元周围为低值区域，即空间上的冷点区。

步骤 3：乡村产业发展对乡村"三生空间"的外溢效应研究。本书通过构建空间杜宾模型（SDM），实证检验乡村产业空间对乡村"三生空间"协调发展的空间溢出效应。SDM 的计算公式为：

$$D_{it} = \beta_0 + \beta_1 industry_{it} + \rho \boldsymbol{W} industry_{it} + \beta_3 controls_{it} + \alpha_i + \alpha_i t + \varepsilon_{it} \tag{2-5}$$

式中，D_{it} 为被解释变量，表示乡村"三生空间"的耦合协调度；$industry_{it}$ 为核心解释变量，代表乡村产业空间；$controls_{it}$ 为其他控制变量；i 和 t 分别代表第 i 个乡镇和第 t 年；$\boldsymbol{W}$ 是非随机的空间权重矩阵；α_i 表示个体固定效应；$\alpha_i t$ 表示时间固定效应；ε_{it} 是随机误差项；β_0、β_3 分别是常数项，控制变量的估计系数；β_1 与 ρ 是本模型的待估系数。

正如前文所述，乡村产业空间具有"空间外部效应"，因此，优化本地区的乡村产业空间也会对相邻乡镇的乡村产业空间优化具有促进作用，因此，假定待估系数 $\rho > 0$，且显著。进一步地，通过 Lesage and Pace 提出的偏微分方法将解释变量对被解释变量的空间效应进行分解，分解为直接效应和间接效应，将 SDM 模型移项整理成

$$Y = (\boldsymbol{I} - \rho \boldsymbol{W})^{-1} \alpha \boldsymbol{I}_N + (\boldsymbol{I} - \rho \boldsymbol{W})^{-1} (X\beta + \boldsymbol{W} X\theta) + (\boldsymbol{I} - \rho \boldsymbol{W})^{-1} \varepsilon \tag{2-6}$$

式中，I 是单位向量；I_N 是 $N \times 1$ 的单位向量。

Y 关于第 1 至第 N 个区域的内生变量 X 中第 k 个变量的偏微分矩阵为

$$\left[\frac{\partial Y}{\partial x_{1k}} \cdots \frac{\partial Y}{\partial x_{NK}} \right] = \begin{bmatrix} \frac{\partial Y}{\partial x_{1k}} & \cdots & \frac{\partial Y}{\partial x_{1k}} \\ \cdots & \cdots & \cdots \\ \frac{\partial Y}{\partial x_{1k}} & \cdots & \frac{\partial Y}{\partial x_{1k}} \end{bmatrix} = (\boldsymbol{I} - \rho \boldsymbol{W})^{-1} [\boldsymbol{I} \beta_k + \boldsymbol{W} \theta_k] \tag{2-7}$$

最终结果，如果 $\rho = 0$ 并且 $\theta_k = 0$，则不存在空间溢出效应。具体作用效应需要分析微积分内部数据构成形式。

3. 都市圈乡村消费需求对乡村产业空间发展的影响机制

步骤 1：城乡供需关系解读。本书从马斯洛需求层次理论着手，将人类需求的五个

层次落到人居环境、绿色产业、生态休闲等具体类型上,研究由多元化消费需求激发的城乡供需关系新变化。良性的城乡供需关系可理解为乡村资源和结构升级对乡村消费需求的适应,具体体现在乡村土地资源与城市技术、资金、人才等"流要素"之间的优化配置关系(图2-3)。

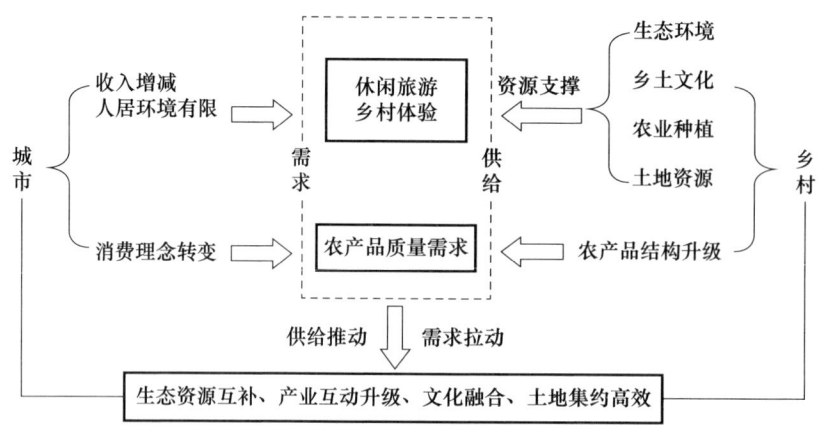

图2-3 城乡供需关系逻辑关系演绎

步骤2:规模及偏好对城乡产业供需影响分析。消费偏好反映了地域人群对乡村产品的倾斜度,消费规模反映了每类乡村产品的未来规模需求量。由此,对乡村土地资源的产业转化类型及其规模预测提供了参照。

偏好反映消费者依据自身意愿选择商品的排序,研究假设模型经济系统是由代表性家庭组成,且代表性家庭拥有相同的偏好。这些代表性家庭从其消费中获得正效用,从其劳动供给中获得负效用,其当期效用函数为

$$U_t = a_t \times \ln C_t - N_t \tag{2-8}$$

式中,C_t 表征家庭在 t 时期的消费;N_t 为 t 时期家庭的劳动供给;a_t 表征家庭在 t 时期的偏好,这一偏好变量会改变代表性家庭消费和劳动供给之间的边际替代率。

假设经济体总生产函数为

$$Y_t = A_t N_t \tag{2-9}$$

式中,A_t 表征技术创新冲击。

根据代表性家庭跨期效用最大化的一阶条件,即消费和劳动供给之间的边际替代弹性等于实际工资,得到

$$C_t \times N_t / a_t = A_t \tag{2-10}$$

结合式(2-8)、式(2-9),同时方程两边取对数可得如下偏好方程为

$$\ln a_t = \ln C_t - \ln Y_t + 2\ln N_t \tag{2-11}$$

供需规模影响乡村产业结构发展。通过分析城乡需求因素,建立需求关系,总供给模型为 $TSS = \sum D_i S_i$,$i = C, R$。通过需求预测的根本目的是达到城乡要素对流、产业耦合和供需适配,形成畅通经济循环,即基于城乡供需平衡的健康城乡产业供需关系,既要求供需结构匹配,还要求提高二者运作的灵活性,提高匹配性,有效满足城乡居民多层次多样化的消费需求(表2-2)。

表 2-2 城-乡供需关系函数

供需类型	影响因素	需求函数
乡村消费需求（D_{CS}）	生态农产品（X_{C1}）；休闲旅游（X_{C2}）；康居养老（X_{C3}）；文化体验（X_{C4}）；风貌观光（X_{C5}）	$D_{CS} = f(X_{C1}, X_{C2}, X_{C3}, X_{C4}, X_{C5})$
乡村产品供给（D_{RS}）	现代农业园（X_{R1}）；自然山水资源（X_{R2}）；文脉地缘（X_{R3}）；乡村聚落（X_{R4}）；乡风文明（X_{R5}）；田园风貌（X_{R6}）	$D_{RS} = f(X_{R1}, X_{R2}, X_{R3}, X_{R4}, X_{R5}, X_{R6})$

4. 建立都市圈乡村土地资源评价体系

步骤1：构建乡村土地资源评价指标体系。从土地资源、区位交通、产业基础和社会文化四个方面，构建用于度量都市圈乡村土地资源价值的综合指数指标体系。其中，以《国土空间调查、规划、用途管制用地用海分类指南（试行）》（自然资办发〔2020〕51号）为依据，对乡村土地资源的用地性质进行分类，引入 ArcGIS 的数据处理平台赋予土地资源的空间属性，建立土地资源的空间数据库，保证各类空间数据属性信息的完整度，以便后期查询或修改。

步骤2：计算单要素与全要素发展综合指数。利用极差法对获取数据进行无量纲化的数据标准化处理，进而利用均方差决策法确定各指标权重，测算出对象乡镇单元在土地资源、区位交通、产业基础和社会文化方面的单要素发展综合指数，以及包括四个方面的全要素发展综合指数。

随机变量均值计算公式为

$$E(index) = \frac{1}{n}(x-a) = \sum_{i=1}^{n} x_i \tag{2-12}$$

平均值的均方差计算公式为

$$\delta(index) = \sqrt{\sum_{i=1}^{n}\left[x_i - E(index)^2\right]} \tag{2-13}$$

权重系数和权重计算公式为

$$w_j = \delta(index_j) / \sum_{j=1}^{m} \delta(index) \tag{2-14}$$

综合指数计算公式为

$$index_i = \sum_{j=1}^{m} x_{ij} w_j \tag{2-15}$$

扩张程度计算公式为

$$\text{Expansion} = index_i - index_m \tag{2-16}$$

步骤3：提炼整理乡村土地资源评价结果。用全要素作为判断土地资源产业化利用评价的依据，将四类发展综合指数依次进行叠加运算，并结合供需关系研究成果，最终的扩张指数下降（负值）则定义为保护价值优先；反之，则为开发价值优先。由此，都市圈土地资源价值评价的可选择结果归纳为三类："重生态价值——限制保护为主，不适合开发"；"重游憩价值——康养、休闲、娱乐为主"；"重农业价值——林农牧渔"，并通过 GIS 可视化，优化并支撑乡村土地资源空间布局。

5. 都市圈乡村产业空间分类研究

步骤1：乡村产业空间要素融合方式。综合运用资源集约度产业分析法和产业空间关联（劳动、资本、知识、技术）分类法，可预判乡村产业与土地资源的空间相关性，并将乡村产业空间要素融合方式归纳为以下三类：集聚型（资金与技术要素主导）、共生型（生态资源要素主导）和衍生型（知识与文化创意要素主导）融合方式（图2-4）。

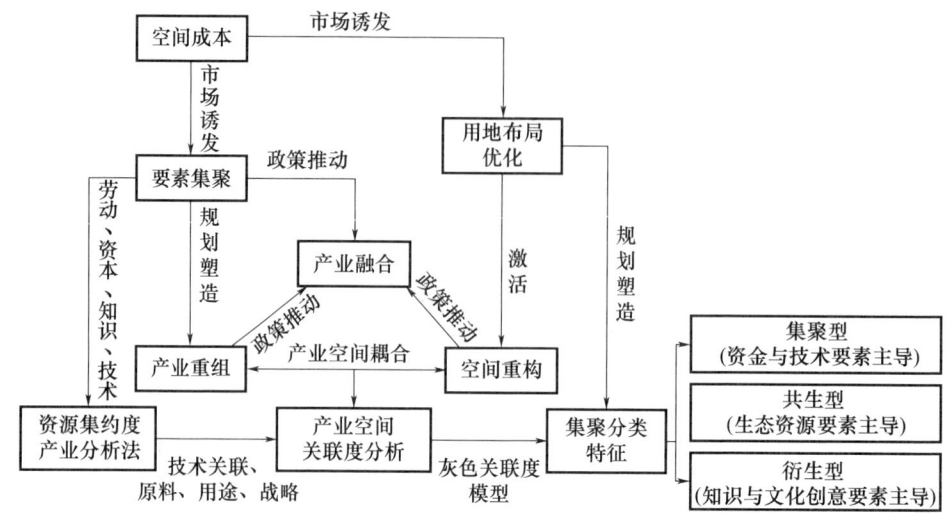

图2-4 乡村产业空间要素集聚特征与融合方式分析图

步骤2：乡村产业空间类型划分。获取研究区范围内各用地图斑农业、旅游方面的产业经济数据，综合层次分析法（AHP），设定乡村产业空间选择的依次主从因子（生态约束、禀赋价值、产业类型、空间格局），运用产业指标法和借用ArcGIS数据库平台，判断某预定乡村产业空间单元的主导类型选择，形成各区域的资源-产业综合价值选择导向，如图2-5中的象限Ⅰ～象限Ⅳ所示，然后综合运用"分区-分类"的空间规划方法和情境模拟方法，形成以下4种预设，依据不同类型乡村产业空间集聚特点，分别构建和提炼出现代农业型（对应预设一）、生态资源型（对应预设二、三）、农旅融合型（对应预设三、四）产业空间集聚的典型模式。

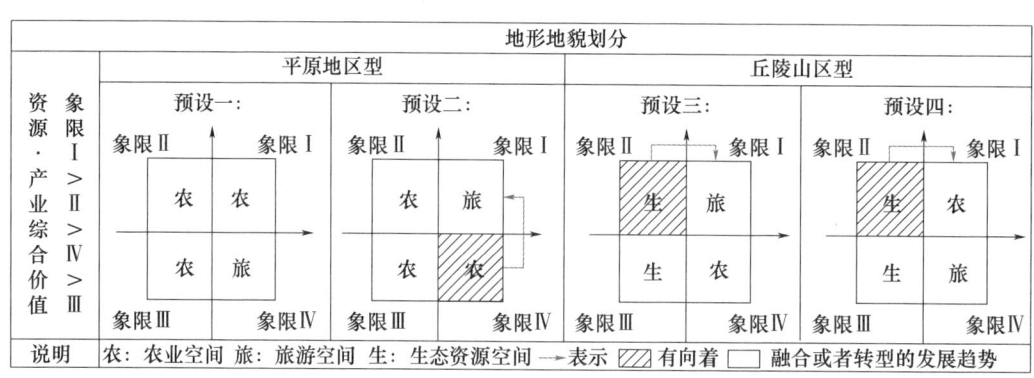

图2-5 "分区-分类"规划方法和情境模拟方法下的乡村产业空间类型划分

6. 都市圈乡村产业空间集聚特征研究

步骤1：微观层面——核密度分析下的乡村产业空间单元与集聚特征分析。乡村产业空间不考虑形状可抽象为要素点进行研究，根据最近邻指数 ANN 估算，可以看出点的空间聚集状况并判断空间分布的类型。核密度测算作为用于研究数据未知空间分布形式的一种非参数估计方法，计算公式为

$$\hat{f}_h(x) = \frac{1}{nh} \sum_{i=1}^{n} K\left(\frac{x-x_i}{h}\right) \tag{2-17}$$

式中，h 是带宽且 $h>0$；$(x-x_i)$ 是估计点 x 与事件点 x_i 的距离；$K\left(\frac{x-x_i}{h}\right)$ 是核函数；汇总 $f(x)$ 就是都市圈乡村产业空间核密度的估值。

同类产业空间单元 $f(x)$ 值越大，空间集聚度越高。不同但高关联度的产业空间单元间，如农业和旅游产业空间单元要素点之间，结合预设的距离阈值 r 的调整，可探索寻找不同产业空间单元之间成团关联发展的规律，明确不同类型乡村产业空间单元间集聚的产业空间模式集聚特征。

步骤2：宏观层面——不同层级体系下的乡村产业空间集聚特征分析。研究选用全局空间自相关 Moran's I 指数［公式（2-2）］来判别乡村产业空间相关性，包括空间集聚和空间离散程度，并研究不同产业类型的空间聚集差异，深入分析同一区域的产业空间时空变化特征。结合面板数据回归分析，分析相关要素对上述产业空间变化特征的影响，最后通过数据可视化，解释分析识别乡村产业空间的极化分布、发育程度、演变格局，并预判其产业空间发展趋势。针对性提出各层级体系产业空间组织优化策略，并通过试点案例实践和专家评价等方法进行稳定性检验和修正。

7. 空间治理视角下的都市圈乡村规划手段优化策略

正是由于都市圈城乡协调统筹的经济地域概念，城市与乡村对土地资源的价值利用及其规划手段的差异性认知才显得重要，目前对乡村土地资源的经济价值发挥、资源产业化发展和乡村规划有效性的实践和研究存在系统性认识空白，才有了本书有关都市圈界域范围的乡村产业空间集聚发展和乡村土地资源配置研究。优化策略可理解为，以发挥乡村土地资源多元价值为切入点，研究乡村产业空间的演进特征与集聚效应，完善"都市圈（次区域）—县区级—乡镇级—村级"层级传导的乡村产业空间规划策略，分级分类研究乡村土地资源配置方法（图2-6）。

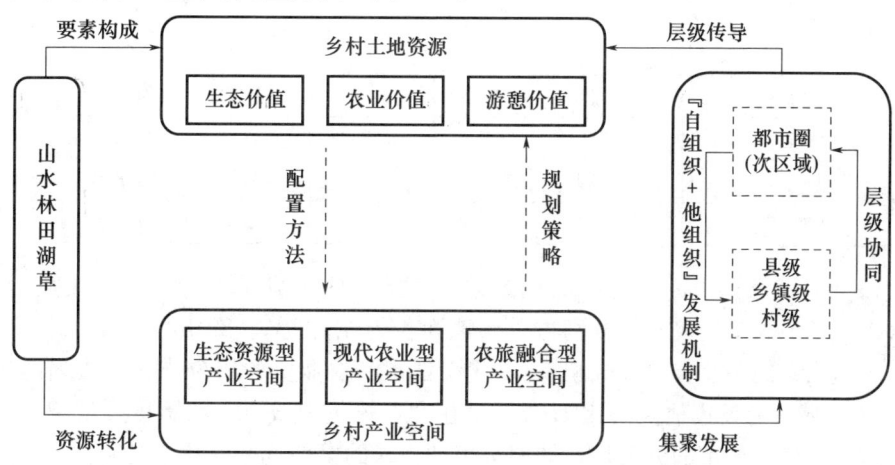

图 2-8　层级传导的乡村土地资源与乡村产业空间优化思路

2.3 武汉都市圈乡村产业空间现状识别

2.3.1 武汉都市圈空间格局和土地效益评价

1. 乡村土地资源格局与时空特征

武汉都市圈生态空间、农业农村空间及城镇空间比例为5∶3∶2，三类空间资源总体均衡，生态农业本底较好，呈现"东林、中水、西田"的空间格局。通过对中国科学院资源环境科学数据中心发布的2000至2018年间的土地利用数据，分析武汉都市圈的土地变化动态，结果显示武汉都市圈各类土地利用的动态度差异显著，综合土地利用动态度为0.27%（表2-3）。建设用地的变化速率较大，年均增速3.16%，面积累计1844.47平方千米。由于经济体制改革和区域一体化发展，居民对土地的需求日益增长，建设用地面积急剧增长。未利用地面积年均递减速度为1.51%，累计减少了70.73平方千米，表明武汉都市圈加大了对未利用地的开发利用程度。耕地面积流失最多，年均以0.4%的速度持续减少，其面积共计减少2261.41平方千米。林地和草地均轻度减少，年递减速率分别为0.03%和0.15%，分别累计减少了103.89平方千米、41.81平方千米。林地、草地面积下降趋势均在2000—2018年间先增大后减小，表明生态湿地建立初期，耕地、草地面积先转为水域随后保持稳定。水体面积增长速度先快后缓，面积共计增加612.41平方千米，说明武汉都市圈内部湿地保护成效显著且年降水量较为充沛，都市圈城乡发展过程中愈来愈重视生态环境质量。

表2-3 2000—2018年土地利用变化及动态度

年份	指标	耕地	林地	草地	水域	建筑用地	未利用地
2000—2005	面积变化（km²）	−470.13	−13.56	−17.93	279.30	228.91	−6.81
	动态度（%）	−0.26%	−0.01%	−0.21%	0.81%	1.24%	−0.46%
2005—2010	面积变化（km²）	−1061.83	24.45	−19.34	345.75	769.37	−57.47
	动态度（%）	−0.60%	0.02%	−0.23%	0.96%	3.89%	−3.99%
2010—2015	面积变化（km²）	−417.58	−78.13	−5.80	6.36	498.21	−3.27
	动态度（%）	−0.27%	−0.07%	−0.07%	0.02%	2.04%	−0.30%
2015—2018	面积变化（km²）	−311.87	−36.65	1.26	−19.00	347.98	−3.18
	动态度（%）	−0.28%	−0.05%	0.02%	−0.07%	1.91%	−0.44%
整体	面积变化（km²）	−2261.41	−103.89	−41.81	612.41	1844.47	−70.73
	动态度（%）	−0.40%	−0.03%	−0.15%	0.56%	3.16%	−1.51%

2019年，武汉都市圈土地各类用地总面积57503平方千米，对比各类用地数据，其中水田、林地和旱地较多，分别占总用地面积的30.47%、29.82%、19.25%，可以看出与农业大省的湖北省"一脉相承"，武汉都市圈农业资源十分丰富；农村居民点占比3.66%，城镇建设用地仅占比1.62%，在"农村包围城市"的历史发展下，武汉都市圈乡村面积仍是城市的近两倍，加速都市圈乡村的发展具有提升圈层整体空间实力的现实意义。从用地空间分布格局来看，武汉都市圈整体呈现由西至东耕地数量递减、林

地数量递增，中部武汉城市建设用地最多，水系沿长江和汉江成带状放射布局。

2. 武汉都市圈乡村土地资源要素空间集聚特征

核密度估计是用于研究数据未知空间分布形式的一种非参数估计方法，在概率研究中用途颇为广泛，其特点是通过函数的参数进行密度计算且没有一个确定的函数形式，而是利用已知数据点进行估计，计算公式为

$$\hat{f}_h(x) = \frac{1}{nh} \sum_{i=1}^{n} K\left(\frac{x-x_i}{h}\right) \tag{2-18}$$

式中，h 是带宽且 $h>0$；$(x-x_i)$ 是估计点 x 与事件点 x_i 的距离；$K\left(\frac{x-x_i}{h}\right)$ 是核函数；汇总 $f(x)$ 就是武汉都市圈乡村产业要素核密度的估值；空间集聚度越高，$f(x)$ 值越大。

从空间上看，武汉都市圈乡村耕地资源分布呈现"集聚-扩散"形态的格局，耕地资源集聚格局几乎扩散到每个乡镇，表现出武汉都市圈具有优良的耕地资源。天门、潜江、仙桃周边是农村居民点的核密度估值阈值的热点集聚区，并据此形成第一集聚层级（0.09~0.11），向孝感扩散；同时，在武汉新洲区、鄂州市、黄石北部等地形成第二层级（0.07~0.08）；同时聚点扩散，而武汉都市圈节点城市则各自形成第三层级（0.04~0.06）的成片集聚区。林地草地主要在武汉都市圈的南部和东部核密度估值最高，在咸宁全域、黄石南部、黄冈东部呈团状和簇状集聚，向西部扩散且密度估值下降较快。河流湖泊要素资源主要在武汉市东西湖区、仙桃市、鄂州市，呈现相对较高的核密度等值线，空间分布呈现明显的区域集聚，其他区域呈现"星罗广布"分布，区域分布广但集聚度不高（图 2-7）。

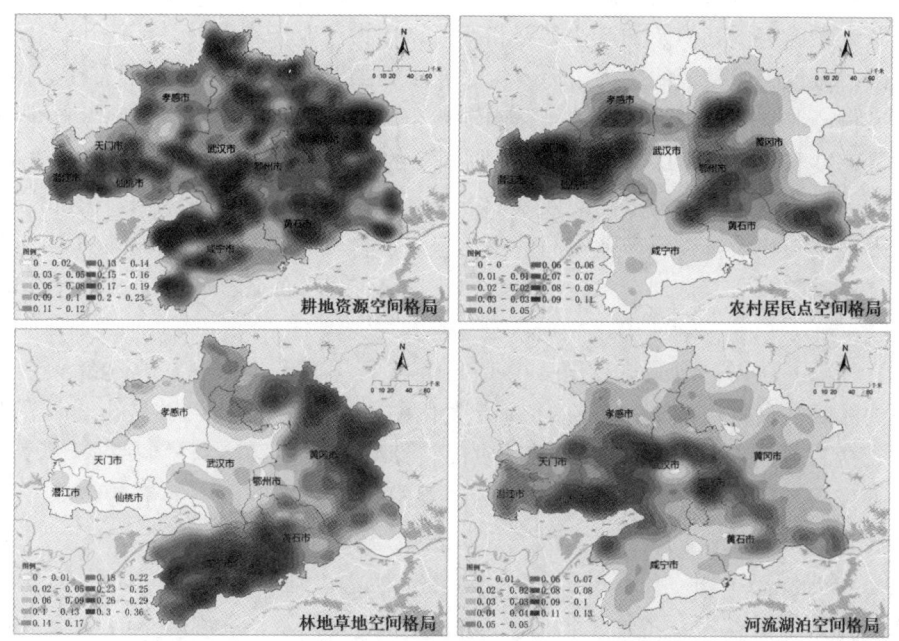

图 2-7　武汉都市圈资源要素集聚空间格局分析

因此，武汉都市圈近郊乡村大都围绕乡村文化、乡村生态等旅游资源进行开发，利用过境旅游目的地的区位优势，积极主动接受城市功能的外溢扩散，发展产业链交叉重

组的农旅融合型产业体系；都市圈远郊乡村则围绕有优势、有特色、有规模、有潜力的村庄，依托自然禀赋与农业资源，以农业观光、科技展示、田园休闲为引领，打造集田园观光、特产品牌、生产基地为一体的现代农业庄园和产业园；还有部分都市圈乡村基于当地特色的人文/生态资源，通过户外运动康体、休闲养老度假、绿色健康养生等IP打造，推动"绿水青山"向"金山银山"转换，发展产业链深层挖掘的生态资源型产业体系。

2.3.2 武汉都市圈乡村产业现状特征

1. 乡村产业空间现状总体特征

在武汉都市圈传统农业转型升级、工业退二进三、新兴服务业借势互动的城乡产业发展过程中，乡村在产业经济、社会生活、服务需求等方面越来越受到其所靠近大城市的强烈辐射作用，城乡资源双向流动也愈发频繁。作为都市圈的非核心地域空间，乡村发展或是依托诸如武汉这样的大城市旅游需求、借助农村特色品牌活力，或是基于当地的农产品销售带动二产工业发展，总体都是借助供需关系网络中的城市需求"辐射圈"，以需求为导向"逆向融合"多元产业发展。同时，省市多项政策高度强调产业融合发展，武汉都市圈乡村基于"产业兴旺"这个共同的目标愿景以农业为"1"结合科技展示、休闲旅游、健康康养等"N"种项目类型积极响应政策号召，呈现产业类型"遍地开花"、目标愿景"殊途同归"、城乡市场"供需互补"的总体特征。

2. 都市圈乡村产业空间演进普遍性现象

（1）对外交通依赖明显，沿路轴线状分布。在产业的资源依赖性下，都市圈乡村自身的资源禀赋确定了其初始的产业类型和特色，也为产业未来发展、延伸和融合提供了物质基础。城市高速发展的压力迫使乡村"亦步亦趋"紧跟发展节奏，"有什么用什么"模式下乡村产业空间呈现沿城市主要路网轴状布局，交通依赖明显，空间发展难以跟进产业发展速度和形成"聚中有散""错位协调"的发展格局。同时，区域整体产业体系缺乏有效引导，资源转换为产品的效率低下，复合型业态发展遇到瓶颈，内部产业空间缺乏统筹规划与建设，以至产业空间乱象丛生，乡村发展普遍以消极被动的姿态做城市功能的"外溢空间"首选地，率先承受着"空间压迫"，面临着"被动城市化"的现实困境。

（2）外部一层皮，内部空心化。在1995年实行"五天工作制"的政策背景下，城市居民的休闲需求得以激活，外在环境景观化的乡村旅游更能释放城市生活的压力，在为城市居民纾解乡愁的同时也能带动农民持续受益。在经济利益的驱使下，都市圈乡村产业发展逐渐转向"农业+旅游"的小规模农家乐，但集中力量发展某一类型的产业必将影响其他产业的发展，"跟风式"发展下乡村文化流失严重，各乡村旅游主题与运营模式优势不明，只有外部一层文化"皮"，产业空间发展同质化严重，难以对接城市休闲需求"城"势而上形成产业合作、生活服务、资源共享的城乡"双轮驱动"格局。失去乡土气息的乡村旅游产业比上不如高新技术城市，比下不如传统农业发展地区，在攀比心理驱使下人口流失严重，缺乏"人"的乡村文化陷入了内部空心化的困境。

（3）建设用地粗放低效，产业发展空间压缩。乡村历史上长期"靠山吃山，靠水吃水"的发展模式对于自然资源和生态环境依赖性较强，传统的小规模个体私营模式也加大了监管和空间使用的成本，在多元主体利益关系难以协调的背景下，都市圈乡村产业之间难以形成对内的合力和对外的竞争力，建设用地布局粗放低效，在规划建设时序性逻辑下，产业空间发展呈现不健康的时空压缩特征。建设用地是经济发展的基础，能够为产业经济活动提供所需要的承载空间，当人类在经济活动过程中的资源利用行为超过了建设用地自身的承载力时，将会严重制约经济发展的进程和质量，进而延缓产业发展的进程，导致乡村陷入空间低效恶性循环的怪圈。乡村产业空间整体呈现出来的低效、同质化和不均衡现象，不利于都市圈乡村产业空间统筹布局，进而削弱了乡村土地资源效益并制约了城乡统筹发展。

3. 都市圈乡村产业空间演进现象的原因

（1）长期重城轻乡发展导向下，乡村生产要素流失严重，乡村产业发展失去源动力。在1978年农村改革遗留的城乡"工农剪刀差"背景下，人力、资金、技术等产业要素逐渐由乡村向城市转移，农业发展增产减收，乡村对资金收入极为渴望。虽然近年来国家"一号文件"和相关政策一直大力发展乡村，但由于乡村产业多元互补体系尚未形成，基层群众在巨大发展机遇下，由于缺乏有限开发建设管控，无序建设下乡村空间机理破碎问题愈演愈烈。同时，传统的乡村文化在现代社会冲刷下流失严重，平常在城市出现的停车难等问题已逐渐在农村上演，使得乡村既没有城市的繁华也失去了应有的"乡气"，文化文脉断层下"外部一层皮，内部空心化"现象也就不足为奇。

（2）边远村庄产业缺乏比较优势，且产业发展底子薄，难以获取持续发展的内生动力。在以行政力量"动钱"发展欠发达地区的过程中，由于城乡分工差异导致的产业附加值势差为"城市高乡村低"，乡村实质定位为"外圈"角色，不平等的城乡关系并未改变，"乡村振兴"等政策红利缺乏抓手。同时，围绕农业展开的多业融合发展模式迫使乡村成为"试验田"，在多业融合中乡村产业虽然得以发展，但其实质是为都市圈城市能级的提升做铺垫，乡村依旧处于低附加值、低能级的弱势地位，乡村产业发展难以得到质的提升，在资源错位互补配置时又缺乏"功成不必在我，功成必定有我"的理念和担当，导致产业发展必需的基础设施难以在乡村内部延伸和布局。从都市圈借助"农业+"完善后现代农业社会的产业链布局来看，乡村从逻辑上为都市圈发展提供了重要的"内生动力"，而城市实际上得到了"免费"的功能互补与产业升级。长此以往，乡村在城乡比较能级势差下扮演的"外圈"角色难以获取"内生"动力，在空间上表征为乡村对外交通依赖明显，产业空间演进跟随城市路网结构，乡村产业空间沿路轴线状分布。

（3）乡村资源有限且同质，产业发展资源比较优势明显的同时也容易陷入"资源诅咒"的发展困局。乡村拥有良好的景观生态环境，有助于释放工作压力和陶冶生活情操，是大自然给予乡村的"祝福"，但在资本逐利的开发建设模式下，乡村建设用地低效现象普遍，为后续产业建设提出了空间难题，乡村逐渐由受到开发主体青睐的"祝福"转变为投资利益不高的"诅咒"。近年来随着国土空间规划的实行，国家对乡村建设空间集约化发展和生态环境的保护逐渐加强，但生态补偿工作却难以跟进和落实，在生态保护红线的"新限制"以及乡村空间未开发或低效用地的"老限制"下，人类可利用的土地空间价值总量发生压缩。

2.3.3 武汉都市圈乡村产业现实困境

1. 资源与劳动力结构失衡，乡村产业发展受限

以城镇化为核心、以工业化为发展主体一直是新中国成立以来的发展政策，对乡村地区劳动力结构和资源环境的改变是巨大的。农民是推进乡村振兴的主体，但随着城市化进程加快，越来越多的农民进城务工，农村劳动力大幅减少，农村"空心化"严重阻碍了乡村振兴进程。

2013 年湖北省城镇人口已经与农村人口持平，2019 年湖北省城镇人口已经超过农村人口 1000 万。与此同时，武汉都市圈各地的乡镇出现了许多非良性城镇化现象，导致一系列人力、物力、资金、技术等资源要素盲目涌入城市，武汉都市圈各市县内常驻人口数量普遍少于户籍人口数量的 8%～12%（图 2-8、图 2-9）。大量农村人口进城导致空心村、城市人口过剩等乡村病、城市病问题相继爆发，大范围空间上存在城乡发展要素配置不均衡的问题，许多乡村出现了"农地脱钩"现象。这些负面现象与传统农业型乡村产业发展的第一要素——农业发展出现背离，农村土地大量闲置，没有相关人才引导发展，没有足够人口稳定发展，没有技术可持续发展，利用资源换取短期效益或空有资源却难以发展现象比比皆是，陷入产业发展的"囚徒困境"。

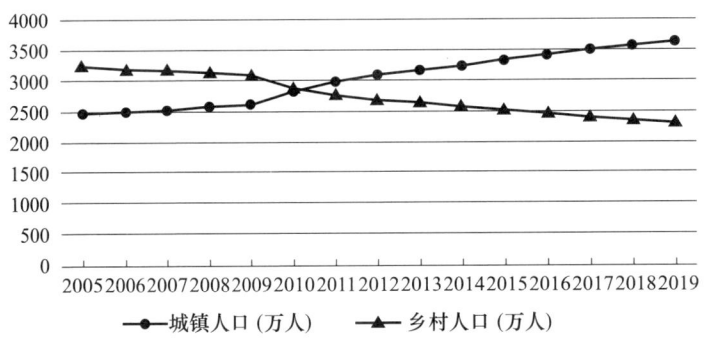

图 2-8　近 15 年武汉都市圈人口结构变化情况

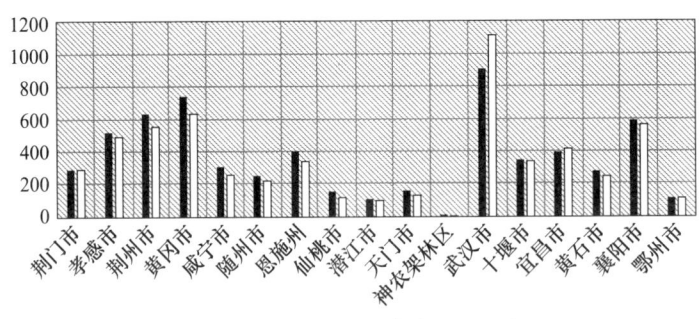

图 2-9　2021 年湖北省/武汉都市圈各市户籍人口与常住人口

近年来，这一趋势在乡村振兴政策下明显放缓，但如果不找准关键问题，仍然是治标不治本，城乡之间经济发展的差距还会越拉越大。缓解农村人口流失，留住发展人才是传统农业型乡村亟须解决的现实问题。

2. 乡村产业空间产业同质性强，经济效益低下

从武汉都市圈2021年农业农村人均生产投入分配及人均经营收入数据看，武汉都市圈主要经济支柱区域同质性高，仍然是传统的畜牧业、农业、餐饮零售、农林牧渔服务产业，占乡村经济收入比重达到80%（图2-10、图2-11）。根据湖北省农业农村厅2018—2021年度资料与《湖北省推进农业农村现代化"十四五"规划》资料梳理，在推进农业农村绿色高质量发展的路径中，武汉都市圈乡村普遍存在各产业之间互补性较弱，产业层级低端，支撑要素薄弱，经济收益不高，难以实现较好发展的现状。传统农业型乡村产业层级之间处于相对"闭塞"的状态，在这种环境下，生产资料得不到学习、交流与进步，各个产业之间难于形成产业互补，限制了产业链供需完善，导致经济效益低下，亟须进一步改善。

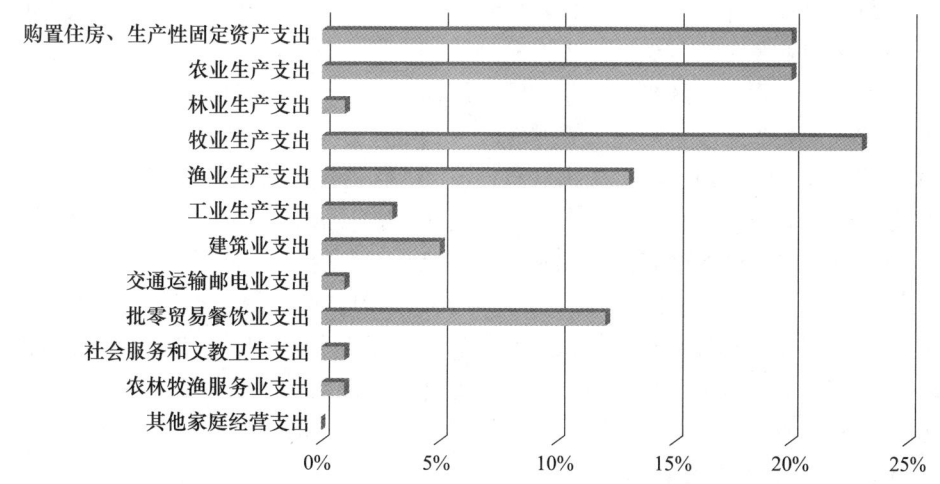

图2-10　武汉都市圈农业农村人均生产投入分配比例

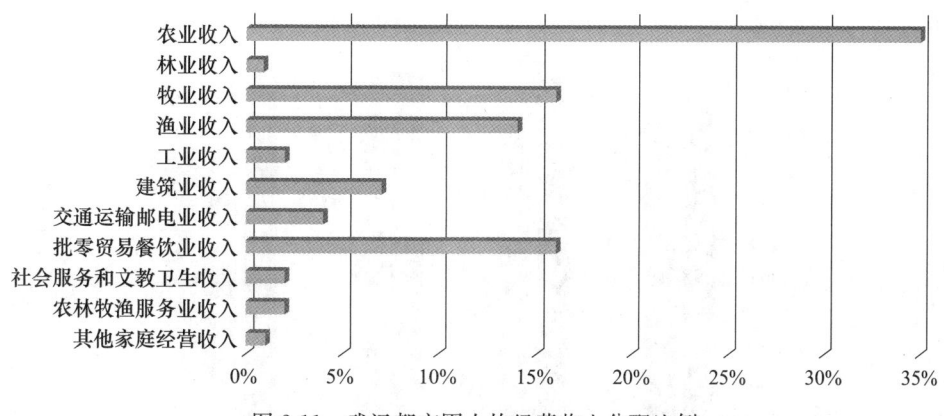

图2-11　武汉都市圈人均经营收入分配比例

3. 产业规划容易忽视，产业空间缺乏整体性规划

一直以来，我国十分重视乡村规划及精准扶贫工作的开展。产业发展与振兴是其关键。值得注意的是，乡村适宜发展的产业繁多，不同乡村在发展中自身所拥有的基础与存在的问题都存在差异,升级发展的模式更是千姿百态。传统农业型乡村规划中如何选择一种合适的产业、片区之间产业空间如何进行联动成为一件困难的事,具体问题如何具体落实到乡村基层,进行"对症下药"?这些都是乡村地区缺乏系统规划传导组织的现实问题,政府空有规划及发展的决心,现实上缺乏规范化的案例模板进行指导,造成乡村规划往往注重乡村风貌整治,产业规划被忽视,规划执行落地困难。传统农业型乡村由于本身的客观问题,其资源要素往往不够丰富,在没有科学指导下,急于求成地使用资源,便会陷入资源利用率不高、资源不够用的恶性循环。

4. 产业融合组织模式不深,产业空间上的耦合关系不深入

武汉都市圈各城市传统农业型乡村产业发展态势良好,但在产业融合组织模式的某些方面却存在发展偏激、不均衡的问题。通过研究湖北省各市县实例、相关文献及有关文章,其产业提升发展的实践路径大多基于现状产业,从四个方向进行实践,即农业专业合作、政府出资引导、加工业入驻乡村和乡村旅游配套,但产业空间之间缺乏必要的联系,产业之间耦合关系急需进一步加强。

传统农业型乡村正如其名,产业发展"传统","传统"不仅限于产业技术,同样包括乡村居民的素质观念及生产理念等方面。一是生产方式的"传统"。湖北省平原地区、近郊区传统农业基本实现了半机械化,而丘陵区、山区的传统农业型乡村生产方式还依赖人工劳动力,农业效率低下。二是农民观念上的"传统"。农户普遍思想观念落后,使用资源急于求成,破坏生态砍伐森林现象时有发生,急需培育新时代有智慧的农民。三是政策应用"传统"。湖北省参与农业专业合作社的农户目前已经突破10万户,但历年农业专业合作社出资总额却徘徊在2500亿元,"数量"达到了,"质量"却整体不高(图2-12、图2-13)。农业专业合作社发展仍然保留有过时的行业标准、经营管理机制以及存在合作社区域间、产业间发展不平衡等问题,"政策创新""质量提升"行动是农业专业合作社发展迫切的现实需求。

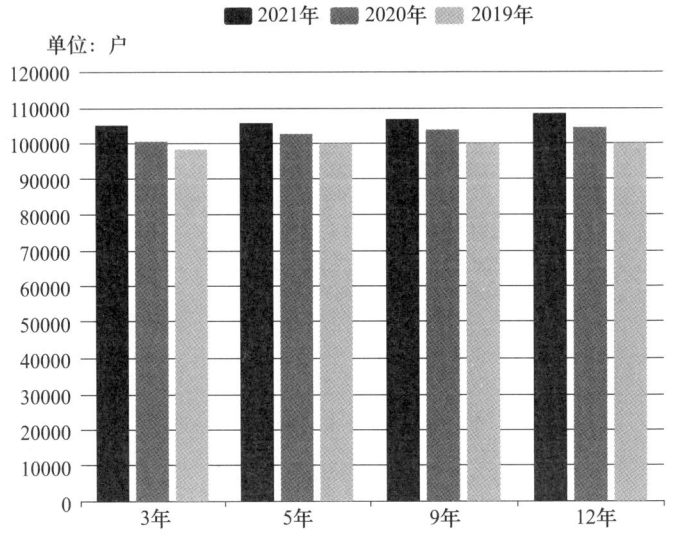

图2-12 武汉都市圈2019—2021年农业专业合作社农户参与情况

(数据来源:湖北省农业农村厅2019—2021年公开资料)

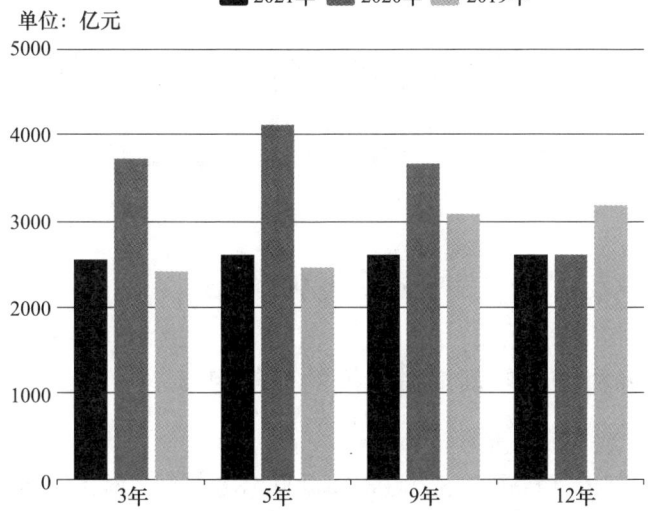

图 2-13　武汉都市圈 2019—2021 年农业专业合作社出资总额
（数据来源：湖北省农业农村厅 2019—2021 年公开资料）

正如"资源的多少并不重要，如果不懂得利用，或是用得不好，永远都是不够用的"这句话所说，传统农业型乡村拥有农业、生态、文化等多种资源，产业体系满足于小区域范围内的自给自足，缺乏将资源转换为产业集群、转换为市场供给侧的措施。乡村资源转化为产业经济，资源虽然不少，但如果农户不能自觉地转变生产模式，总处于市场需求端，乡村经营产业与市场容易产生结构性失衡，处于"市场需求不够用、乡村产品用不着"的状态，与市场的偏差越来越大。

3 都市圈乡村产业空间演进特征与优化逻辑

3.1 都市圈乡村产业空间发展基本特征

3.1.1 都市圈乡村产业空间演进发展的外部因素

1. 城市资本外溢下乡村旅游突变

在存量规划、城市更新背景下,城市建设目标逐渐由"增速"转为"提质",资本投资在城市建设上出现规模效益递减趋势,随着都市圈层面的城乡区域经济隔阂逐渐模糊和消除,乡村成为大城市过剩资本首要的出路选择。从城乡区域视角来看,乡村旅游发展的产业要素、市场机制、政策制度受到乡村供应主体和城市消费主体的双重激活,随着经济政策土地制度管制的松绑和产业分工下交易成本的下降,农业庄园、田园综合体、农业产业园等跨界经营的外生型乡村旅游发展更能适应和契合乡村的资源禀赋,实现城乡资源、土地、利益的整合(图3-1)。

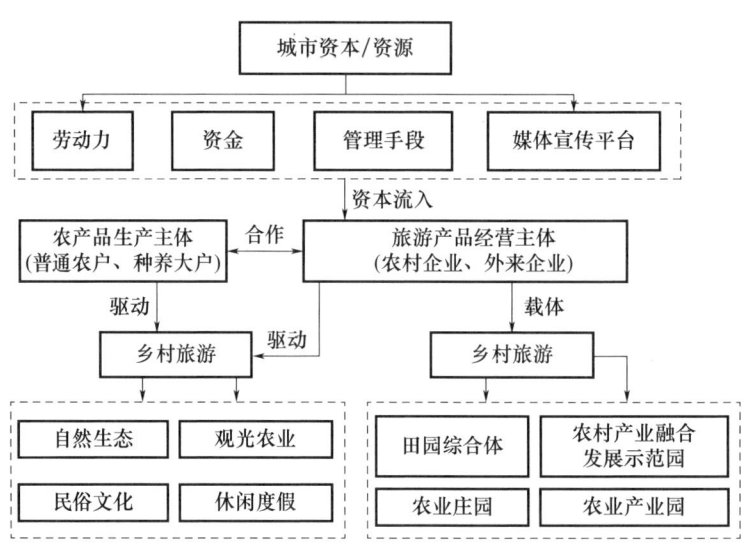

图 3-1 城市资本外溢下乡村旅游突变

随着城镇化发展带来的城市资本外溢以及消费需求拉动,乡村产业出现了明显的多业融合发展现象,呈现出多元化、复杂化的产业升级格局。都市圈乡村在抓准自身发展阶段和定位的情况下,利用城市外溢资本有助于针对性地发展自身强项产业,错位互补满足市场需求,明晰产业经济要素流通关系,推进乡村由传统农业主导的经济模式逐渐走向多元化,避免因重复发展错过重大发展机遇。同时,依托城乡融合大趋势推动城乡功能区相向发展以及联动发展，有助于在乡村振兴建设过程中激活产业空间布局重构，解决发展空间不足、产业不配套的问题。都市圈乡村在经济多元化导向下产业结构趋于自发调整完善，消极承接城市功能的"恶性内卷"形势将得到逆转，积极互动的良性竞争与合作趋势逐渐形成。

2. 多元消费需求下生态产业蝶变

随着"绿水青山就是金山银山"理念逐渐被大众和市场接受，乡村生态"诅咒"顺势转为了先天禀赋的"祝福"，乡村自然资源禀赋得到发展和利用的重大机遇，乡村发展逐渐由扶贫模式下的"吃得饱"转向振兴模式下的"吃得好"。同时，生活水平的提升和人口老龄化加剧使得"高质量生活""大健康"等理念成为城乡消费需求的关注点，都市圈乡村围绕"生态+"进行产品设计的产业模式，在乡村产业链物质要素投入转换的过程中，修补了传统农业产业链周期性断裂的环节，使得乡村"农业-生态"两手抓，促进城乡居民感官、情感、理性以及生活体验的提升，形成了"产、乡（镇）、绿"融为一体的特色空间，为永续发展提供空间支撑。在都市圈乡村产业生态稳步协同、空间利用定向集约的基础上，乡村功能逐渐完善，趋于与城乡多元需求互补，资源禀赋突破的乡村让城市更向往（图3-2）。

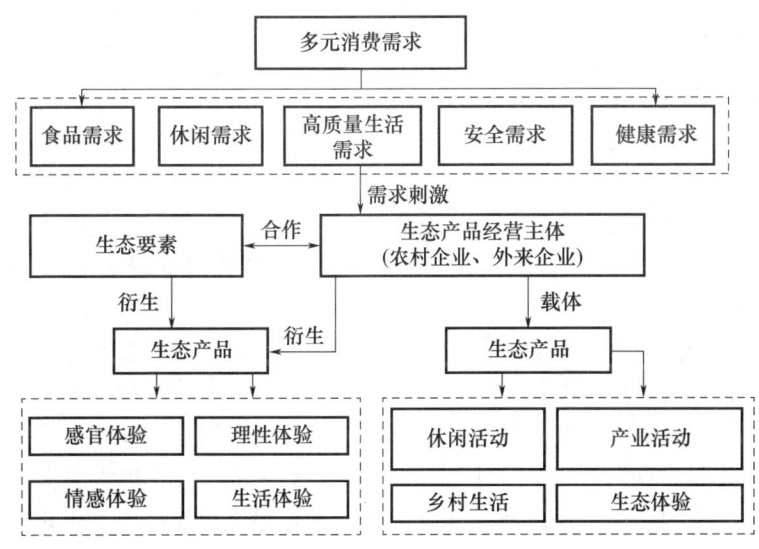

图3-2 多元消费需求下生态产业蝶变

3. 信息技术渗透下农业生产渐变

受传统农业思维和生产要素条件的限制，信息技术对乡村传统农业的渗透较晚，在以区块链、云计算、物联网等为代表的新型技术"大变革"背景下，乡村作为信息技术扩展的"价值洼地"具有广阔的发展前景和机遇。同时，我国的农业生产经营方式正在深入变革，从小农生产方式向适度规模经营发展，出现了种植大户、家庭农场等新型农业经营主体。新型经营主体的经营组织化程度较高、抗风险能力较强，对农业科技的需求也相应提高，新科技、新技术、新业态不断出现，农业的生产技术、水平不断提升，农业三产日益融合。同时，随着乡村新兴产业"破土而出"，原有农村产业链得以延长、拓宽和重组，这有助于市场资本介入乡村推动农、林、牧、产、城、游融合发展。乡村资源在新型技术辅助下转化出旅游农庄、康养中心、生态渔村等新兴产业（图3-3）。

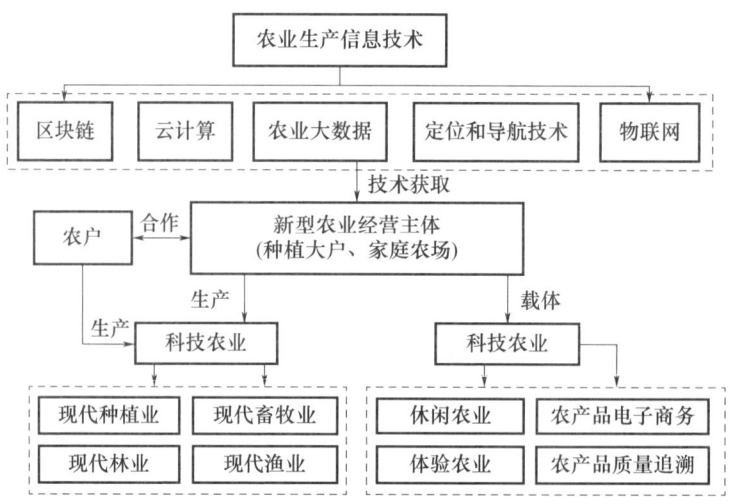

图3-3 信息技术渗透下农业生产渐变

3.1.2 都市圈乡村产业空间发展的驱动因素

1. 内在驱动因素：资源依附与主体意愿

随着单一农业经济资本的内生型生产要素亲和力逐渐变弱，都市圈乡村内部资源亟待开发与整合。在乡村产业结构调整和扩大生产的过程中，资源或交通条件具有"优区位"的地区产业发展的集聚效应更强，并据其特点和功能在空间上表征为具有空间秩序的产业集群。这种随资源依附性导致的多元产业投影到相对集聚的空间，是"产业-空间"耦合的内在驱动因素之一。

同时，产业空间耦合不是简单的产业相加和相乘，其涉及的多元主体利益关系需要统一协调和安排。集中力量发展某一产业必将影响其他产业的发展，都市圈乡村产业主体在提档升级契机与新型消费需求的双重影响下顺势进行融合型业态重构，倒逼产业空间转型和重构发展，这构成了"产业-空间"耦合另一重要的内在驱动因素。"产业-空间"耦合内在驱动因素决定了产业空间发展的现状，同时为外在因素优化产业空间奠定了基础。

2. 外在驱动因素：市场激活与政策推动

在城乡统筹和乡村振兴政策引领下，乡村产业类型逐渐完善和丰富，都市圈乡村产业发展既有农村自属的外延式发展内在动力，也有来自城市的内涵式发展外在推力，大城市规模经济在拥挤成本下资金要素逐利性地从城市外溢到周边乡村，都市圈乡村社会生产边界逐渐扩展，为产业空间优化提供了契机。同时，传统农业在现代农业的冲击下，单一农业经济资本下的内生型生产要素亲和力逐渐变弱，跨界经营的外生型生产要素更能适应和契合乡村劳动力、土地、技术以及自然文化资源的整合。这种随市场激活产业重构导致的空间调整，是"产业-空间"耦合的外在驱动因素之一。

自2015年中共中央、国务院在"一号文件"中提出要进一步推进农村地区第一、第二、第三产业之间的相互融合、共同发展后，全国乡村产业融合进程明显加快，农村经济发展活力显著增强。在党的二十大方针政策的指引下，政府方面也发挥乡镇平台和支点作用，统筹、梳理和整合全域资源，管理者从全域化的视角布局全域产业发展，集中整理和分配全域产业资源，形成有效的产业联动。根据自身特点创建出一套具有地方特色的城乡经济发展新模式。如一产的特色农业产业园、二产的工业示范园区、三产的文化旅游度假区等，同时应重视服务业的作用，加强服务业的人才培养和培训，提高服务接待质量，提升金融服务乡村振兴效率和水平。

都市圈乡村地区依托丰富的自然生态资源，以农业和文化为基础对区域优势资源优化配置与整合，将生态旅游、文化产业、农业等产业进行深度融合，在催生多元业态的同时有助于"产业-空间"耦合发展。"产业-空间"耦合外在驱动因素从市场和政策两个方面增强了乡村产业的聚合力，有助于提升乡村的生态、社会、经济效益，是驱动乡村产业发展的主要手段。

3.1.3 都市圈土地资源与乡村产品的关联特征

1. 乡村产品的土地资源依附性特征

如同早期人类"依山傍水"选择生活、生产空间一样，乡村地区自身的土地资源禀赋（山水林田湖海草等自然资源特征和"山水意境、田园乡愁"等文化资源）也确定了其初始的产业类型和产业特色，为产业未来发展、延伸和融合提供了物质基础，继而在都市圈供需关系的推动下衍生出现代农业、农业观光或康养休闲等多种乡村产业类型，促进了乡村"产品"向"礼品"转化。这种依附资源形成的产品体系因资源转换能力和转化途径的不同，一产、二产、三产之间的界限相对模糊，产业发展与空间发展、文化发展存在不同程度的融合趋势。例如，农业生产依托乡野景观和山水生态可提供休闲度假、娱乐观光、活力健身等旅游服务，形成农家乐、度假山庄、乡村驿站等民俗产品类型；农业生产依托"看山不是山"的文化资源可纾解游客身心压力，形成农耕岁月、四季花海、墨色水乡等主题产品类型。

2. 乡村产品自属的内在规律性特征

在乡村地域空间与城市地域空间的时空距离逐渐缩短的都市圈"圈层"发展背景下，城乡产业功能随产业界限交融而显现出较强的互补性，不同资源禀赋的乡村由于产业内生规律的差异性引导形成多元化产业发展模式。例如：传统农业和现代农业具有较强的土地根植性，是拉动农村经济发展和农民就业增收的重要增长极，具有连接城乡要素资源、融合乡村一二三产业的天然属性；乡村旅游能发挥都市圈乡村过境旅游优势，同时，有助于逐步引导农民、农业从"生产导向"向"消费导向"转变，让农民共享产业融合发展的增值收益，转变"乡村产业就是在农村范围内发展农业"的观念；生态观光能较好体现都市圈乡村"生态保育"功能，并促进生态资源产业化发展，以"利益"保障乡村的"绿水青山"。

3. 土地制度流转下的集体经济发展特征

不同的土地资源类型和产业自属规律将引导和影响都市圈乡村产业发展方向及其空间格局，由于外部环境和各级政府对土地资源配置的作用，农村居民对土地用途和流转的意愿程度存在差异性。农村土地的"三权分置"制度强调农户个体对其"宅基地"和"承包地"资源的选择权和收益权，导致乡村产业具有明显的集体经济的"自下而上"特征，同时有助于转变农村"集体化"（供给导向）生产经营为"市场化"（需求导向），对都市圈乡村产业的多元化发展具有激活效应，即土地的流转促进了农村品牌自主化发展。

3.1.4 都市圈乡村产业空间演进的阶段性特征

乡村产业空间发展阶段受到了都市圈城乡经济发展水平和城镇化进程的影响，乡村产业的空间依附性和不可移动性特征决定了其空间与土地资源之间存在"包含-被包含"的空间关系，寄予产业空间理论的借鉴以及"点、线、面"递进逻辑关系的推演，本书将都市圈乡村产业空间演进归纳为"点状、网状、面状"三个阶段。其中，点状阶段属于产业发展的萌芽阶段，是响应乡村消费需求下的随机性市场投资行为；单个项目取得较高收益后，带动周边地区出现了模仿或差异化的投资现象，逐渐在一定地域内形成网络格局；对于都市圈经济发达地区或乡村产业发展基础较好的地区，乡村产业将进入成熟的面状集群发展阶段（图3-4）。

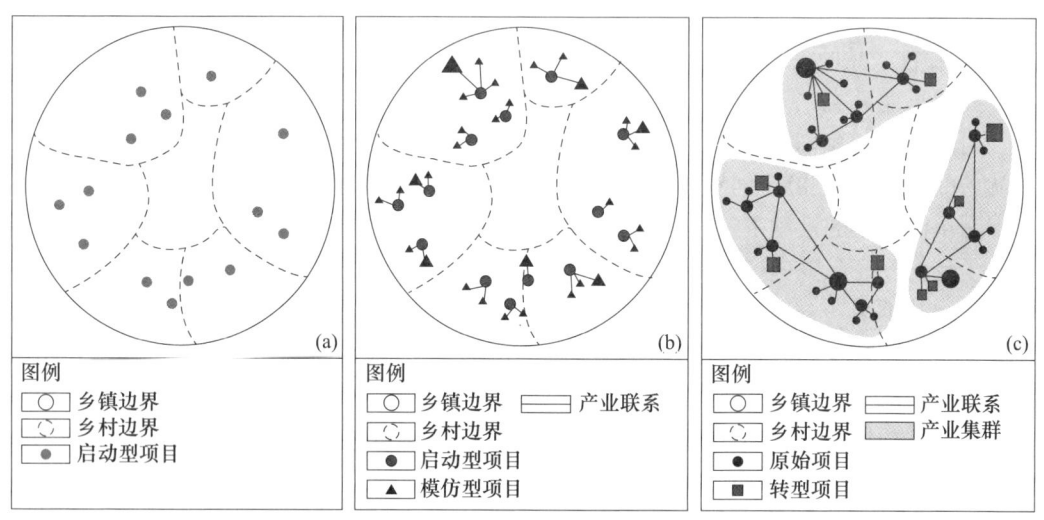

图3-4 都市圈乡村产业空间演进阶段
（a）点状共存；（b）网状共生；（c）面状共荣

1. 都市圈乡村产业空间发展的"点状"共存阶段

该阶段是都市圈乡村产业空间发展的第一层次，其发展逻辑是尽可能地扭转乡村产业附加值低的凋敝局面，为乡村"筑巢引凤"，解决"怎么吸引高附加值产业"这个基础问题。乡村产业为"迎头赶上"城市发展快车，通过"农业＋"发展模式向现代农业、涉农工业、赏农旅游等新兴产业过渡，借助启动新型业态来调整和提升产业效益。不同于城市"摊大饼"式的扩张发展，乡村受自然山水格局限制，从都市圈层面观察乡村产业发展的新兴启动型项目，往往在空间上呈现零星点状且与农业、生态空间共存格局。同时，由于空间建设具有时序性，空间规划分为近期、远期、远景等阶段，在可行性与重要性的综合评估下近期建设项目往往难以同时满足产业关联性和空间关联性，这种产业空间系统的适应滞后特征也是都市圈乡村产业发展呈现"点状"共存的原因之一。

2. 都市圈乡村产业空间发展的"网状"共生阶段

该阶段是都市圈乡村产业空间发展的第二层次，其发展逻辑是"把脉"城乡供需关系，"盘活"乡村资源，解决"怎么留住高附加值产业"这个关键问题。受到大城市对周边地区的外溢影响和多元化乡村消费需求带动，都市圈乡村地域成为产业投资的"热土"，乡村不仅为城市提供粮食供给，同时呈现出现代农业、休闲旅游、康养度假等"农业+"模式的项目类型。随着以"农业+"为发展模式的新兴启动项目的盈利，乡村周边必然会出现同类或差异化的投资模仿者，这种"启动-模仿"的产业投资关联网络在空间上呈现"启动者-模仿者-外在环境"的共生格局。同时，乡村产业在发展和演化的过程中为适应"圈层扩张"的城市空间拓展趋势，零星"点状"产业空间之间的联系逐渐加强，产业融合开始出现，其产业节点、产业链和产业格局的发展趋势对乡村空间承载力提出了新的要求，需要进一步考虑产业发展的"生态准入、功能适应"等管控手段。

3. 都市圈乡村产业空间发展的"面状"共荣阶段

该阶段是都市圈乡村产业空间发展的第三层次，其发展逻辑是紧跟国家政策，为乡村发展"寻找出路"，目标是解决"怎么永续发展"这个重要问题。随着"启动-模仿"产业投资网络的发展以及乡村产业更替和市场消费动力的转变，乡村产业进入了转型升级阶段，受城乡消费需求和投资主体等多因素影响，不同乡村产业空间发展阶段下的产业类型存在不同转型可能性，比如现代农业型产业向农旅融合型产业的方向转变，农旅融合型产业项目进入饱和阶段后，投资主体也可能引入科技发展现代农业。同时，乡村产业空间类型的转变需要一个适应和调整的周期过程，在此过程中乡村空间基于前一阶段的网络共生格局而形成较为成熟的"面"状产业集群，摆脱了行政边界的束缚。

3.2 宏观机理：城乡供需关系下的都市圈乡村空间发展

3.2.1 基于人视角的城乡供需关系研究

"供需关系"在宏观层面是一种"供求关系"，是马克思经济学研究的客观对象，也是我国推进供需双侧改革的理论来源之一。城市对乡村产品的需求和乡村的产品供给构成了一对供需关系，可视为都市圈乡村土地资源与乡村产业空间关系研究的前置假设。推进都市圈城乡供需关系平衡，可有效引导城乡人口和城乡资源的有效流动和利用。同时，城乡供需是推动产业发展的重要动力，在城市居民追求生活体验、回归自然等消费观念升级下，以农业种植、田园风光、乡土文化为特点的乡村休闲旅游需求逐渐增加，并为乡村产业发展注入新活力，推动乡村产业结构转型升级。不管是从供给还是需求来看，乡村产业功能都不是单一化的，其涵盖了经济、生态、文化等多元功能。乡村地区所独具的生态环境、地理空间以及文化底蕴，是"农业+""旅游+""生态+"等新型融合业态存在和发展的基础。

城乡需求关系的利益转换主体是人，即城乡需求的实质是人在城市和乡村这两种不同的区域位置将所需要的要素进行了流动和转移。在进行城乡需求研究时，可把城乡需求关系理解为城市人的需求和乡村人的需求，按照需求要素的层次划分，可以将其分为宏观层面的要素供需以及微观层面的产品供需。城乡供需关系还受到供需规模和供需偏好的影响。

1. 宏观层面城乡供需关系研究

从宏观层面上看，城市在原始资本等要素积累的基础上得到快速的发展，城乡之间的供需主要表现在土地、产业、生态资源、人口四大方面（图3-5）。一是在增量为主的城市政策导向下，城市的发展需要大量的土地完成城市的扩建；二是城市产业发展不仅要满足城市自身内部的发展需要，而且要进行产业的转移以及过程产业的承载；三是因为城乡二元壁垒仍然存在，农民会因为羡慕城市较为高昂的薪资进城务工，导致农业人口极速流失；四是城市在发展过程中带来的环境污染会因为边际负效应污染到临近的城市与近郊村，生态资源被动隐性转移。

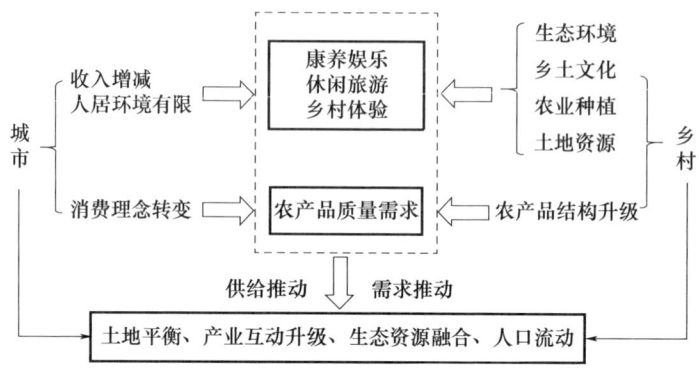

图 3-5　宏观层面城乡供需关系表现

① 土地。土地作为城乡发展的本底承载，其规模、性质、用途等关系到城乡自然、经济、社会条件的稳固发展，城乡空间的土地博弈也越发激烈。为改善城乡人居环境、节约集约用地，2004年《国务院关于深化改革严格土地管理的决定》中提出"鼓励农村建设用地整理，城镇建设用地增加要与农村建设用地减少相挂钩"，土地增减挂钩制度的实施解决了农村建设用地与城镇建设地块中耕地面积总量平衡的问题；而后在2020年国土空间改革中"三区三线"的划定也为乡村基本农田和生态用地进行了刚性条件约束，进一步保护了土地资源。

② 产业。在城乡一体化发展时，都市圈区乡村凭借交通优势成了远郊区与大城市联系的中转站，其产业发展也逐步向着多元的方向前进。对于近郊村，产业资源链得到延伸，单一的传统农业转向农产品加工制造业以及娱乐性的农业体验活动，城市因转移过剩的工业也能更好地向资本密集型工业过渡，由此，城乡供需逐步趋于平衡。

③ 生态资源。城市在大力发展建设初期更注重经济的增长，多以牺牲生态环境为代价，大力发展重工业，后又因城市土地的开发，城市用地更是寸土寸金，故城市的生态环境成了稀缺的公共资源，需要政府投入资金来保证建设，如绿地、公园等。城市对生态功能的需求增加，而乡村地区生态环境多样化，能够提供高质量的生态产品，这就使城乡在生态功能上产生了一定的供求关系。此外，由于城市居民收入增加，休闲旅游逐渐成为城市居民闲暇时间的主要消费选择，而都市圈区乡村具备区位优势，便成了满足城市居民生活体验、回归自然需求的另一场所，使得近郊区乡村的新型产业得以进一步发展，因此城乡在旅游业与文化创意产业上供需联系密切。

④ 人口。由于我国城乡二元结构的特殊性，城市拥有大量的就业机会与发展机遇，

城市的居民收入与高质量的生活水平也吸引了大量农民进城打工。他们中多为满足劳动力需求的青年和中年群体，能够满足城市劳动密集型产业就业人员短缺的问题。但对于乡村而言，青壮年的流失会导致部分乡村空心化与农用地抛荒，乡村的发展急需热爱乡土的知识分子回乡经营建设。对于都市圈区的乡村，具有便捷的通勤条件，人口往城市的流动被分为就近打工（住在乡村，去开车通勤可达的市县工作）和远城打工两种形式。

在市场与政府的综合调控下，城乡之间在生态、产业、土地、人口等方面的供需交流加强，从而实现城乡供需平衡，以此为城乡统筹发展、互动格局构建提供保障条件。

2. 微观层面城乡供需关系研究

从微观层面看，城乡供需体现在更为具体的产品需求方面。产品供需是推动产业发展的根本动力，"供需关系"在微观视角下表现为产品"供给-需求"的矛盾与统一，并通过供需规模和供需偏好两个方面予以体现。中心城市的经济规模决定都市圈乡村供需辐射范围，进而形成都市圈"城-乡"空间的动态关系。而受到都市圈地理特征、地域文化特征、人均收入水平和消费偏好的综合影响，都市圈乡村产业类型、产值规模和项目业态又呈现出一定差异。同时，随着城乡交通设施和基础设施的完善，农业发展受区位因素的影响日益减弱，乡村旅游产品的价值提升明显。借助乡村丰富的自然资源、产业资源和文化资源，从"旅游十二要素"入手落实需求，在生理、安全、归属、尊重和自我实现五大需求的金字塔结构下，研判城乡资源转换力（城乡供给能力）和城乡需求的强弱，有助于明晰都市圈城乡供需市场。

研究以马斯洛需求层次理论为依据，将人类需求的五个层次落到城乡产业、生活、生态等具体类型划分上，着重研究微观领域城乡之间的产品供需关系。因与人兼具欲望与动力，且具备趋利的本性特征，故人的需求的产生与发展是一个由初级逐步向高级波浪式渐进的过程，即在人类存在的某一基本需求被满足的前提下，将无法驱使人们行为发生变化，就会衍生出新的需求。随着我国城镇化水平提高，居民收入普遍上涨，人们的生活质量也得到相应提高，原本满足衣食住行基本需求的居民开始追求更高的需求（更高的物质水平与精神境界）。供需关系发生新变化。

依据马斯洛需求层次理论来探索城乡供需不同层次上的产品需求（表3-1）。生理需求内容主要包括满足解饥、御寒、睡眠等所需的食物（粮食、蔬菜、食品等）、衣服、住所（能够居住休憩的民宅）等方面的需求。对于乡村而言，村民会拥有宅基地和庭前院落用地，可以实现基本食品的自给自足，对外界食品产品的需求较弱；对城市而言，其庞大的人口基数使城市对生理需求的量比乡村大。安全需求从个体层面分析，城市居民因工作环境较为舒适，在整体上身体健康水平不如农村人；但城市相较近郊村拥有更好的社会保障制度、治安管理和医疗卫生公共服务等，城乡均有需求。从整体层面分析，生态本底的保持能防治自然灾害，提供重要的生态环境资源，一定程度上抵抗外界环境的侵袭，故在城乡供需上，城市对安全需求量更大。归属需求以城乡规划学科视角为切入点，归属需求可以分类两种类型：满足居民居住的物质环境和实现居民精神追求的文化载体。随着人们生活质量的提高，公共服务设施、基础设施、文化空间及场所等公共产品共同成为城乡居民新的追求。尊重需求在城乡关系中多以产业发展的形式呈现，例如城市居民多会通过乡村旅游、观光度假、康养娱乐等多样的消费方式以及满足尊重需求的环境场所来彰显自身的价值或者稳定自身内在的自信与自豪。自我实现需求：打破二元壁垒，实现城乡共同富裕是城乡居民共同的期盼。

表 3-1 微观城乡供需关系表

理论支撑 （马斯洛理论）	需求落实	城乡供需关系	
		城市	乡村
富裕阶段（自我实现）	"商、养、学、闲、情、奇"等高级需求	资源转换弱 需求较强	资源转换强 需求弱
小康阶段（尊重需求、归属需求）	"游、购、娱"等进阶需求	资源转换较强 需求强	资源转换较弱 需求较强
温饱阶段（安全需求、生理需求）	"吃、住、行"等基础需求	资源转换强 需求弱	资源转换弱 需求强

微观上城乡供需更多的是从需求的五大层面探究产业上的产品需求，其不仅体现在农业与农产品、制造业与农产品加工、服务业与旅游康养等产品上的供求关系上，也体现在基础设施和文化场所等公共产品上。

从总体上分析，城市产生的需求能够带动乡村产业结构调整，促进土地的高效利用，激活文化活力并合理配置城乡资源，从而促进乡村的经济发展，成为乡村发展的需求动力。从乡村的供应能力上看，土地、人口、资金是乡村能否良性发展的必要因素，任一要素的短缺、供应不足都会影响城乡供需关系的协调发展，从而影响城乡空间的组织、演进与发展。城乡融合发展不仅能给城市和乡村带来健康、宜居宜业的舒适环境，促进城乡经济结构的稳定，也能极大提高居民的幸福感，增强国民的民族自信心。

3.2.2 供需规模对都市圈乡村空间演化的影响

1. 供需规模对乡村空间演化的影响

城乡的供需规模体现了城市与乡村供需关系的紧密程度，供需规模越大，表示城乡联系越紧密，都市圈乡村空间组织变化所受到大城市的影响也就越大。供需规模可以体现为两点：一是大城市的经济发展对周边乡村的辐射量，二是大城市与周边乡村的道路交通网的密集程度。

（1）大城市的经济发展对周边乡村的辐射量

从经济发展来看，大多数研究倾向于认为，在城镇化进程中大城市与周边区域的经济联动促进了乡村经济发展，影响了乡村空间的组织与演进。大城市对周边乡村的供给规模越小，乡村的需求规模就会越大，长此以往，城乡就会出现经济发展失衡与乡村空间发展迟缓的问题。随即，乡村空间的产业发展滞后，生态环境脆弱，公共服务与基础设施供给不足的问题也接踵而至。由此不难推断出，无论是实现城乡一体化还是乡村振兴，都离不开城乡经济统筹协调发展的内在演进机制，都须注重城乡供需之间的互助与互补。

3 ▶ 都市圈乡村产业空间演进特征与优化逻辑

研究以北京、上海、深圳、武汉、成都、呼和浩特不同城市规模等级的六市为例，统一数据取 2020 年的 GDP 为基准，借助可视化数据分析 ArcGIS 软件，取每 1000 亿元产值可对外产生半径 1 千米的辐射范围，构建大城市经济辐射范围缓冲区带，经数据分析处理可得到大城市经济对周边辐射范围影响图。由图 3-6 可见，北京、上海、深圳这三个城市 GDP 总量较高，对中心城区周边近郊区乡村影响的范围就更大；而呼和浩特市本身 GDP 总量较低，无法对中心城区周边产生大范围的经济辐射，都市圈区乡村发展也相对于其他城市更加落后。城镇凭借经济辐射、资金支持、技术溢出等规模效应促进乡村经济发展，加快乡村空间的组织演进，同时，乡村为城镇提供各种物质基础，支撑城镇的高质量发展，只有城市对乡村的供给规模与城市对乡村的需求规模达到一定比例，才能带动两者共同发展。

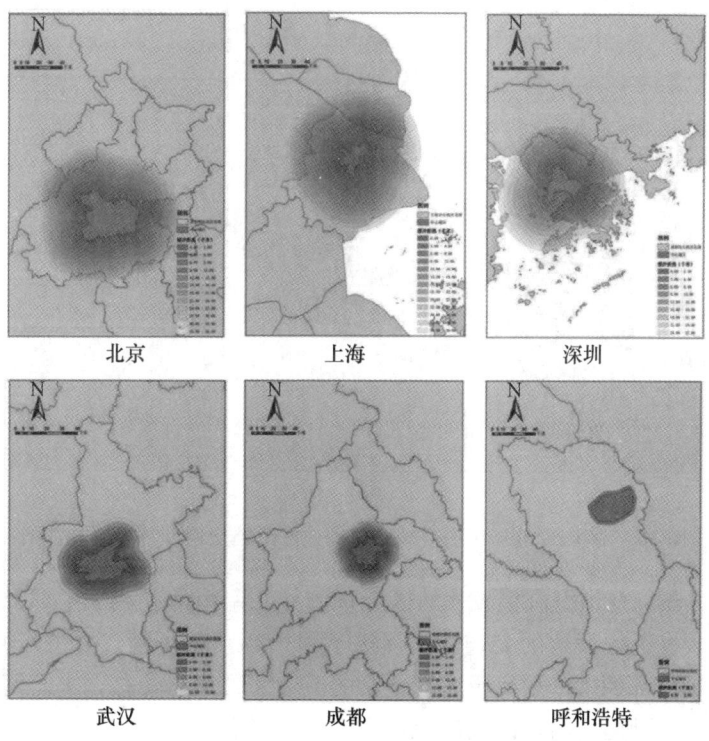

图 3-6 我国部分大城市经济对周边的辐射影响范围

（2）大城市与周边乡村的道路交通网的密集程度

道路交通是联接城乡区域的重要实体通道纽带，是城乡区域联动发展的支撑保障要素。由于城乡呈现"中心-外围"的地域空间结构，城镇之间呈现"中心-中心"的空间结构，而各中心之间存在距离无法直接联系，因此，各城镇之间的强相互作用必须以镇乡交通为通道进行联系，道路交通网的覆盖密度便格外重要。道路交通网络不仅成为城镇与周边区域相互作用的物质基础，也在发挥作用的同时为周边区域的发展带来正外部性效应，促进了周边区域如近郊区乡村资源要素的集聚与迁移，从而促进乡村空间的演化。具体而言，道路的邻近性对带动都市圈区经济发展、产业转型、信息技术传播均起着积极作用；交通可达性则对大城市周边区域的产业进行了梯度性转移，同时增加了周边乡镇参与到城区职能就业的机会，潜移默化地促进了都市圈区乡镇的城镇化发展，影响了乡村空间的组织形态。即道路网越密集的地方，乡镇发展越好，乡村空间演化的进程越快。研究再次选取城市规模等级不同的北京、上海、深圳、武汉、成都、呼和浩特六市，对主要公路与主要铁路进行数据分析，按照主要公路对周边影响半径为 3 千米，主要铁路对周边影响半径为 4 千米，通过数据分析处理可得到图 3-7。

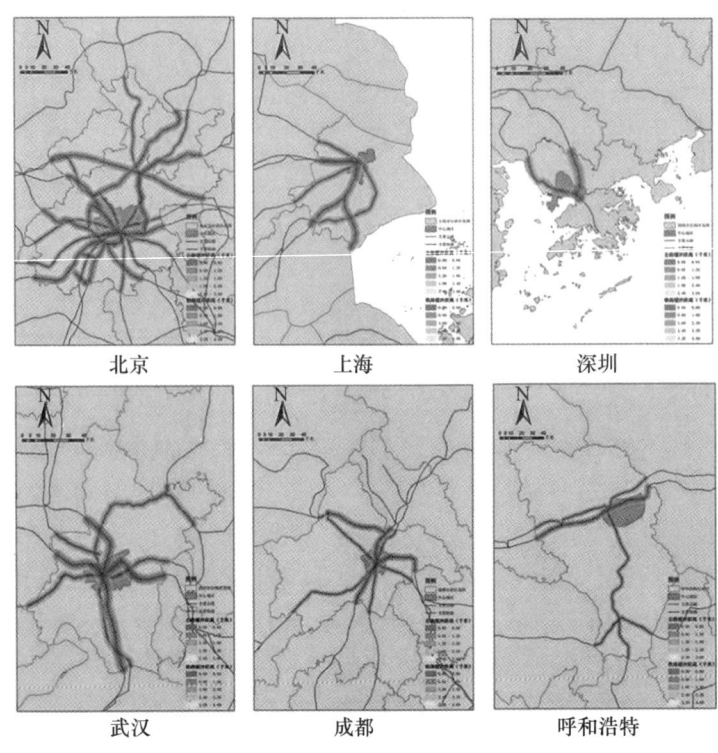

图 3-7　我国部分城市中心城区与周边的道路交通网辐射影响范围

由图 3-7 可知，在供需规模较大的区域，例如北京南部、武汉中部、深圳西部，道路交通建设比较发达，发达的交通网络促进了周边乡镇与乡镇，乡镇与城区间的联系，实现了城乡区域内部的生产要素及人口要素的流动、聚集与转移，进而促进城乡一体化发展，加速了都市圈区乡村空间的演化进程。

综上分析可得，城乡路网密度的疏密程度与城镇供需关系以及城镇化水平成正相关。如图 3-7 所示，在供需规模较小的地区，例如呼和浩特市，由于其路网辐射范围弱，其中心城区周边的道路交通基础设施的建设也较为滞后，直接影响了区域范围内产业要素的集聚水平，经济发展一直维持在缓慢的水平，从而形成了恶性循环，最终阻碍了城乡一体化发展，也不利于都市圈区乡村的要素组织，阻碍了都市圈区乡村空间的演化进程。对于乡村而言，道路交通设施的提升能切实影响到城乡供需关系，影响到乡村空间的组织与演化。

2. 供需规模对都市圈乡村空间演化的影响

构建城乡供需平衡指标测度体系，即通过城乡经济发展水平、城乡居民投入的保障政策、社会服务化水平等系列指标来科学合理地评估城乡供需平衡程度。城乡供需平衡指标测度体系的主要指标包括市场经济发展水平、城乡人口结构、城乡协调发展水平、城乡基础设施建设水平、人均城乡投资水平、城乡金融发展水平、人均生产总值水平、城乡流动人口水平、城乡社会保障水平等。这些指标能够反映出当前城乡之间供需情况，为城乡发展提供可靠的依据。

城乡供需平衡指标测度体系的数据预测能力尤为重要。对于都市圈区乡村而言，乡镇空间研究可以以县域单元为基本单元进行规划，着重研究全域资源的调度与平衡。除了大城市的经济水平和道路网密度影响，乡镇供需规模平衡还需要对乡村远期发展的人口和潜力进行预测，以为乡村空间的长期稳定发展提供合理支撑依据。城市与乡村的供需量调度也可以理解为城乡空间变化量，其主要体现在用地和人口两方面。在纵向城乡层面，根据第三次全国国土调查数据，进行全国—省市—县—乡镇的建设用地指标的明确与增减调动，其间，注意保证乡村"三区三线"科学合理划定，保证乡村基本农田供给量。研究乡村重大规划项目（如"十四五"重大平台重大项目和各乡镇项目）的需求，还需要将乡村具体指标放置到县域单元里，进行全域范围内的整体考量，并进行指标的腾挪划定。在横向乡村层面，进行村庄潜力挖掘测算时，需要根据乡村现状发展情况和远期发展目标采取合适的测度方法，如供给法、需求法预测（可以分为按村庄规划用地需求或者按人口规模乘以人均村庄用地需求两种方法）等。

总之，城乡供需平衡指标测度体系是政府通过量化城乡经济发展水平，确定未来经济发展方向，优化城乡供需平衡状况，促进城乡协调发展的重要工具。它不仅可以指导城乡发展，推进乡村组织演化，还能够有效促进整个国家的发展，确保各地区的经济社会发展协调、平衡以及自然环境的可持续发展。

3.2.3 供需偏好对都市圈乡村空间演化的影响

1. 供需规模对乡村空间演化的影响

（1）引导乡村发展方向。城乡的供需偏好影响着乡村空间的发展方向，由于居民对衣、食、住、行等不同方面的需求偏重不同，以及城乡资源储备具有差异化特征，城乡供需结构会发生相应的倾斜，乡村空间也会受其影响朝着不同的方向演化。以武汉都市圈区为例，其周边市县在进行规划时可以考虑武汉市的辐射效应，将市县与武汉市一同规划，即形成武汉都市圈的空间格局，使得各资源要素不仅能在武汉市中心城区流动，不同资源要素之间也能实现互通联动，满足城市居民生活需求的同时也能促进乡村的发展。如对于生活在武汉市中心城区的人们，较大的生活压力和较快的生活节奏会使得他们在完整连片的休憩休假时间追求节奏缓慢、宜居宜人的田园度假生活。而武汉都市圈近郊区村镇农业旅游资源异常丰富，可供开发与利用的市场价值极大。同时，都市圈乡镇的人文景观、自然生态景观等旅游资源质量较高，地区差异性强，产品特色鲜明，基本上具备了乡村旅游开发的基础条件。因此在人们对乡村旅游这一需求偏好的影响下，武汉都市圈的构建对具有一定基础资源的乡村正向效益明显，其乡村空间大多随着旅游资源分布点位进行组织整合，最终朝着有利于乡村旅游发展的方向进行演化。

（2）推动乡村空间格局演化。供需偏好通过引导乡村的发展方向，间接影响乡村空间的组织及演化形式。从影响方向而言，乡村空间的组织演化基本是与供需的偏好方向一致的。如偏好乡村民俗文化旅游，乡村空间就会朝着发掘民俗文化、展现民俗特色的方向演化；偏好规模农业生产，乡村空间就会朝着现代化农业的方向演化。从影响力的大小而言，同样的需求偏好，对拥有相对应的供给偏好的空间影响力较大，而对供给偏好与其需求不对应的空间影响力较小；同样的供给偏好，对拥有相对应的需求偏好的空间影响力较大，而对需求偏好与其供给不对应的空间影响力较小。

供需偏好在影响城乡产业空间发展方向的同时，也会受到来自人的选择对产业空间的分化作用。在供需关系中，供给方在产业空间发展上随着供需偏好的方向进行动态调整，需求的拉力作用越发明显。例如城市居民的需求如果偏好休闲旅游，那么乡村供给市场变化也相应地朝着旅游方向发展，产业类型多会形成以旅游服务业为主，农业发展为辅的发展模式，村镇通过提高旅游资源与产业的有效供给来促进城乡供需均衡发展。其中，人的选择对产业的分化作用具体表现在，如果游客主体追求的是寓教于乐型/亲子产学研型旅游，那作为供给主体的乡村将会以创意文化产业的发展作为主导；若游客主体的需求偏好是体验乡村生产生活，更多的发展资金则会流入现代化的农业生产，那乡村产业就会以现代农业为发展基础，打造农产品的品牌效应，构建农产品的采摘—加工—销售全链条模式，推进乡村空间向着利于农业发展的方向演进。

2. 供需偏好指标测度

消费偏好反映了地域人群对乡村产品的倾斜度，消费规模反映了每类乡村产品的未来规模需求量。由此，对乡村土地资源的产业转化类型及其规模预测提供了参照。偏好是微观经济学中价值理论分析部分的一个基本概念，是指消费者根据其自身意愿对可供选择的商品组合进行若干排序，它反映出了消费者对所选择商品组的态度和情绪。

通过分析城乡需求因素建立需求关系，根本目的是达到城乡要素对流、产业耦合和供需适配，形成畅通的经济循环，即在城乡之间的商品交换不仅需要保持总量平衡，而且更要求结构匹配，这需要同时提高城乡供给结构的适应性和灵活性，减少无效供给，扩大有效供给，并通过现代流通提高供需匹配效率，从而有效满足城乡居民多层次多样化的消费需求。

3.2.4 都市圈乡村空间对城乡关系的适应机制

通过对城乡供需关系的解读，可以发现城乡之间供需关系的宏观层面主要体现在产业、生态、文化等多方面，在微观层面则更偏向于产业要素的供需协调关系。同时，供需规模和供需偏好在不同程度上影响着乡村的产业结构和空间发展方向。当城乡之间的供给与需求处于动态均衡状态时，城乡供需状态趋向于帕累托最优状态，但由于乡村发展动力不足，城乡供需所发挥的推力作用便使乡村脱离过去的被动化发展状态，倒逼乡村的产业转型与结构优化发展，对城乡一体化发展起到直接推动的作用。

1. 推动城乡产业衔接互动

城乡供需是推动产业融合发展的重要动力。乡村休闲旅游需求的增加为其发展注入了新活力，对乡村而言，也就此萌发了乡村新型产业业态的需求。为构建新兴产业业态，乡村需要结合自身资源发展特色乡村旅游产业，形成连片集聚的乡村旅游片区，提供乡村度假、休闲、科教融合等一系列服务活动，促进乡村产业结构的转型升级。乡村产业结构升级又使乡村产业空间向一二三产融合互动的方向发展，乡村空间呈现多元化发展特征。

2. 促进乡村功能多元化发展

随着都市圈乡村发展日趋成熟，城市的职能逐渐外溢，周边城镇及乡村逐渐有能力承担为邻近城市的制造业等劳动密集型企业提供就业、旅游服务、休闲康养等功能，城乡供需在功能上联系增强。不管是从供给还是需求角度来看乡村，其功能耦合都不是单一化的，涵盖了经济、生态、文化等多元的功能，加上乡村地区所独具的生态环境、地理空间、文化底蕴，这些都是极具差异性的资源要素，能够满足城乡居民对回归自然、乡村体验、休闲旅游等多方面的需求，其是乡村旅游、休闲农业存在和发展的基础。通过城市需求带动乡村空间资源组织耦合，形成乡村地区多元化功能发展模式。

3. 实现城乡空间良性演变

在城乡供需实现良性互动的过程中，供给推动和需求拉动共同发力，构成促进城乡空间演变的根本动力（表3-2）。城乡"供需关系"的基本表征为"城乡要素的优化配置"，供需双侧发力过程中，从人才要素、土地要素、资金要素三方面着手实现城乡要素的平等交换、双向流动。要素流动引起乡村空间结构改变，而这一改变必然会引起空间载体——土地的利用配置发生变化。只有对乡村低效及未利用的土地进行整治，重塑乡村生产、生活、生态功能空间，通过要素分级和资源整合对乡村空间组织要素进行重构，才能推动乡村空间良性演变。

表 3-2 城乡供需双方要素间的相互关系

供需要素		具体内涵
供应方	土地要素	产业发展具有土地依附性，提高乡村土地资源集约高效利用
	资金要素	为乡村的发展提供资金支持，突破发展困境
	人才要素	确保劳动力这一生产要素在城乡之间有序流通
需求方	经济收入	城市居民收入增加，消费不再拘泥于城市乡村的产品、文化及生活更具吸引力
	社会压力	城市居民在社会压力下产生乡旅、康养、观光等多样化的需求，人们更向往乡村自在的生活
	生态环境	城市的景观多是人为建设，缺少自然的生态环境

3.3 微观机理：我国农村制度对乡村空间组织的影响机制

3.3.1 我国农村制度的演变阶段

华夏文明历经千秋万代，历史的演变总会伴随着土地制度的变迁和权益的再分配。我国土地权益的主体是农民，影响和利益变化最大的群体也是农民。农村制度作为内生动力不断激励农民再组织分配权益，进而影响着乡村空间的演变。

土地制度是我国最重要的对生产关系的安排，农村集体经济是土地利用的最直接权益分配与表现形式。处理好农民与土地的关系，系统梳理我国农村制度历程和变革，不仅有利于深化土地与空间的耦合联系，研究在农村制度下空间变化的动力机制，更是为今后我国农村的发展奠定理论和实践基础。我国农村制度变迁与土地制度变迁同步演进，从进程上可以分为四个阶段（图3-8）。

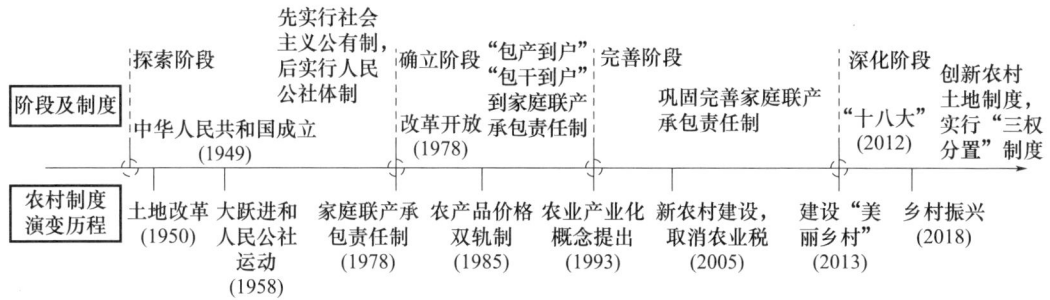

图 3-8 农村制度演变历程

(1) 探索阶段（中华人民共和国成立后到改革开放）。中华人民共和国成立后，举国上下极力探索新的发展方式。在党的领导下，1950—1952 年间，我国开始实行土地改革，该制度废除了地主阶级封建剥削的土地所有制，实现了耕者有其田。在 1953—1957 年，随着社会主义改造的完成，我国实行社会主义公有制的农业合作化运动。即农村土地实行集体所有、集体经营的模式，该运动是中国历史上农业生产资料所有制的一次根本转变，其不仅改善农业生产基础设施条件，而且对推广农业科学技术以及增加工业化发展原始积累发挥了积极作用。对农业、手工业以及资本主义工商业的社会主义改造（简称"三大改造"）的完成，标志着中国建立起了社会主义制度。

(2) 确立阶段（改革开放之初至 20 世纪 80 年代中后期）：1978 年改革开放，基层干部和农民群众在党的领导下，逐渐走出一条独具中国特色的社会主义制度创新之路，开启农村改革新纪元。一是农村经济体制改革，探索"包产到户""包干到户"。最早发生在安徽的小岗村，上交国家一定粮食，剩余留在集体再做分配，后在四川、贵州、甘肃、广东等省广泛推广。二是确定家庭联产承包责任制，并明确规定土地承包期一般应在 15 年以上。三是废除人民公社体制，将土地权益还给农民。农村家庭联产承包责任制的实行不仅克服了以往分配中的平均主义与"大锅饭"的弊端，让农民拥有土地产品的支配权和自主经营权，重新确定了家庭自主经营的基础地位，也对乡村空间的长远发展起到积极作用，乡村农业的面貌也在短时间内焕然一新。

(3) 完善阶段（20 世纪 90 年代初至 21 世纪初）：这一阶段，以家庭联产承包责任制为主的农村基本制度巩固与完善，具体表现如下四点。一是土地承包年限延长，耕地承包关系越发稳固。1993 年《中共中央 国务院关于当前农业和农村经济发展的若干政策措施》提出承包耕地到期后可再延长 30 年，该文件体现了我国在稳固农村土地承包关系上的决心。二是农业税费改革，取消土地税，实行农业补贴与承包面积挂钩的制度。三是土地流转发展，允许土地所有权依法转让。1998 年，十五届三中全会提出农户承包地使用权可以自愿、有偿转让，为农业的现代化打下了基础。四是承包合法化、管理化，建立较为健全的土地流转制度，农民的权益得到保障。家庭联产承包责任制在经历了迷茫到开放、赋税到免税的变革，逐步摸清了方向，完善了管理制度，使得我国农村土地开始得到充分利用，农民的积极性极大提高，农村土地制度改革更进一步完善和发展。该阶段的乡村具备良好的发展基础，农业规模不断壮大，乡村空间要素不断组织发展，维持乡村空间格局的稳定性。

(4) 深化阶段（党的十八大至今）：自"四个全面"战略布局提出后，农村土地制度改革得到进一步深化,"四梁八柱"的农村土地制度基本构建完成。该阶段,我国不仅创新了农村土地制度,建立了"三权分置"制度,合理平衡了所有权、承包权、经营权之间的关系,维护了农民的基本利益,还进行一系列制度的深化完善,如土地承包经营权的证件登记办理,多种形式规模经营主体的发展,土地承包年限的再度延长,农村土地征收、集体经营性建设用地入市、宅基地制度改革等。在这一阶段,我国不断探索符合农民利益的新的土地经营方式,健全完善土地相关保障制度,推动农业生产经营集约化、专业化、组织化、社会化,保持农村土地的持久活力,努力实现中国特色社会主义的农村发展。

3.3.2 我国农村制度变迁的规律性特征

农村制度的变迁与历史的发展阶段与发展周期密切相关。研究古今中外农村制度变迁的规律性特征,可以将其总结为适配性、符合性和协调性三大特征。

(1) 适配性。制度的发展总是符合当时所在的社会的经济水平和社会发展条件。农村制度的确定,都是顶层决策者集思广益做出的选择,决策会受到所处发展阶段的经济、文化、政治等多方面环境的影响,具有一定程度的复杂性、主观判断性和历史局限性。换句话说,没有完美的土地制度,但是有在发展中的土地制度。乡村土地制度的构建是一个动态的、长期的过程,超前和落后都会带来相应的发展问题。土地制度的构建需要立足当下的历史发展阶段,根据当下国家发展的宏观总体目标进行具体分析,与时俱进调整变革国家与农民的土地关系,合理解决村民的诉求,只有如此,乡村土地制度才能保持活力和适用价值。

(2) 符合性。农村土地制度变革必须符合生产关系适应生产力发展的客观规律。研究农村土地变革的动力机制,表面上是研究人地关系的矛盾问题,深层次看还是要解决生产关系不适应生产力发展的问题。无论是从共有制向井田制过渡,还是私有制向公有制转变,抑或是从公有公营向公有私营的变革,都体现了生产力发展对调整生产关系的进一步要求。实践表明,适应生产力发展要求的农村土地制度变革,不仅可以激发调动农民的主观能动性、创造性和幸福感,促进生产力的发展,也在更深层面上解决了国家农业供给的问题,为国家的长期稳定发展奠定了物质基础。

(3) 协调性。协调国家、农民与土地的关系对农村土地制度至关重要。人民是主体,土地是根本,国家是载体,相辅相成,缺一不可。以史为鉴,政之所兴,在顺民心;政之所废,在逆民心。国家、土地和人民关系处理得好,农民利益得以保障,则社会昌盛繁荣,人民安居乐业;反之,阶级矛盾激化,百姓叫苦不迭,社会动荡。总结古今中外农村土地制度变革的经验教训,国家发展必须以坚持维护农民权益为出发点,立足国情农情,构建属于本国的农村制度改革经验和方案。

3.3.3 农村制度对乡村空间演变的影响

土地是所有活动的基础,它具有强烈的空间联系性,土地制度改革是土地在政策层面的活动变化过程,其能够反映乡村的内在机理形态组织与演变。通过分析土地制度改革形式、不同演变阶段的土地变化与乡村空间的发展情况,确定乡村土地利用的方向,进而深入探究土地对乡村空间的组织影响。

1. 优化乡村土地资源配置，提高用地效率

土地利用变化是在土地制度改革下的直接体现，其也是影响乡村空间组织演变的重要原因之一。由于社会、经济、环境以及技术的发展，人们对土地的利用模式也发生了变化，如从农耕转向工业和服务业，从粮食产业到观光产业，逐步形成了以工业园区和景区为特点的乡村格局，其中均涉及了乡村用地功能的变更与置换。

乡村用地转换为城镇新增建设用地的增值效益随着城镇化的推进而增强，城市规模的扩张形成了对非农用地的高需求，在现有 18 亿亩耕地红线的保护制度下，新增城市建设用地主要来源于对农户宅基地的复耕和整理。在宅基地使用权可交易的前提下，农户搬离闲置宅基地，迁入农户定居点中的多层住房，从空间上看，这一举措使土地的容积率大大提高。原宅基地所占土地面积与农户定居点所占土地面积之间的差额就构成了新增建设用地，只要这部分新增建设用地产生的土地增值收入大于农户安置成本和宅基地复垦的成本之和，就形成了农村土地流转的动力。在城乡统筹背景下，城市化、工业化与农村土地所有权流转联动成为城市建设的巨大红利，同时，工业化的发展提供了大量的非农就业机会，新增建设用地的增加又降低了工业化的成本，以此实现了劳动力与土地资源的优化配置。

从土地流转情况可以分析近郊区乡村空间组织演变趋势。都市圈乡村因为临近城市，具备区位优势，因此土地价值更高，所进行流转的集体建设用地流转也最为频繁。其中，集体经营性建设用地可以适当向城镇和产业园区集中的方向发展，乡村集体经营性建设用地可采取租赁、入股的方式流转给外来企业，或者以指标置换的方式流转到产业园区，以供集中建设使用，从而可以更好承接城市功能，使乡村产业集聚升级。基于乡村农地空间分布杂乱，且被划分得犬牙交错的特点，结合近郊区乡村良好的区位条件，可以将整片的承包地拆分为小片的区域，进行空间转型，把农用地的使用权通过转租的方式流转给市民，打造成市民认领、农民帮助看护的真实版"开心农场"（图3-9）。这样不仅能优化农村土地资源配置，也能将用地整零并用，提高用地效益。

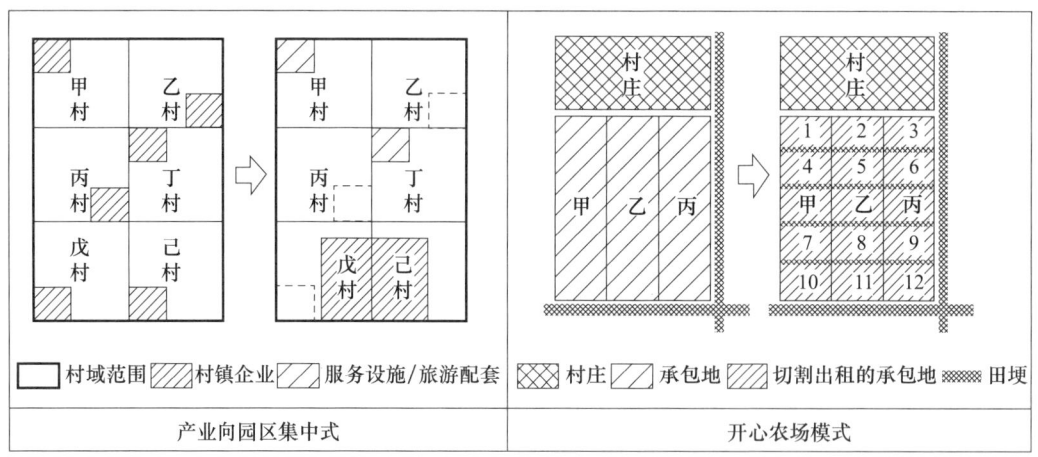

图 3-9 土地资源优化配置两种方式

通过乡村集体建设用地的指标置换，可以使土地得到集约化的利用，从而提高土地的利用效率。随着乡镇企业的改制、市场的扩大，乡镇工业的集聚也越来越明显。乡村

工业从零星分布到集聚发展，新的产业区开始出现，过去城乡分隔的现象将不再出现，资源要素得到了跨区域交流和重组，土地利用方式转变为高效的集约化利用，最终乡村地区通过发展园区经济进而实现了经济的全面发展。例如，北京市丰台区卢沟桥乡将原来规划为绿地的 C9 地块与村集体经营性建设用地进行指标置换，从而使土地利用结构得到优化，实现了土地的集约化利用，推动了地区的经济进步。通过指标置换的方式，原本分散在各个村的集体经营性建设用地能够汇聚到位置更好的地区，最终建设了集多功能于一体的、具有国际化元素的城市综合体大厦。

乡村空间转型变化的主要目的是提高乡村土地的利用效率。乡村空间不可孤立地看，要从城乡关系的角度来看，特别是近郊区乡村这类村庄，其既是乡村，又是城市的有效延伸，是城市的有机组成部分。这一地区的乡村大多并不再以农业生产为职能，而是随着城市的发展，逐步承担城市的职能，从过去的工业生产到现在的第三产业服务型新农村。这类乡村一般人口较多，从事工、商、文教、行政和其他非农行业的人口比重较大，且为相邻的城镇的生产和生活提供配套服务。近郊区乡村临近城市，区位优势明显，受城市辐射影响，乡村发展空间很大。在三权分置制度实施背景下，优化配置农户个体的"宅基地"和"承包地"，促使乡村空间转型，为乡村产业空间发展奠定基础。

此外，地理位置的变化也给乡村空间组织带来了新的挑战。随着城市的发展和城乡一体化进程的加速，乡村空间组织受到了城市空间组织的影响，乡村空间开始有序地整合，乡村空间的组织结构也在发生变化，出现了以小镇、新型乡村和生态农村为特点的乡村空间格局。

2. 影响乡村空间多元功能发展的产业结构

由于在城镇化发展的过程中发展存在优先级的问题，乡镇的发展总是滞后于城镇的发展，长此以往，我国都市圈乡村的经济水平发展滞后，乡村产业结构与国民经济发展要求不相适应的问题逐渐凸显。乡村产业是乡村的内在功能，乡村空间是乡村的外在结构表征，两者互为影响，相辅相成，缺一不可。

早期的我国都市圈乡村的产业与其他乡村无异，以传统农业为主，农业生产工业化落后，对自然条件的依赖较大。随着城镇化发展，我国乡村耕地面积逐年减少，劳动力流失，农业的长期发展受到威胁。以一产为主要产业类型的乡村，开始迎来以加工和制造业为主的工业发展，乡村经济得到增长，但与此同时，城市经济增长飞速，乡镇与城市工业发展差距稳步拉开，不平衡问题仍然显著突出。首先，由于城乡物质与信息等资源分配不均衡，导致乡村不具备产业选择的能力，在发展时极易出现产业均质化、低效运作的现象，乡村产业竞争力不足，乡村产业结构的科技含量有待提高；其次，由于乡村普遍存在资金、劳动力、信息技术缺乏的问题，制约了乡村劳动效率与经济收入，因此落入资源短缺陷阱，形成乡村发展的恶性循环。在农村土地制度改革下，农业逐渐组织化、规模化，并朝着现代化农业的模式发展，而乡村经济作为城市经济的补充，也逐渐不再拘泥于小农经济和加工制造产业，开始向多元功能产业的方向探索。

在乡村功能方面，城市功能和土地价值外溢形成乡村发展的驱动力，部分乡村产业已经完成了由传统农业向非农产业的转型，并且承接部分城市产业，从而与城市产业功能互动，这是近郊区乡村与其他的地区乡村的主要区别。如乡村集体经营性建设用地向园区集中，原来的劳动密集型产业为主的村办企业也将进行产业升级，变为技术密集型企业，从而更好地承接城市产业，给乡村带来经济收入的大幅提升，促进乡村空间的转型。在当今城乡一体化宏观背景下，土地流转的推进不断促进着乡村地区融入城市的产业体系中，乡村功能也更加多元化。乡村不仅为城市提供了都市农业、工业协助体系、休闲服务、市政设施配套、文化创业产业等功能支撑，生态资源保护也成为乡村的主要功能。在乡村生态环境方面，随着村内的集体经营性建设用地流转，部分土地被还原成耕地，强化了乡村的"绿色园地"功能。为了满足大城市居民对健康休闲方面的需求，乡村可以通过恢复生态功能来打造绿色景观空间，不仅能为游客提供休憩娱乐，带来乡村生态经济价值，而且能作为城乡融合的重要绿色通廊，促进城乡一体化的空间形态演变。传统农业在近郊区乡村的产业构成中慢慢消失，又因该区域鲜有参与农业生产的农民，因此城乡接合部地区的村镇生态建设应该促进传统农业转型，发展现代农业，优化产业结构。该模式一方面可以打造具有乡村特色的品牌农业；另一方面，还可以根据自身的文化、自然等旅游资源打造多元化的乡村旅游，如打造农业科技园、观光农业园等，丰富乡村功能空间，优化乡村产业结构，从而实现城乡双赢的局面。

3.3.4 我国农村制度对乡村空间的实现机制

（1）城镇化政策导向。政策是国家顶层设计的战略方针，是促进区域地方发展的行动指南，对于乡村空间来说，城镇化政策是土地制度得以实施的外在推动力。我国城镇化相较于国外发展缓慢，1978—1990年为我国大规模城镇化启动期，主要是农村人口向城镇转移，1990—2021年为我国城镇化持续推进期，城镇化程度快速提高，规模效应明显。2010年至今为我国城镇化新发展时期，城镇化质量优化并可持续发展。2022年7月，《"十四五"新型城镇化实施方案》提出优化城镇化空间布局和形态，推进以县城为重要载体的城镇化建设，要求推进县城乡村功能衔接互补，促进县城基础设施和公共服务向乡村延伸覆盖，增强县城对乡村的辐射带动能力。历经40年的发展，我国的发展重心逐步向都市圈乡村倚重，为县域乡村的发展提供了外部推力。

（2）城乡供需关系导向。城乡空间作为一个复杂的有机体，一直进行着城乡协作、贸易交换、技术共享、资本投资等多领域的要素信息的流动与往来。城乡协作内容涵盖了社会、经济、环境、资源、技术多方面，是指通过经济利益联合的形式，在城市与乡镇之间构建经济及交通纽带，进行城乡产品的转换与资源要素重组，最终实现城乡双赢的局面。城乡贸易下的资金、技术、资本等产品向农村转移的前提是乡村有更低的发展成本，而资本具有逐利性。当乡村在劳动成本、物流成本、资源集约等要素上表现出优势时，原有的集中于城市的资本就会向农村转移。乡村部分资源要素（如农产品等）具有极强的土地依附性，无法进行产品与资源分离。因此，乡村土地制度通过影响城乡资源产品供给速度和能力，进而影响了城乡一体化进程，也决定了乡村空间的发展强度。

（3）乡村现代化发展导向。土地制度改革的目的是在保障农民基本权益的同时，释放土地活力并激活土地利用效益，实现农业的现代化发展。土地制度改革使得土地规模化、规范化，促进了农用地的利用效率与现代化发展水平的提升。乡村经济的发展水平与乡村产业的发展密切相关，乡村发展方向总会向着利益最大化的方向进行。同时随着科学技术的进步，乡村用地也在寻求新的发展模式，比如传统农业追求现代农业化，工业追求规模效益化,旅游业追求资源效益最大化,乡村产业发展模式与产业结构的改变必然引起乡村空间的组织变化。

3.4 都市圈乡村产业空间优化逻辑

3.4.1 都市圈乡村产业空间集聚发展的现实要求

马斯洛的"需求层次理论"指出,当人们的生活诉求得到满足后,社会的直接诉求和间接诉求就会因此改变,这是人类社会发展的最根本动力之一。乡村产业的基本诉求同样对应着社会本质需求改变而变化,在很大程度上促进了我国乡村经济结构的演变(图 3-10)。

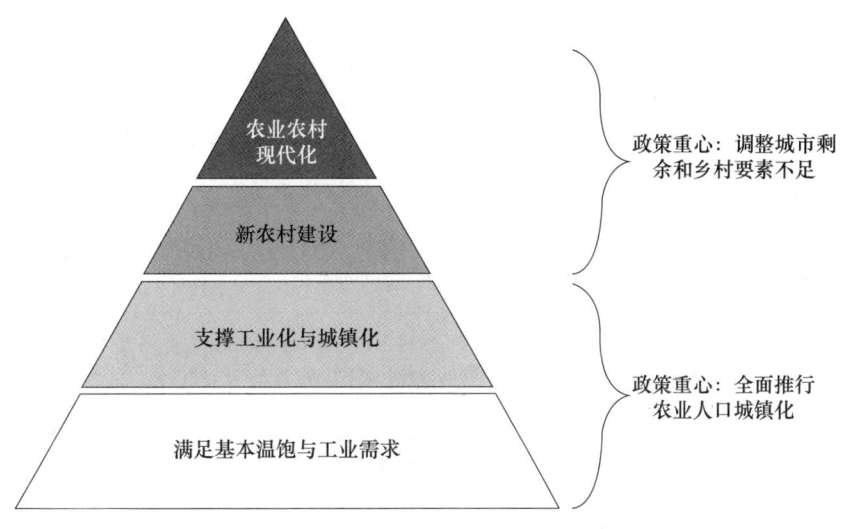

图 3-10 我国乡村产业空间发展趋势

经过半个多世纪的发展后,我国已基本满足温饱问题,乡村产业空间发生了深刻的变化,满足粮食供给已经不是乡村主要社会需求,城乡居民逐渐向更丰富、更多元的需求转变。乡村产业空间发展趋势也是随着社会本质需求变化而逐渐递增。因此,2004—2022 年中共中央连续 19 年发布以"三农"为主的"一号文件"及相关土地政策,对农业农村的发展问题做出重要决策,强调了"农民问题"在社会主义现代化期"重中之重"的地位(表 3-3)。

表 3-3 2004—2022 年中共中央"一号文件"核心内容

时间	政策主题	核心内容
2004 年	促进农民增加收入	采取"多予、少取、放活"的方针,调整农业结构,深化农村改革等
2005 年	进一步加强农村工作,提高农业综合生产能力	加强农业基础设施建设,加快农业科技进步,提高农业综合生产能力等

续表

时间	政策主题	核心内容
2006年	推进社会主义新农村建设	统筹城乡经济社会发展，扎实推进社会主义新农村建设，强化产业支撑等
2007年	积极发展现代农业，扎实推进社会主义新农村建设	统筹城乡经济社会发展，实行工业反哺农业、城市支持农村的方针等
2008年	切实加强农业基础建设，进一步促进农业发展、农民增收	加快构建强化农业基础的长效机制，稳定完善农村基本经营制度和深化农村改革等
2009年	促进农业稳定发展、农民持续增收	较大幅度增加农业补贴，建立土地承包经营权流转市场，鼓励部分省推行省直管县体制等
2010年	加大统筹城乡发展力度，进一步夯实农业农村发展基础	"稳粮保供给、增收惠民生、改革促统筹、强基增后劲"的二十字方针
2011年	加快水利改革发展	力争通过5年到10年努力，从根本上扭转水利建设明显滞后的局面
2012年	加快推进农业科技创新，持续增强农产品供给保障能力	强调"把农业科技摆在更加突出位置"，持续加大农业科技投入，确保增量和比例均有提高
2013年	加快发展现代农业，进一步增强农村发展活力	强调围绕现代农业建设，充分发挥基本经营制度优越性，着力构建新型农业经营体系
2014年	全面深化农村改革，加快推进农业现代化	深化农村土地改革，构建新型农业经营体系、金融制度、城乡发展一体化机制，改善乡村治理机制
2015年	加大改革创新力度，加快农业现代化建设	进一步强调"加大改革创新力度"，解决如何在城镇化深入发展背景下加快新农村建设步伐的问题
2016年	落实发展新理念，加快农业现代化，实现全面小康目标	加快建设社会主义新农村，不断巩固和发展农业农村好形势
2017年	深入推进农业供给侧结构性改革，加快培育农业农村发展新动能	优化产品产业结构，推行绿色生产方式，壮大新产业、新业态，拓展农业产业链、价值链；强化科技创新驱动，补齐农业农村短板等
2018年	实施乡村振兴战略	决胜全面建成小康社会、全面建设社会主义现代化农村
2019年	坚持农业农村优先发展，做好"三农"工作	抓重点、补短板、强基础，对标全面建成小康社会
2020年	抓好"三农"领域重点工作，确保如期实现全面小康	集中力量完成打赢脱贫攻坚战，补上全面小康"三农"领域突出短板
2021年	全面推进乡村振兴，加快农业农村现代化	坚持把解决好"三农"问题作为全党工作重中之重，举全党全社会之力加快农业农村现代化
2022年	做好2022年全面推进乡村振兴重点工作	牢牢守住保障国家粮食安全和不发生规模性返贫两条底线，扎实有序做好乡村工作

注：根据2004—2022年中国政府网发布的《中共中央 国务院关于做好20××年全面推进乡村振兴重点工作的意见》整理而成。

在这一过程中，国家重点从三方面作为乡村产业空间战略目标的切入点。一是促进农民增加收入，提高乡村公共财政对乡村的扶持，包括农村供给侧改革、农业免税、耕地补贴等制度，成为支撑乡村发展的最有力政策之一。二是推进社会主义新农村建设，调整城乡结构，首次从宏观视角探索解决城乡"二元"分异的措施与机制，调整乡村经济结构。例如，我国为解决农村集体经济体制不畅、机制不活、产权不清的问题，2012年完成了3.2万个自然村的产权制度改革政策，对乡村土地权属、项目责任及集体资源进行量化，量化额度超过3600亿元；积极开展乡村集体经济组织入市、村民入股分红等工作，整合乡村社会资金开始新农村建设。三是积极培育新型农村经营主体，深化农业农村改革。2013年以来，我国每年的中央"一号文件"均围绕推进农村现代农业建设展开，着重强调推进新型农业经营体系与农村产业结构改革，推动现代农业、规模农业、机械化农具的使用，使新时代的农户得以快速成长，让有文化、懂技术的新农户参与到乡村产业发展中来，家庭收入不断攀升，农业基础设施建设和发展规模稳中有升。特别是2018年乡村振兴政策的出台，使我国农业农村现代化步伐明显加快。

在乡村产业空间结构演变中，产业集聚要素之间向多功能性、多层次实现乡村价值的方向发展，存在组织分工、多方协同、资源转型等不同程度的融合趋势。以都市圈乡村为考察单位，其拥有的自然生态、多元文化、优质农业具有多角度、多途径融合发展的潜力，基本上具备了产业转型的先天条件。

"资源薄弱，转化方式贫乏；业态脱节，优势资源不优"是乡村空间最显著的问题特征。一方面，都市圈乡村拥有多种农业、生态、文化等资源，产业体系满足于小区域范围内的自给自足，缺乏足够强度的现代农业技术将资源转化为产业经济，或是现状区位难以吸引城市投资及技术，资源虽然不少，但总处于"不够用、用不着"的状态，与市场的需求端之间的差距越来越大。另一方面，青山绿水的自然资源和成熟稳定的农业体系是都市圈乡村最大的优势，由于种种原因，产业发展往往缺乏系统性、长远性规划，衍生产业普遍与农业生产脱节或者没有与优势资源衔接，无法转为高附加值产品，直接结果是人口集聚能力不足、本地企业岗位空缺，间接导致了当地的产业经济发展停滞。因此，许多乡村在满足基础生活需求前提下调整农产品结构，经济作物与粮食作物的比重正逐步提高，开始大力发展农业、牧业与林业的"跨界经营"，形成乡村种植、养殖的一级、二级和三级融合的结构。

时代机遇催生乡村新型业态、融合产业发展，进而整合土地资源和优化产业空间格局，加速促进乡村振兴。由此可见，当下都市圈乡村亟须推进产业转型升级，形成综合效益增长的新模式。

3.4.2 都市圈乡村产业空间集聚发展思路与逻辑

1. 都市圈乡村产业空间优化思路

（1）都市圈乡村产业与空间的对应关系。都市圈乡村要逐步蜕变为具有特色产业的乡村，关键要做到建设产业空间"大而精，小而美"。都市圈乡村急需挖掘自身的优势资源，要把自身融入产业空间大环境中考虑，在大区域产业体系中以某种产业或某种特质进行联合，确立"产业集群"独特的定位，凸显唯一性和独占性。而乡村内部要打造自身品牌，增强品牌效应，塑造"小巧精美"的乡村内涵，形成与区域产业集群相对适宜的宜居、宜业、可持续发展的空间组织，并积极拓展产业的观光度假、游憩生活的生态价值（图3-11）。

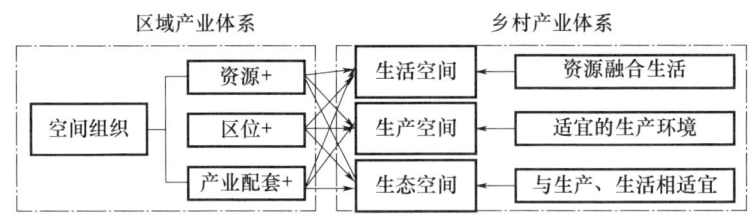

图3-11 都市圈乡村产业与空间组织关系

自然资源条件决定乡村产品类型，市场需求决定产业结构是一个地区产业空间的普遍演变规律，该演变遵循产业市场化及社会经济发展规律。城乡之间资源空间与产业空间界限逐渐模糊，乡村供给的产品价值将跟不上城市市场机制中多层次消费体系的需求，乡村产业未来将向综合化、融合化趋势发展。

都市圈乡村范围内，资源、产品和产业组织在空间上具有适应城市社会经济体制趋势，产业结构向多功能性、多层次实现乡村价值的方向发展，遴选的产业和业态存在组织分工、多方协同、资源转型等不同程度的融合趋势。然而，都市圈乡村生产结构由于种种原因，很难摆脱传统的"资源空间"和"产业空间"转换效益低、由自然条件所决定的现状特征。由此可见，产业兴旺促进乡村振兴的政策设计初衷在于打破乡村经济效益不平衡的劳动方式与收益模式，都市圈乡村产业空间升级方向在于推动产业转型升级，在提高农业生产潜力条件下挖掘深层次效益，形成综合效益增长的新模式。

（2）"生态资源-乡村产业"转化的都市圈乡村产业空间优化。区域产业空间具有趋向性，产业发展具有同质性和互补性，根据自然资源依赖程度、市场需求程度等内在条件不同产生定向偏转，限制了产业发展升级方向。然而，乡村对不同类型产业发展的"青睐"程度存在一定差异性。基于内在条件，选择相适应的产业类型，是乡村促进农业生产力高效提升，推进自然资源和周边空间优化配置，推进产业与资源耦合的前置条件。

在都市圈乡村，其"青睐"的差异性反映于城乡产业趋向性联动的"产业空间"，及乡村所依托资源要素转化的"资源空间"两个方面。例如，"山水"资源限定的乡村依次适宜发展特色种养、攀岩娱乐、水上休闲项目，"田林"资源限定的乡村依次适合传统农业、林业、农业加工、运输贸易项目。其中，特色种养和传统农业、林业属于资源同质性产业，攀岩娱乐、水上休闲、农业加工和运输贸易是基于前者资源转换特征与区域市场需求进一步衍生而来的耦合互补型产业，这是乡村产业集群是否具备可行性，并顺利链接至区域产业体系的保障。

（3）"多方参与"的实施机制传导诉求。城乡之间多层次的功能主体、供需环境和公众参与机制会对乡村的发展产生一定程度的影响。产业经济是否拥有投资规模化并积极参与市场化竞争基础？产业集聚提质升级是否有利于农户及基层民间组织的生产生活？乡村是否具有足够的资源承载力或资源转化力耦合城乡供需？主导产业是否能稳步提高农户生产生活水平？这些都是激活乡村产业空间活力的关键问题。

对于都市圈乡村而言，商品总价值低、产业等级低、居民固有观念严重、基本收入低等问题是必须面对的。尤其是小尺度的生产生活空间、家族式的社会网络结构，使得所有发展策略的实施都与居民息息相关，因此都市圈乡村发展应更关注以产业兴旺促进收入提高，使效益实实在在地落到公众身上，对乡村现实问题的理解直接关系到产业集群在乡村实施落实的每一步。因而，面对乡村产业转型升级，需要多方主体之间差异化的产业分工，促进产业之间功能交叉互补，有序引导城乡资源协同，以产业改善居民生活水平为第一目标，各方主体达成最终目标的一致性，获得全方位的支持和理解。

（4）"多维层次"的乡村空间创新理念。本书对都市圈乡村产业融合的发展策略有别于过去的研究中以一二三产为界定的模式，而是在乡村多元的产业属性上细化，融入空间要素，扩展到资源空间、产业活力、市场机制等多维层面，这同样也是基于产业融合模式的一种新提法。即乡村基于山水林田湖草等空间上的基础资源载体要素，赋予乡村产业空间多模式、多业态的产业升级转型要素，打破都市圈乡村生产理念固有化、自然依赖性和经济效益不平衡性特征，突破乡村发展困境，实现乡村综合效益及居民收入的提高，推进乡村振兴的发展。

2. 都市圈乡村产业空间集聚发展逻辑

（1）"产业重组"与"空间重构"下的都市圈乡村产业空间发展。不同的产业空间发展模式本质上都是发挥最大的经济效益，降低空间对产业资源的桎梏和壁垒，为乡村产业发展用地提供规划保障。在产业空间发展"循优推移"的过程中，都市圈乡村地理空间单元为实现经济效益最大化，其产业要素、结构、功能得以重组和升级，空间也因承载资源而吸附产业得以重构，在逻辑上构成了"产业-空间"耦合运行机制的闭环。产业重组下的"保障型农业+""休闲型旅游+""保护型生态+"的产业融合发展是"要素、结构、功能"优化配置的表征形式，有助于推进农业规模化、旅游集约化、生态产业化发展。空间重组是产业重构下产业空间集聚组织的研究，其包含由农业用地与建设用地上的生产空间、生活空间、山水空间所组成的产业承载空间格局与空间形态类型（图3-12）。

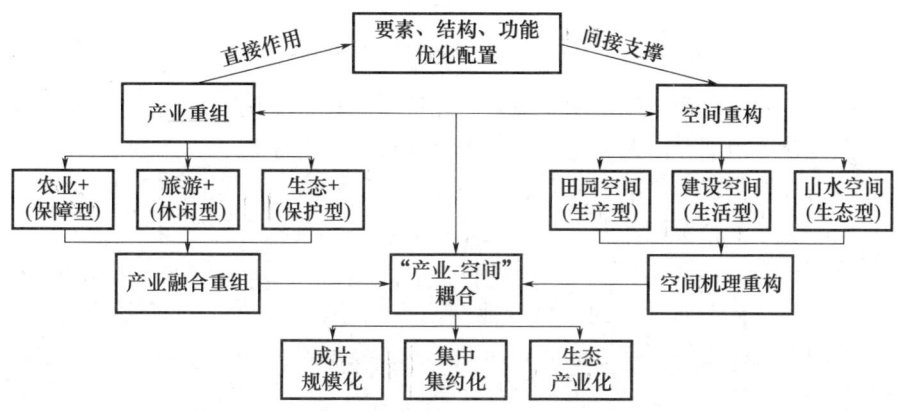

图3-12 都市圈乡村产业空间发展运行机制

（2）都市圈乡村产业空间集聚发展逻辑。都市圈乡村产业基于限制条件不同，产业空间发展的内在要求存在差异性。具体而言，都市圈乡村资源种类不同，支持乡村空间发展的产业发展定位与资源创造价值所取得最大收益能力存在差异，例如某区域示范型乡村的经验模式必然适应该区域资源空间下的产业定位，其他乡村"生搬硬套"此种模式具有较高的风险。不同都市圈乡村产业融合基于限制条件不同，产业融合类型的差异性主要反映在"产业种类"之间融合的比例及其所依托的"基础资源"两个要素上。乡村产业演变越符合资源条件，其对应的市场要素互通形成的供需推动力越大，其消费能力也逐层递增。反之，资源条件与产业演变失衡，市场要素互通难以形成足够的供需推动力，产业发展后劲不足，资源潜力难以转化为综合效益。二者的矛盾并非不可协调，产业融合、产业分工等方法与措施是乡村产业完成要素转化的重要体现，并据此成为都市圈乡村产业集聚发展的模式基础，形成"资源空间"与"产业空间"平衡的界限（图3-13）。

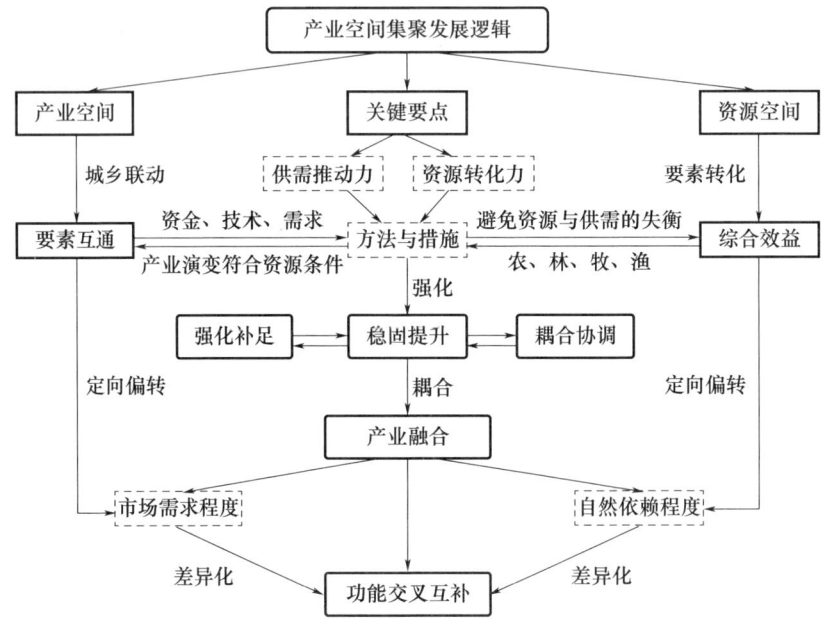

图3-13 产业集群驱动都市圈乡村空间集聚发展的逻辑

基于此，结合乡村产业发展的要点，都市圈乡村产业空间发展的内在要求体现为稳固提升、强化补足与耦合协调。即稳固提升都市圈乡村基于现状资源创造价值所取得最大收益的能力；强化市场需求能力及补足发展所欠缺的要素；识别资源空间与产业空间的矛盾与优缺点，耦合协调产业结构优化平衡和经济结构稳定配置。

（3）"产业-制度"导向下的都市圈乡村土地资源优化配置。严谨的都市圈乡村产业体系构建框架和"自下而上"的乡村产业空间组织逻辑，是实现"产业-制度"导向下乡村土地资源优化配置的基础。同时，所有产业的发展都需要一个载体——土地，土地为产业发展提供了空间和场所。依托乡村土地资源的产业空间属性和生态空间属性之间存在的"包含-被包含"融合关系，在市县级国土空间规划背景下可协调乡村生态空间、传统农业空间、现代农业空间三个层级的共生关系（图3-14），作为响应不同类型乡村产业空间机理和优化配置乡村土地资源的基础。技术层面，可结合现行的国土空间规划体系和编制要求，在都市圈城乡统筹范围内划定乡村产业空间圈层（近郊区、远郊区），拟定乡村产业发展方向。同时，参考《都市圈国土空间规划编制规程》要求，积极融合都市圈国土空间规划和主体功能区规划，明确空间规划圈层和功能分区的引导策略和控制策略（以自然资源禀赋划分的地理空间引导控制）及其配合都市圈层级传导的乡村产业体系策略。

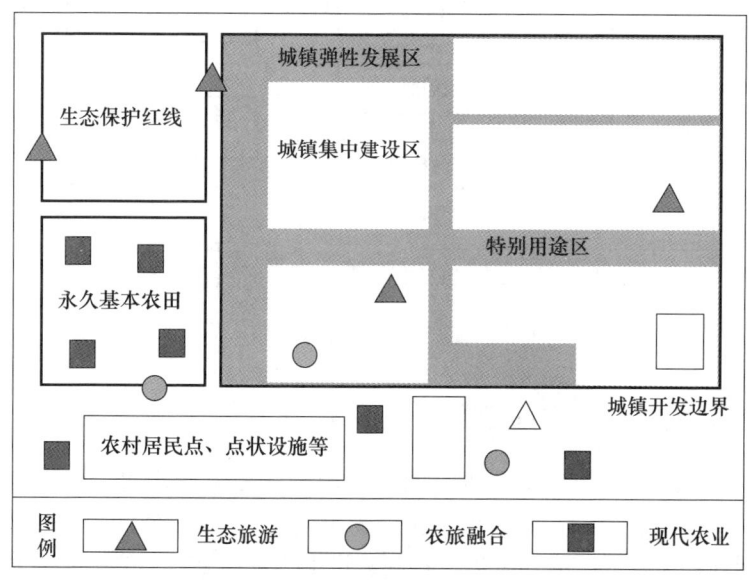

图 3-14　生态空间、传统农业空间、现代乡村产业空间的共生关系

（4）层级联动的都市圈乡村产业空间传导诉求。目前都市圈的主导产业多以制造业与现代服务业为主，城市与乡村之间缺乏充分的产业互动。构建都市圈乡村产业体系认知框架可激发乡村发展的内生动力，发挥乡村资源在原材料供给、食品消费、休闲旅游和康养度假方面的产品供给优势，为城市产业发展和市民生活提供保障。同时，乡村产品需求的市场服务范围体现为多元产业融合下城乡产品的供求关系，引导都市圈乡村产业及产业空间有序建设是保障都市圈内部结构平衡、协调、可持续发展的前提。

城乡供需诉求下发生的产业融合与重组必然会导致产业空间形态和结构的调整，这是产业空间在产业重构作用下做出的适应调整。从空间层次视角，理清空间规划和产业规划在"都市圈级、县区级、乡镇级和村级"四级空间范围的承接关系及其要点，有助于分级分类指导产业空间发展。在技术层面，构建良好的适应城乡供需关系的乡村产业体系，发挥农村土地制度的集体经济优势，组织乡村产业空间，并尊重制度和产业特征，推进乡村土地资源优化配置（图3-15）。

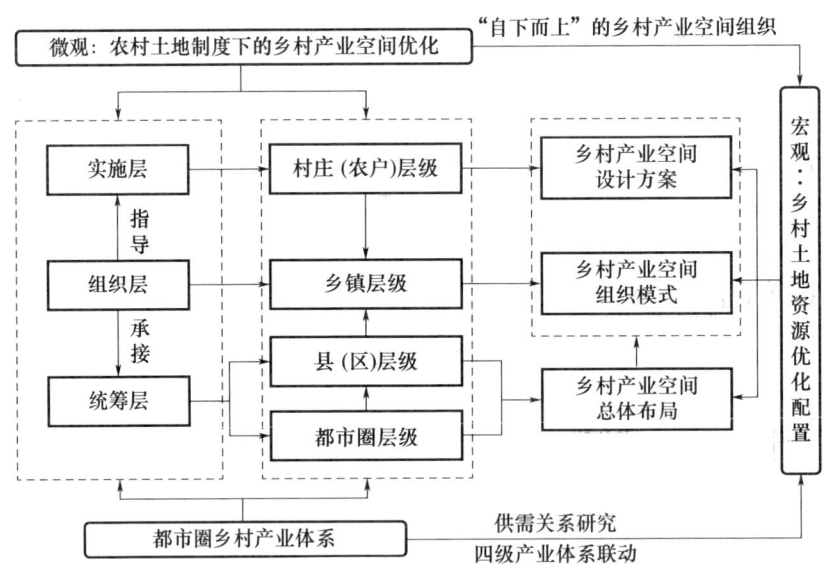

图 3-15 都市圈乡村产业空间格局认知框架

3.4.3 都市圈乡村产业空间组织优化路径

都市圈乡村空间组织即乡村三生空间的组织，其逻辑必然是"生产先行，生态制约，生活能动反馈响应"的关系。乡村振兴的关键是"产业兴旺"，乡村产业经济持续良性发展能为其环境发展、社会发展、空间建设提供物质基础，它要求乡村产业结构调整，加快乡村资源转换，引导能人下乡，为乡村发展提供空间承载、金融支撑、技术支持、配套设施以及指导服务，促进村域空间结构一体化发展。同时，能为乡村带来人、钱等可视的和治理方式、经营理念等不可视的发展要素，为乡村生态空间的科学保护与利用，生活空间有序的建设与布局提供目标导向、营建资金和优化策略。以乡村空间的发展作为动力基础带动整个乡村三生空间的良性循环。在绿色生态方面，乡村作为人类赖以生存的生态要素资源库，其保护的意义是不言而喻的，为避免乡村走"先破坏后治理"的老路，生态机理的保护成为制约生态、生产空间无序扩张的关键要素，但有序引导下的效益渗透、适度开发也同样为空间融合提供了可能。乡村生活方面，由于发展建设慢，建设空间形态相对稳定，而随着人口出生率的下降，人口减少成为必然，供给过剩的乡村建设空间将大量闲置，相比生态以及生产的资源依附性，基于环境整治、迁村并点以及增减挂钩等手段的乡村建设用地整治使得生活空间成为三生空间中最灵活的成分。综上所述，形成"生产先行，生态制约，生活能动反馈响应"的乡村生产-生态-生活空间组织逻辑（图 3-16）。

1. 产业空间"个体-村组-公司/合作社"体系重构

乡村土地施行的是社会公有制、集体所有制和家庭联产承包责任制，所有权属于公有，集体所有，使用权归农户所有。该制度下，4~10 亩规模不等的农田个体经营成为乡村产业发展的主导模式，而随着经济的发展，"抛荒"现象日益高发，直接威胁我国"粮食安全"。在乡村第二产业方面，早前城市"退二进三"政策引导下，乡村所承接的低效二产历经十余年，如今大多迫于乡村生态压力，转型困难，不再经营。接踵而至是如火如荼的乡村旅游，但区域同质化的恶性竞争，导致乡村旅游服务业发展并不理想。建设方面，人口凋敝下的乡村小学、广场大多废弃，农房空置。总而言之，整体都呈现"散、乱、空"的局面。土地固权下的乡村农户没有知识、技术的加持，没有办法引领乡村走出日渐衰败的困境，而城市能人也不具有进行经济活动的空间承载，在此背景下生产空间的有序整合势在必行。

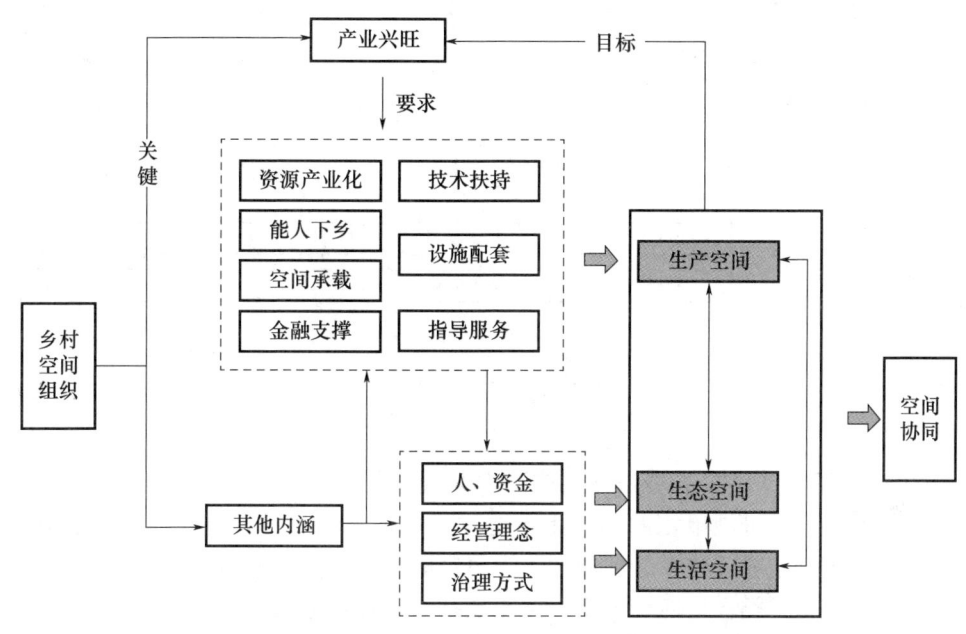

图 3-16 "生产先行，生态制约，生活能动反馈响应"的空间组织思路

"拥有农田，就守住了自己的饭碗"是农民千百年坚守的真理，因此引导已在城市购房安置的农户交出农地使用权、退出宅基地的行动步履维艰。在乡村土地与农户的利益捆绑背景下，为提升乡村土地生产力，充分利用乡村农地资源，"三权分置"制度应运而生。在都市圈区乡村建设过程中，必须保持乡村土地公有制，实现"使用权"中"经营权"的分离，即保证农民"使用权"，充分发挥集体所有制度的优势，鼓励村集体引导农户将"经营权"以入股、租赁等方式转移给其他经营主体，如公司或者合作社等，并许以分红、利息、租金的方式将闲置农地盘活，转变个体经营模式为规模经营，整体提升土地经济效益。如此便形成了"个体-村组-公司/合作社"产业空间体系重构（图 3-17），但该重构依然具有一定的方向性，具体体现以下两个方面：①产业需要依靠核心资源转化，农田到农业、山水到旅游等，说明在多元空间的耦合下，将具有资源依附性的产业空间进行整合从而体现其特色性。如规模农业中，需要在集中农田中流转部分土地作配套服务设施用地；而在旅游产业中可能需要修复部分生态保育区以完善其旅游产业功能等。②产业空间整合具有方向性。农业、加工、旅游、康养乡村多业融合模式下，观光、体验、采摘等形式的农业产业空间会增设旅游服务设施；规模农业产业空间会增设加工设施；旅游产业空间融入长寿、健康等文化元素，发展康养地产、康养服务等。

都市圈乡村产业空间发展

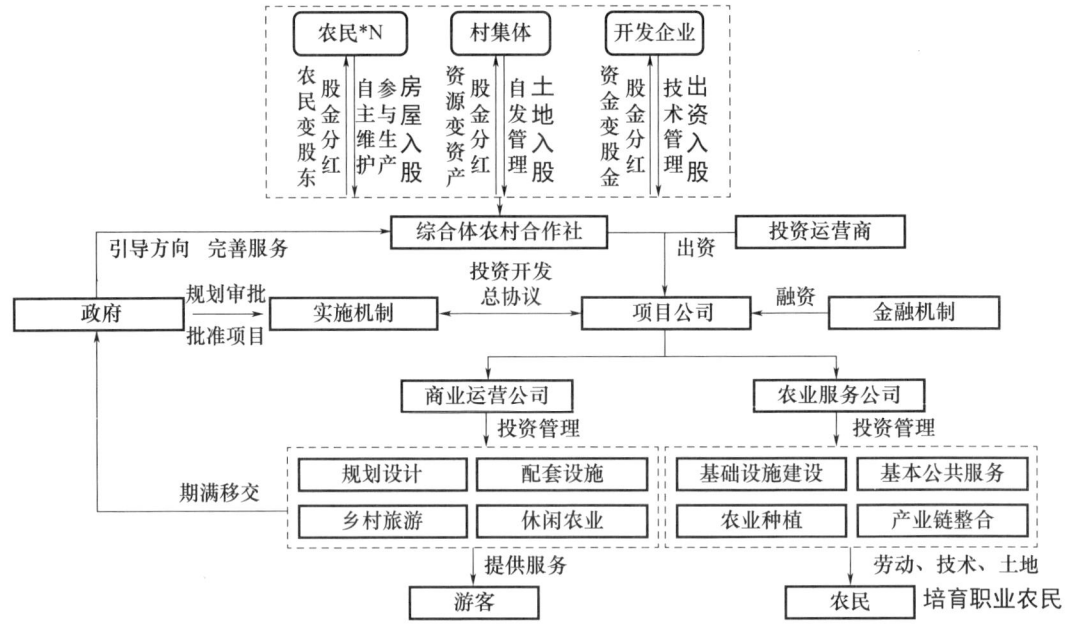

图 3-17　乡村空间多元主体体系重构

2. 生活空间"村并村-村变镇-村变城"体系重构

该体系在科学推进城镇化的前提下，通过宅基地退出、拆迁并点、增减挂钩等手段，分级、分类划定村庄体系、性质，分为集聚提升类乡村、城郊融合类乡村、拆迁撤并类乡村、特色保护类乡村四种类型，按照规模、区域职能明确镇、中心村、基层村三级，引导村庄配套设施建设。科学合理规划农村聚落，推进人口、建设用地适度集中，并定向分类均衡设定、分级差异化配置农村基础设施，提升乡村人居环境质量。通过建设用地、人口、设施的集聚，来扭转目前乡村的"散、乱、空"问题，因此"空心村"的整治是乡村生活空间重构的重点，其核心要义为推进乡村再组织。组织目前可分为以下三类（图 3-18）。

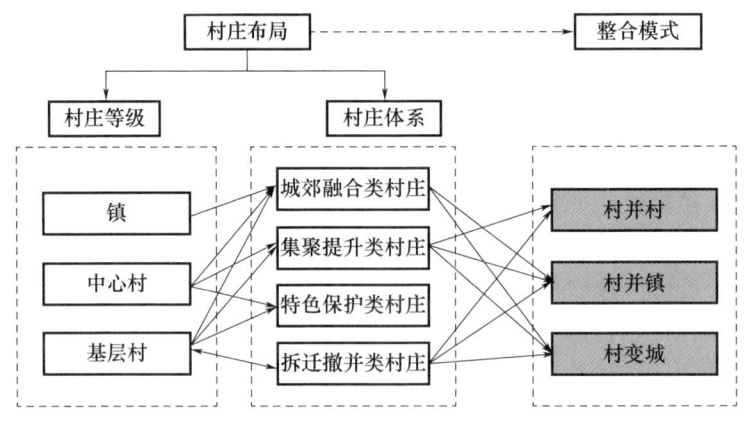

图 3-18　生活空间体系重构

（1）村并村。此类整合模式主要适用于拆迁撤并类村庄（一般村）向中心村集并。

(2) 村并镇。此类整合模式主要适用于城郊融合类村庄（一般村）向镇集并。

(3) 村变城。此类整合模式主要适用于城郊融合类村庄（一般村）向城市集并。具体到集并模式的选择，以城、镇、中心村、被集并村庄四者的区位及综合实力来确定，整体是相互间博弈的过程，但依照就近安置的原则，被集并村距离城、镇以及中心村的距离是影响博弈结果的主要因素，主要包括四类村庄体系。

① 集聚提升类村庄。该类村庄包括现有规模较大的中心村和其他仍将存续的一般村庄，具有现状建设占比大、产业根基牢固、发展潜力巨大的特征。产业发展基础增强，村集体经济发展壮大；生产生活条件明显改善，宜居宜业水平大幅提升；乡风文明、乡村治理全面加强。

② 特色保护类村庄。对象范围主要是自然历史文化特色资源丰富的村庄，包括历史文化名村、传统村落、特色景观旅游名村、地理标志产品原产地村等。该类村庄产业特色彰显，特色资源保护与村庄发展良性互促，村集体经济实力强；基础设施和公共环境明显改善；乡风文明、乡村治理全面加强。

③ 城郊融合类村庄。村庄能够承接城镇外溢功能，居住建筑已经或即将呈现城市聚落形态，村庄能够共享使用城镇基础设施，具备向城镇地区转型的潜力条件。组织需要综合考虑工业化、城镇化和村庄自身发展需要，加快城乡产业融合发展、基础设施互联互通、公共服务共建共享，逐步强化服务城市发展、承接城市功能外溢的作用。

④ 搬迁撤并类村庄。包括生存条件恶劣、生态环境脆弱、自然灾害频发等地区的村庄；因生态公益林保护和一级水源地保护需要搬迁的村庄；因重大项目建设需要搬迁的村庄；人口流失特别严重的村庄；不具有保留价值的空心村、列入农村新型社区建设计划的村庄；山区、库区、半山区等特殊区域的村庄。该类型以生产生活条件有序开展，合村并点、生态搬迁稳步有序，迁建与发展同步推进，加快建设农村新型社区，农民就近安居和就业为目标。

3. 生态空间"生态安全格局-要素＋功能准入"体系重构

该乡村生态空间的整合可以从四个方面展开。

(1) 保护视角：划定"永久生态空间＋一般生态空间"，其中永久生态空间就是生态红线内严格控制保护的区域，其保护程度为最高级别，是保证"生态安全"维稳的关键；一般生态空间是指除了永久生态空间范围外的所有生态空间。

(2) 开发视角：基于生态空间的合理开发，目前常见的方式即通过生态适宜性评价，划定"适建区、限制区、禁建区"，来控制生态空间的建设量。

(3) 利用视角：结合生态开发，通过生态产业化开发、生态格局调整，实现城镇、自然、农田的广义生态功能效益提升。

(4) 修复视角：以系统本身的自组织和自调控能力，辅以外界人工调控，实现受损生态系统得到恢复、重建和改进。

具体来看，四者的关系如图 3-19 所示，生态空间的保护、开发、利用、修复均是为构建由"高生态安全格局区、中生态安全格局区、低生态安全格局区"组成的区域综合生态安全格局谋篇布局。

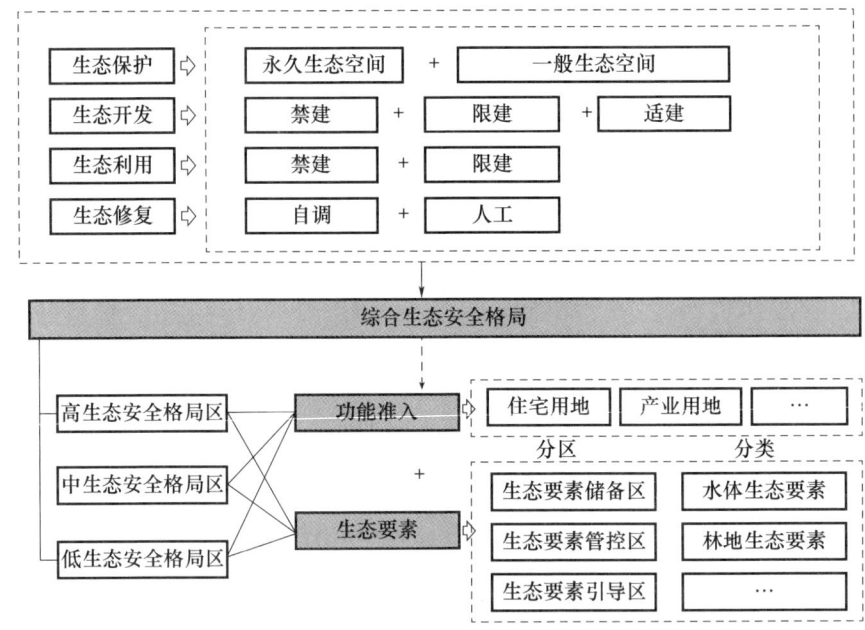

图 3-19 "生态安全格局-生态要素+功能准入"生态空间体系重构

以综合性生态安全格局为基础,联合完善生态廊道、生态节点、重要生态保育区,按照坚持农用地、水域、耕地、园林地等生态性资源要素质量不下降、数量不减少、平面空间布局得到优化的原则,依照"分类+分区+X"施行优化生态空间要素,严控生态指标底线,结合社会、经济、可实施性等因素,划定山水林田草等不同生态要素的储备区、管控区、引导区,提出"生态要素+功能准入"的管控措施,作为实施全域土地综合整治、大林大田划定、百万亩造林、矿山修复等具体生态保护和修复项目的规划引导。

4. 复合乡村空间治理方式

(1) 乡村治理。"党建+社会治理"模式:从治理主体看,可以加强党对农村、农业工作全面领导,改进乡村基层党支部工作的方式方法,进一步建设更优质量的农村基层党建组织,是全面乡村振兴战略中所必需的强大组织和政治保证。在这一进程中,要切实以基层治理为首要抓手,分析、化解基层的主次矛盾,创新协调村民自治的乡村治理机制,严格按照党领导一切的要求,规划引领乡村健康生活圈的牢固建设。创造性地提出"党建+社会治理"新型治理模式,要始终保障基层党组织、支部在乡村治理过程中发挥真正的统领效用,充分对接村民自治、村湾自治、村组自治、村镇自治的四个自治关系,不断突破村民自治工作的限制性因素,真正达到新型乡村自治、治理组织体系的内部运行高效和统一协调。以"多予少取放活"为工作引领,真正为农村农民考虑,加大农业投入。主要体现为:第一,要在公共产品和公共服务上"多予",提高乡村基础设施配套建设水平,实现城乡基本公共服务均等;第二,要在制度供给上"多予",公平公正地尊重每一个人、每一户农民的发展机会和发展地位,彻底消除限制甚至是歧视农民的有关观念、政策、措施,要加强各级完善立法工作,真切地落实农村居民友好、公平发展的制度保障要求;第三,在进一步减轻农民生活成本的前提下,"少取"

农民安身立命之本的土地财产产权,完善改革农村集体用地的征地制度,切实有效地保障农民在土地收益中的分配占比,只可多,不可少,维护农民固有的土地财产权利。

(2)产业经营。创新多元产业经营主体:提倡学习先进经验,创新新型农业经营模式,成为乡村产业融合发展的主力军。积极采取"贫困户主动配合+合作社组织管理+政府支持引导+企业全面参与"的巩固脱贫成果的模式;构架"农户+生产基地+准入公司"的现代农业产业化效益共享模式、"抱团取暖"模式,坚守"政府主导、农民主体、社会资助"的多元主体经营模式大方针,从产业的立项、组织、管理、经营、运转以及反馈调整全过程中进行知识、技术、资金、空间、政策的辅助保障(图3-20)。

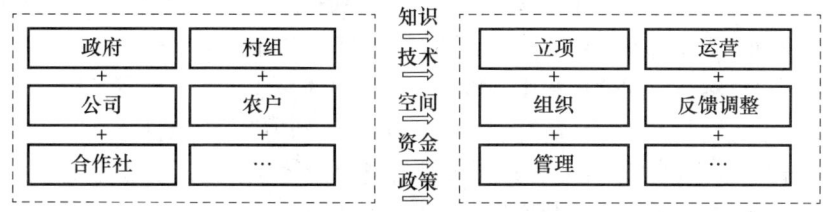

图 3-20 多元产业经营主体全过程保障乡村空间有序运营

(3)乡村空间规划建设。目前乡村规划建设思路有两种,一种较为激进,一种较为保守。激进派坚持功能优化、产业导向下的精英规划模式,如徐勇、詹国辉、贺雪峰等。保守派认为进行顶层设计和总体规划,尊重乡村居民的意愿和需求,确定乡村规划的战略方向。本文认为两种规划思路均有可取之处,并提出群众主体、精英规划的折中思路。党的政策引领下的乡村治理必然是功能、经济导向的,社会治理也同样要求本土农民可以发挥自己的积极性、能动性,留住本土想留下的"乡愁"。在乡村空间建设上,"自上而下"指导,"自下而上"反馈的机制由此应运而生(图3-21)。

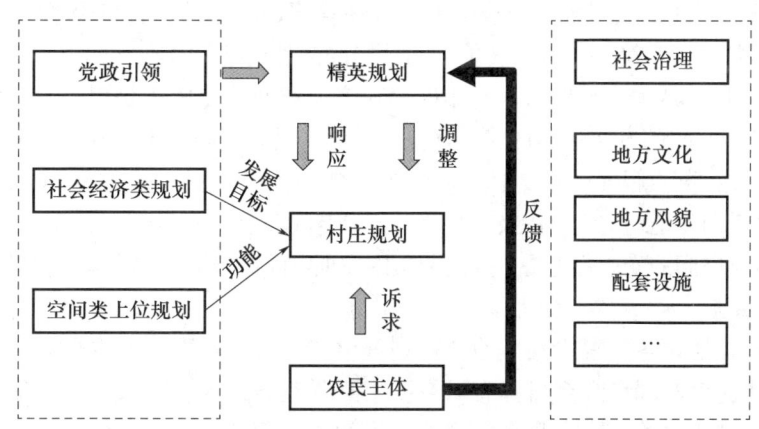

图 3-21 乡村空间规划建设"自上而下"指导,"自下而上"反馈的机制

4 路径1：都市圈乡村产业集群发展

4.1 都市圈乡村产业集群发展动力机制

普遍来看，都市圈乡村产业集群的低效发展来自城乡之间市场机制的差异性和供需影响下资源空间与产业空间的分异，无法实现产业、人口、空间布局的优化配置。乡村的发展离不开对自然资源的合理利用和城乡要素之间的综合取舍，城乡区域空间之间存在产业关联下两个关键要点："资源转换力"和"供需推动力"。资源种类不同，支持发展的"转换力"主体与效率也会存在差异；城乡供需越大，所带来的消费能力也逐层递增，城乡供需推动力较弱的产业发展后劲不足，资源潜力无法与社会的经济效益耦合发展。

基于生态功能空间，乡村产业的演变趋势必然会符合同一区域"资源转换"和"城乡需求"的一致性的组成规律。产业集群能高效耦合资源转换力、供需推动力，通过政府、政策、企业及农户等方式自上而下指导乡村、村域等基层资源与产业要素合理配置，使其发挥出"1+1>2"的业态融合效应，极大地激活并凸显出农户对乡村产业的利用率特征。

4.1.1 都市圈乡村产业集群发展特征

1. 要素耦合

要素耦合是指在都市圈乡村资源配置最优视角下，产业融合和集聚中将"产业要素"划分为以供需拉动力为第一，资源转换力为第二的两种类型，其在空间上也形成了对应的"空间要素"映射。从演变趋势看，都市圈乡村产业空间演变模式是由局部空间的专业化逐渐扩展到精明空间的专业化，形成最优经济效益，具有空间集聚性和产业关联性特征。

本书认为空间要素根据产业要素映射不同，同样也分为两类，即支撑产业要素对应的生活、生产、劳动力的地理空间，以及反映资源要素空间布点位置与产业要素的区域关系的区域格局。从区域空间演变过程上看，空间要素中地理空间位于第一位，区域格局居其后。

2. 模式耦合

模式耦合是指在各要素之间互通，实现都市圈乡村产业重组，重构区域空间的方法与措施。具体而言，都市圈乡村具有城乡要素互联互通的盈利需求、乡村资源要素寻找市场的供给需求，这两种需求是乡村产业发展的内在诉求，也是乡村产业空间演变的外部拉力和内部推力。随着空间的阶段性发展，乡村产业具有沿着高等级增值效益发展的"本能"，推动产业精明化、专业化"内嵌"于整个区域产业空间中，即出现了多个乡村产业效益互相叠加的辐射区。

基于此，在乡村地区地理空间与区域格局共属区域发展客体，产业要素以供需拉动力为第一位，空间要素以地理空间为第一位，产业、资源和供需、转换相互制衡，都市圈乡村产业空间模式耦合，以此为思路进行设计。此外，乡村作为最基层的行政单位，具有从微观层面把握区域空间发展的先天优势,充分发挥政府宏观调控作用,并与产业空间的模式耦合要求相适应,由此推动产业体系融合发展。

3. 势能外溢

势能外溢是指产业空间的效益辐射区增幅、扩散中必然会产生邻近区域空间形态与结构的变化的"适应"与"冲突"交织关系,对农业空间、生产空间和生活空间产生冲击。例如,乡村集体用地与建设用地上的生产功能与生活功能的不协调问题,生态保护红线与城镇开发边界线冲突,土地资源相关的增减挂钩以及市场主体与乡村主体运营规则间的矛盾等。各个乡村资源要素、劳动力要素和农业空间的内部冲突、互补及联系,将形成新的产业网络,进一步演变为具有某种特质的规模产业集群,产业形态与结构也会产生根本性变化。

4.1.2 都市圈乡村产业集群现象模拟

都市圈乡村产业集聚是推进乡资源集聚、产业重构及空间重组的一体化的动态过程。在此过程中,都市圈乡村产业结构、社会行为和生态格局共同融合产生的"耦合外溢效应"势能,对乡村的农业空间、生产空间和生活空间产生了冲击影响,进而营造良好的产业投资生产环境,对区域产业经济效率提升起到了显著作用。

从空间上看,区域产业空间演变模式是由局部空间专业化逐渐扩展为精细空间专业化,从而产生最高的经济效益,具有空间集聚性和产业关联性。这种区域产业空间演变的过程是都市圈乡村产业空间发展的动力机制,可体现为初期"产业要素"映射"空间要素"的要素耦合、中期"产业要素"重构"空间要素"的模式耦合、后期产业联系的"适应"与"冲突"的势能外溢(图 4-1)。

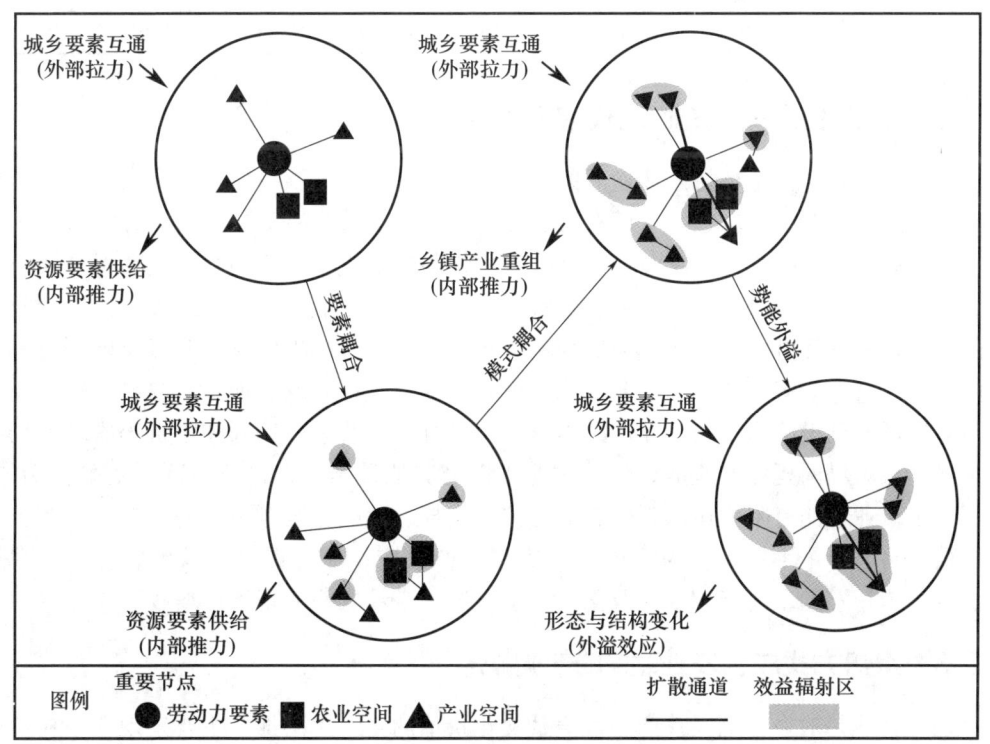

图 4-1 都市圈乡村产业集群发展动力机制模拟图

4.2 都市圈乡村产业集群发展方式

4.2.1 都市圈乡村产业集群发展的属性内涵

乡村产业集群的集聚效应具有多角度、多途径整合土地资源和优化产业空间格局，是乡村促进农业农村现代化的有效途径。本书对都市圈乡村产业集聚演变中"产业空间""资源空间"之间的冲突、联系、耦合进行研究，发现产业集聚是产业空间由"单个项目节点"转型升级为"区域性复合体系"的路径、类型双向统筹的过程。

乡村产业空间演变的过程与结构同样遵循产业集聚的动力机制。然而，传统农业型乡村的资源禀赋、收入水平、区位、消费能力等方面的优劣高低和强弱直接影响区域各层次产业链的供需推动力及乡村自我的资源转换力强弱关系，对产业融合发展方式产生一定影响，使农业与其他产业的融合有"限定"的组织模式，定向兼容某种特点的业态、特定的空间组织或产业融合特征（表4-1）。

表4-1 乡村产业空间集聚内涵对比

类型	基本属性	内涵特征
资源空间	乡村资源构成基本属性	产业集聚效益下的高转换力的资源空间特性研究
产业空间	乡村产业构成基本属性	产业集聚效益下的高产业关联度的空间特性研究
业态转变	主导业态特点	业态间的融合关联性
融合特点	产业融合方式	产业融合的方式
产业融合体系	产业融合特征	乡村产业空间组织方式及融合的效益高低

4.2.2 组织方式一：农业-现代农业融合

高效的农业生产是乡村产业发展的前置条件，也是都市圈乡村向现代农业强村转型中经典产业融合升级方法之一，所有种类乡村均比较适宜这一类产业组织方式。

一方面，"农业-现代农业融合"具有普适性与针对性，各个乡村均能通过现代农业理念中物理技术、生物工程、智慧农业等手段改变传统农业普遍存在的存量大、低效发展的矛盾，从而促进农村生产率的提高，使传统农业逐步向现代农业升级与转型。另一方面，现代农业能有效与第二产业、第三产业相联合，提升农业加工、农具生产、沟渠灌溉等农用基础设施为主的工业产品需求，以及种植、管理、培训和租赁等服务市场需求，横向或者纵向延伸产业链，弥补农业难以与其他种类产业进行关联的缺陷。例如，宁夏昊王米业集团有限公司以现代农业工艺为指导、社会化服务组织为纽带、龙头企业为支撑，将若干个乡村联合为一体，形成"生产供应、耕种保障、绿色防控、技术培训、管理销售"的多功能大米产业化产业链，统一带动农户实现增产增收。

4.2.3 组织方式二：农业-加工产业融合

加工产业是对乡村地区农产品价值及文化价值的第二次附加，主要表现在乡村产业发展、管理和运作过程中，往往需要结合特定的农产品材料（工业原材料）或文化背景

（历史文脉）。因此，"农业-加工产业融合"产业组织方式和产业发展方向将基于乡村现状，依托城乡供需、资源转换力对都市圈乡村影响权重不同，侧重"城乡供需型"或"资源转换力型"的某一方面，形成以资源加工为重心的农副加工融合产业或者以市场为重心的配套工业融合产业。

此外，城市资源为保障"农业-加工产业融合"的正常运营会自适应地优化配置，在区域内形成若干个产业集聚中心及衍生的辐射区，产业链结构定向重构与分离。如城市群、城镇群等都市圈乡村不仅提供城市生活必不可少的粮食、肉食等物质产品，而且兼顾原材料加工、运输、仓储等附属职能，同时效益辐射、生产技术由集聚中心扩散传导至周边乡村区域，形成多支链的立体产业链。以贵州凯里苗绣产业为例，该产业将生产、加工环节逐级分工至城市、乡镇、村庄、村组，各个以传统蚕桑产业为产业主体的村组互相结合形成特色手工企业和专业合作社，将苗绣艺术生产化整为零，连接农民、企业、消费者和市场需求，其"农业-加工产业融合"模式站到了中国传统产业振兴发展前沿。

4.2.4 组织方式三：农业-服务产业融合

随着信息传媒在乡村地区的普及，政府、企业、农户等各方主体普遍意识到信息化、云端化、功能化、服务化是未来乡村服务产业的发展趋势，在各个产业中起到"润滑剂"与"强化剂"的作用。都市圈乡村各自拥有自身优点，部分乡村尽管没有知名山水名胜，也缺少知名文化历史，但是自然环境破坏较小，多个同类型乡村依托共同特征进行集中发展的效果更强。依靠土地整治，打造乡村品牌、标志性要素，吸引游客、技术、网络流量及资金投入有着天然的生态后发优势，迎合人们在食品、休闲、娱乐、康养等方面的复合需求，对步入"农业-服务产业融合"轨道起到了一定的激励作用。例如，西湖龙坞茶镇利用"龙井"茶叶品牌衍生为以茶叶生产、文化、生活一体化的产业融合体系，形成了国际知名的茶乡特色小镇。

同时，服务业能借助农旅资源、自然资源或者创新服务，强化农业产业，使其具有多重功能的特性，转型为农旅融合型、美丽乡村型及电子商业型等产业融合升级业态。又如，山东博山利用网红电视剧推广品牌，构建网红旅游服务和农业融合的产业体系；安徽三瓜农社依靠土地整治、电子商业构建起"线上线下"产业融合模式。

4.3 都市圈乡村产业集群发展模式

4.3.1 都市圈乡村产业集群发展模式划分

都市圈乡村收入水平、区位条件、消费能力、资源要素等潜在能力是区域整体产业结构的一部分，区域产业结构中供需关系及乡村资源转换力之间的关系，会对产业融合发展方式产生一定偏转影响。基于"供需推动力"和"资源转换强度"的空间偏转机制判别，本书将都市圈乡村的产业融合发展模式划分为四种模式（图4-2）：偏转力双高综合型、资源转换强度单高型、供需推动力单高型、偏转力双低突破型。

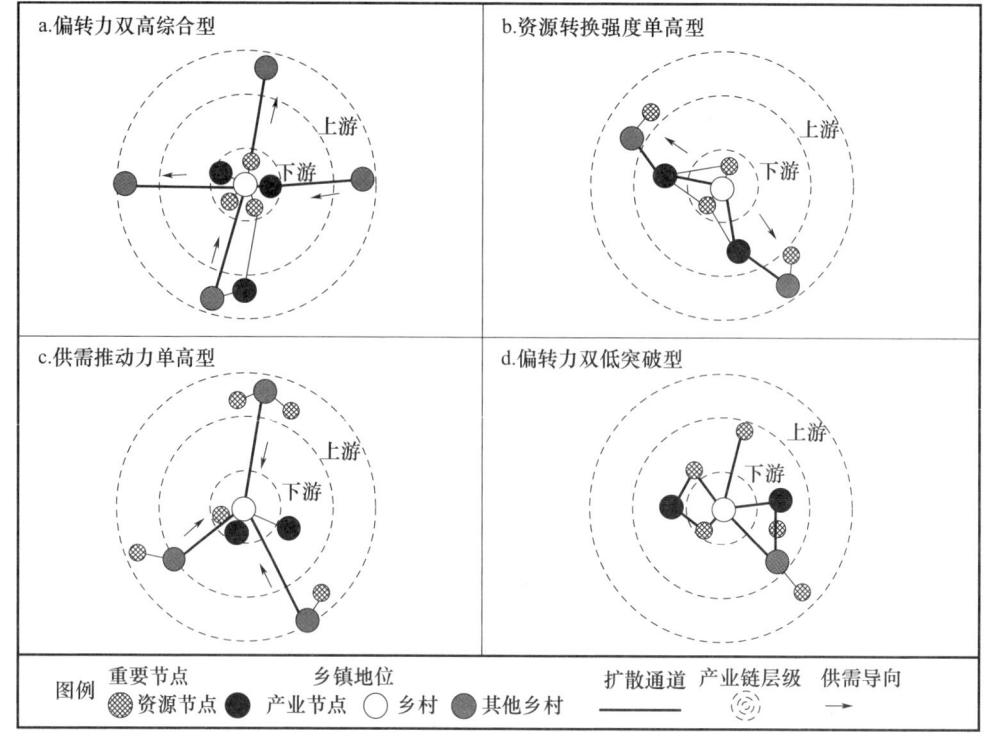

图 4-2　都市圈乡村区域产业融合方式

4.3.2　模式一：偏转力双高综合型

区域产业结构"供需推动力"和乡村本身"资源转换强度"偏转力均较高，此类型乡村适合高质量的综合型发展模式。部分都市圈乡村内在资源条件充足，靠近城市、集镇等区域发展极点，产业链、供应链较为完善，容易满足乡村提质发展需求，因此产业融合的重点在于对乡村资源及城市需求的细分与拓展。"双高"的内外要素支撑都市圈乡村追求农业农村现代化的生产品质，体现了产业的异质性融合，主要包括产业链中不同层次产业专业化，同层次要素之间通过互相交叉、合作，使农业具备水土保持、旅游观光、民俗传承、科技教育等多种功能，如产业互补融合、功能融合、乡村与城镇融合等。

正是市场供需、资源转换在文创、旅游、科研等衍生产业的多重性，促使都市圈乡村潜在发展动力向生产高质量农副产品与高水平消费空间转变。

4.3.3　模式二：资源转换强度单高型

乡村本身"资源转换强度"较高，而区域产业结构"供需推动力"较弱，此类型乡村适合转变为基于"资源转换强度"单高属性的产业专业化发展模式。近年来，乡村振兴政策的提出及农村信息化的普及为都市圈乡村发展注入崭新的发展动力。本书调研发现，部分都市圈乡村本身拥有良好的农业基础或者特色资源潜力，但由于区位、市场环境、自然条件等客观原因，往往"空有一身绝世武艺，却无处施展"，乡村产业难以链入区域产业结构，接受不到城乡市场的效益辐射。例如，某些都市圈乡村位于偏远山区，纵使有特色农产品也"山高路远无人知"；或是乡村拥有良好传统田耕文化与自然风景优势，但都市圈乡村起步普遍较晚，周边的文旅市场已经基本饱和，同质性竞争压力大，产业发展空间受到挤压。此类"资源转换强度"单高属性的乡村相比于其他种类乡村，反而是专注于农业产业集群专业化的效益更好。

具体而言，体现为乡村居民、集体组织能利用充足的土地和高效的农业资源转换优势，依托廉价劳动力、靠近原材料基地、绿色生态等优势，"足不出户"地推广并利用有限的市场提高产业的附加值。如旅游型产业互补配套手工艺、运输、农家乐等附属产业，产业空间兼顾多种属性功能，即从生产空间向研发、消费、服务等多重空间演变。同时，都市圈乡村以优势资源引导供需市场"横向"的多层次融合，应细分乡村资源潜力，加强城乡供需市场"分工"，进一步细分产业链，增加乡村产业竞争力。

4.3.4 模式三：供需推动力单高型

区域产业结构"供需推动力"较高，而乡村本身"资源转换强度"较弱，此类型乡村适合转变为基于"供需推动力"单个属性的产业功能化发展模式。尤其是在城乡要求单向流动的区域产业体系中，起到关键节点作用的重要产业园区、城镇市郊区周边乡村，适合此种发展模式。市场需求扩增，直接导致乡村劳动力不足，间接降低乡村本身"资源转换强度"，但"供需推动力"强化了区域产业链中、上游的运输、加工、销售等环节与下游都市圈乡村中生产、生产与服务环节的耦合，更容易获取新技术、新模式与新生产理念。

以"供需推动力"为导向，乡村产业为城市产业相互补充是"供需推动力"单高属性的都市圈乡村发展的关键。以武汉都市圈周边乡村为例，农业生产没有优良的土质及特色产品，乡村旅游也没有十分亮眼的风景资源，但承接武汉都市圈的经济效能辐射，具有战略性粮食储备价值及都市圈城际游价值，以此进行农业农村现代化。

总体而言，"供需推动力"单高属性都市圈乡村发展具有多元属性趋势，产业融合兼顾研发、生产、旅游、康养、服务等各个产业链层级，并以"城乡双向流动"为前提，需要重点保障资源要素从"低处"向"高处"循环流动，以此促进乡村产业发展。

4.3.5 模式四：偏转力双低突破型

区域产业结构"供需推动力"和乡村本身"资源转换强度"偏转力均较低，此类型乡村更强调以农业生产力的突破，构建现代农业模式。然而，"偏转力双低突破型"属性的都市圈乡村在某种程度上停留在"靠山吃山，靠水吃水"发展阶段，没有实现农业前置资源结构性整合与规划。无秩序的发展会导致"山穷水尽"，产业的发展与演变一定程度上是乡村产业链、供应链完善和资源要素集聚的过程，转变生产理念，推动生产力与生产要素实现农业资源的结构性整合是"双低"属性都市圈乡村发展的首要前提。

此外，偏转力双低突破型属性的都市圈乡村农业前置资源结构性整合是乡村实现产业融合的基础。乡村发展不能完全依靠外部动力把各种要素带到乡村，提升自身要素转换能力同样重要，即致力于通过乡村自身产业结构转变吸引外部市场、技术与人才等。例如，依托现代农业、智慧农业等方式构建现代农业"循环"机制为基础的区域循环生态产业链，逐步提高资源转换力和市场吸引力。总体而言，偏转力双低突破型属性乡村需要自强，更强调农业生产力的突破及产业结构的整合。

4.4 集群类型差异下的都市圈乡村产业优化发展

4.4.1 "偏转力双高综合型"乡村空间优化研究

1. 社会资本撬动乡村经济模式——以福建晋江为例

（1）产业优化思路。福建晋江位于闽南金三角的核心，与我国台湾地区一水之隔，在改革开放初期晋江人少地薄，是沿海典型的农业贫困县。1978年晋江农民人均纯收入107元，仅为全国农民人均收入的80%，低于全国农民收入的平均数134元、福建农民收入的平均数138元。福建晋江产业致力于全面发展，依托社会资本紧紧咬住实体经济发展不放松，晋江模式核心思想是引导和应用民营资本，探索民营资本与集体经济的有机融合，紧抓地方产业资源特色，培育壮大经济实体，发展乡村产业经济。拥有沿海与历史文脉等独特人缘、地缘优势的晋江冲破计划经济的束缚，解放思想，开展民营经济体制改革与农村工业化改革。依靠着"三来一补""三闲起步""五个允许"等政策，晋江充分发挥民营企业与集体经济的市场带动效应，乡镇民营企业开路，集体组织以联户集资方式集资办厂，推动乡村经济建设，民营经济成为推动晋江经济发展的主要力量。

（2）产业组织模式选择。社会资本撬动乡村产业发展是以股份合作方式为主的多经济成分共同作用的产业发展模式，产业空间组织方式包括以下几个方面。一是加大统筹城乡发展力度，推进农村集体产权制度与供给侧结构性改革。即加快建城乡融合发展机制，使得城乡人、地、钱以及政策等公共资源在城乡之间优化配置，均衡流动，最终造就工农互促、城乡共荣的新局面，该模式可以很大程度地激活乡村发展活力，激发乡村闲置产业要素价值，全面提升城乡一体化发展水平。二是推进农业产业转型升级，加快新旧发展动能接续转换，新增乡村创新创业产业。旧产业被符合时代趋势的新型产业所取代，是实现乡村"产业优"的必经之路，具体的形式包括建设各色产业园区，为乡村各类人才提供创新创业空间。三是发挥人才引入政策优势，以"双创"拉动农村经济社会发展。"晋江经验"中突出的一点是，体制改革可以有效引导大学毕业生等人才回乡创业，利用智慧综合开发利用农业乡村生态涵养功能、旅游观光功能和文化教育功能。

（3）产业集群优化策略及借鉴。晋江模式是在改革开放的历史节点中焕发的民营经济与集体组织合作的典型模式，站在新的历史起点，"晋江经验"现在仍然有指导意义，其产业集群发展特点具有时代性与前瞻性。其时代性与前瞻性表现为乡村产业发展不仅是要追溯历史，更是要着眼于未来，习近平总书记多次强调，要做强、做优实体经济。福建晋江模式揭示了传统农业型乡村在转型中改革创新的重要性，创新是第一动力，要坚持改革不停步，推动全面发展，乡村经济才能行稳致远，走上高质量发展之路

(表 4-2)。

表 4-2　晋江社会资本撬动乡村经济模式产业融合内涵

类型	基本属性	内涵特征
资源空间	沿海独特的人缘、地缘、文脉优势	较高的资源禀赋和市场条件
产业空间	集体资产股份量化和股份权能等农村产权制	依托城市企业和社会资金，空间上承载城市或区域市场外溢
业态转变	工业-农业融合、创新产业、乡村旅游	市场供需导向下产业融合
融合特点	现代农业及城市市场外溢产业	民营资本与集体经济双向供给需求
产业融合体系	一产、二产融合	乡村产业空间融合效益取决于城市市场

2. 经典美丽乡村模式——以河北小城子村为例

（1）优化思路。河北小城子村位于河北省滦平县东北部，距京承高速滦平出口仅19千米，国道112线贯通村庄，属于京津冀都市圈和河北省环首都经济圈黄金游线辐射带动范围。河北滦平县产业转换前基础设施建设落后，行政村、自然村散落，在医疗、教育、交通等方面都存在很大的问题并且很难解决。然而，小城子村转型发展的关键是具有极大的旅游区位优势，村庄拥有河北省第一批重点文物保护单位——汉城遗址。汉城遗址是河北承德地区迄今保存最早最完整的汉代古城墙之一。村庄内有田园和村庄景观，还有传承下来的皇家御道文化、满族民族风情以及汉城的历史文化，自然和人文资源十分丰富。

小城子村全力推进美丽乡村建设，凭借"精品旅游示范点、建设京北秀美新乡村"的品牌与目标，发展特色乡村旅游，真正实现乡村美、百姓富。2016年滦平县抓住"京津冀协同发展""美丽乡村"及"乡村振兴"重大战略机遇，将"美丽乡村"建设作为助推县域"三农"工作协调发展的有力抓手。小城子村满汉文化融合历史悠久，既有古山戎遗址、汉朝古城，又有清朝皇庄文化。小城子村总体定位为"皇家驿站、千年汉城"，以清朝文化中的"皇家驿栈"和中华传统文化中"千年汉城"为主题，规划打造为环首都经济圈"精品皇家文化旅游示范点"、承德市"皇家御道文化开发示范点"、滦平县"宜居宜游美丽乡村示范点"。

（2）产业组织模式选择。村庄形象是美丽乡村产业建设的"名片"，乡村振兴要实现经济产业的发展，更要让村民拥有更好的生活环境，形成全新的村庄景象。一方面，小城子村乘着乡村土地改革"东风"，将传统的空置民居、闲置土地利用出让、租赁、入股等方式入市，农户解放了生产力，通过入园务工、入股分红、土地流转等方式赚取薪金、股金、租金、分红，盘活村庄集体性经营用地，"一地生四金"带动百姓增收致富；另一方面，依托历史文化根脉，建设"青清山水，靓丽村庄"，以汉城历史文化、皇家御道文化、满族文化为特色，以"皇家驿栈"和"千年汉城"为主题，以满族文化和满族建筑为背景，以满族民俗历史为底蕴，形成具有文脉气息的生活环境。将村庄传统建筑按照满族、皇家不同风格打造为充满民族特色的民宿、客栈，研究开发民俗避暑、养老养心、寻根探史，发展小城子村旅游接待，带动百姓就业或销售农特产品。小城子村成功将一座传统乡村打造为集田园观光、乡村休闲、乡居度假于一体的乡村旅游示范、宜居宜游的新乡村。

（3）产业集群优化策略及借鉴。小城子村是将"美丽乡村"切实做好、做完美的一个案例，是许多传统农业型乡村走"美丽乡村"路径的重要的参考案例。"美丽乡村"发展的重点不仅仅是村容村貌之美，更是具有本土特色、充满历史感和现代艺术设计感的新型家园，因地制宜把人、财、物等配置到乡村合适的地方去，与乡村多种多样的资源紧密结合，解决乡村固有问题，走可持续的发展道路，形成经济收入高、文化丰富的现代生活社区（表4-3）。

表4-3 河北小城子村经典美丽乡村模式产业融合内涵

类型	基本属性	内涵特征
资源空间	京津冀都市圈、环首都经济圈黄金游线、汉城遗址	较高市场条件，较高的区位条件及资源关联
产业空间	村庄集体性经营	依托区位条件和历史遗址，空间上作为区域产业体系极点
业态转变	文化旅游、休闲康养	市场供需、资源转换双导向下产业融合
融合特点	服务产业多功能融合	农业附加文化内涵
产业融合体系	一产、三产融合	乡村产业融合效益取决于文旅品牌

4.4.2 "资源转换强度单高型"乡村空间优化研究

1. 特色产业专精模式——以山西大同市云州区为例

（1）产业优化思路。山西大同市云州区是山西省传统农业型乡村主要分布区域之一，是典型的近郊区县、传统农业区县，曾是国家"燕山、太行山"连片特困地区贫困县，贫困人口达3.2万余人。云州自古以来都是闻名全国的"黄花之乡"，黄花是云州各乡村的传统农作物，也是充满地区特色的重要特色产业，因其特殊的观赏和食用价值，深受国内外消费者青睐，多次在国内、国际农产品博览会上荣获金奖。然而，因为黄花种植不易，乡村劳动力不足、加工场地不够用等显著问题，加上黄花市场收购价格不稳定、种植需要三年缓冲期才有收益、冰雹和病虫害繁多等问题困扰，当地黄花一直都是传统的一家一户的小规模种植，没有形成规模性产业，导致农民们空有资源"香饽饽"却过着"穷日子"。

大同市云州区决定将产业发展思路调整为"精于一门，精益求精"。2011年以来，云州区把做大做强黄花产业确立为地方特色主导产业和脱贫致富的支柱产业。依靠"一区一业一品牌"专精"黄花"品牌，以"一切围绕黄花产业发展，一切服务于黄花产业发展"为内涵，解决黄花发展的各种问题，谱写了传统农业型乡村发展的全新模式。

（2）产业组织模式选择。政府专心解决将黄花资源转换为产品的问题，出台了一系列扶持黄花产业发展的土地、资金、技术、招商政策。例如政府黄花产业种植补贴，政府部门免费打井取水，引进节水技术，配套节水管道等，仅黄花这一单项产业，扶持资金就达到3500万元。其次，引入企业参与产业规划，政府各有关部门各自发挥工作职能，争取项目、吸引资金、引进技术投入黄花市场端需求，以"合作社＋基地＋贫困户"的发展模式带动村庄黄花产业发展，并依托政企合作打开国内、国际市场，推动传统黄花产业向规模化种植、集约化加工、国际品牌化销售的现代农业产业转型。此外，基层乡村各级人员将产业扶持政策落实到底,积极开展乡村政策传导工作。例如村干部、驻村工作队和"第一书记"三支队伍积极帮助领办黄花专业合作社,协助包点村落实黄花种植面积等。与此同时,利用黄花产业长达 40 天花期,结合云州近郊区位,将三大公园连成一线,建成乡村旅游产业体系,延长产业链条,促进产业融合发展。

(3)产业集群优化策略及借鉴。大同市云州区是典型的在"偏转力双低"条件下由传统农业型乡村实现"专业化资源"转型的案例,其特色产业专精具有统一性与示范性。统一性表现为"一县一业"产业规划中,政府切实完成了"自上而下"的传导工作,示范性表现为其利用黄花产业与政府、村民、集体、企业等多方主体共同形成的"龙头企业+合作社+基地+农户"的发展模式。专精一种产业实现产业振兴的模式打破许多欠缺市场或资源要素的传统农业型乡村普遍存在的"有志难酬、有翅难展"的困境,通过精深加工,延长产业链,提升综合效益,使得"小特色"也能形成"大产业"(表 4-4)。

表 4-4 云州产业专精模式产业融合内涵

类型	基本属性	内涵特征
资源空间	冷凉气候、火山土壤、黄花资源	较高资源条件,较弱的区位条件及资源关联
产业空间	产业分工合作制	依托资源条件,空间上作为某一类产业体系的区域极点
业态转变	农业产业多功能融合	资源转换导向下产业融合
融合特点	一产、二产融合	资源型产品专业化
产业融合体系	一产自身融合提升	乡村产业空间融合效益取决于自身资源转换与对外品牌

2. 文化遗产嫁接现代要素模式——以贵州凯里为例

(1)产业优化思路。苗绣是云南苗族人民智慧的结晶,是苗族文化的重要载体,生活中处处可见苗绣。然而,苗绣作为一种独具特色的民族文化产业,却难以形成标准规模化的产业。苗绣是中华传统黔南文化的重要符号之一,承载着数千年的民族记忆,充满强烈的文化气息,与苗绣相似的脸谱、乐谱等传统工艺及非物质文化遗产如何能在乡村发展中赋予崭新的意义,一直是我国乡村振兴探索的重点。

苗绣是相对封闭的"小众产品",其文化内涵来源于地域乡村历史脉络,不同地区苗绣的绣饰各不相同,由此衍生出湖南、贵州、云南等地苗绣的各美其美、异彩纷呈。贵州凯里产业优化思路有两个层次:一是产业生产层次化整为零,融合社会力量、政府力量和市场力量,将传统非遗产品融合在群众生活中生产,将苗绣生活化、体系化;二是产业销售层次化零为整,产业对外统一苗绣口碑与生产品质标准,跨出大山融入区域产业空间形成产业体系,在文化的传承和发展前提下,创造全新的社会效益。

(2)产业组织模式选择。贵州凯里苗绣产业最值得关注的一点就是将苗绣嫁接现代要素"走出去",走向世界。一方面,平衡好苗绣传承与发展的关系,在居民生产日常生活空间中注入苗绣元素,各个乡村成立苗绣特色手工企业和专业合作社,通过抱团发展的模式,辐射带动更多人走进苗绣产业,走进企业,实地学习文化创意、电商经营、市场理念，不断提升自身素养，走出凯里，与现代都市接触、结缘，到贵阳、杭州、上海等大城市参观学习，开拓眼界走向时尚和国际舞台，更重要的是明确自身所掌握的传统文化的价值，提高民族自信。另一方面，在保持苗绣文化的本质属性上"不完全产业化"。文化"完全产业化"的标准、规模的模式必然会严格控制工艺、程序、材质的使用，机械化的生产方式将使特色的苗绣丧失刺绣文化多姿多彩的魅力，从某种角度上说这是对民族文化的潜在破坏。"不完全产业化"则是在生产中保留其手工刺绣特色，在保持其技术密集型的产业属性上，维持原有文化属性不变。同时，以苗绣产业为一个整体，打响销售品牌。

（3）产业集群优化策略及借鉴。贵州凯里苗绣产业集群发展特点是将文化产业讲成一种"故事"的模式，以现代的市场开拓传统文化，苗绣已不仅仅是苗族人世代延续的传统手工，更是带动苗乡增收致富的时尚产业。这也给许多具有相似文化传承的地区产业提供了一个真实的实现路径：传统产业不仅仅要"传承故事"，更要将"故事讲出去"，把"故事讲好"，将"故事价值"个性化、创新化，通过提炼"故事"的核心元素来提升产业潜力，化作乡村增收致富的动力，树立国际品牌形象，创造更多可能（表4-5）。

表4-5 贵州文化遗产嫁接现代要素模式产业融合内涵

类型	基本属性	内涵特征
资源空间	非物质文化遗产	较强的资源关联
产业空间	产业分工合作制	依托资源条件，空间上作为某一类产业体系的区域极点
业态转变	单一业态产业专精	资源转换导向下产业融合
融合特点	文化产业多功能融合	文化及文化次生产业专业化
产业融合体系	一产、二产融合	乡村产业空间融合效益取决于自身资源转换与对外品牌

4.4.3 "供需推动力单高型"乡村空间优化研究

1. 劳动力回流模式——以辽宁十家子村为例

（1）产业优化思路。辽宁十家子村位于辽宁省西部的朝阳县，山多地少，基础薄弱，大量农村富余劳动力离开乡土，前往沿海城市务工就业，人口流失严重，发展水平低下，一度是国家级贫困县。朝阳县始终贯彻"输出劳动力，带回生产力"的思想，找到了乡村与城市接轨的"秘籍"。辽宁朝阳县下属乡村发展思路是基于社会网络，完善农民工返乡回流机制，引入创新思维，利用社会网络与信息网络联结乡土与消费端，是基于乡村社会资本条件，对乡村产业发展进行的一种全新角度的探索。社会网络对乡村外出劳动力意义重大，"抱团"打工积累了经验和资本，拓宽了务工人员的眼界，也点燃了回乡创业的梦想。外出务工的村民发现沿海的"大城市"居民有对乡村生活的向往，平常的乡土文化、生活风貌、原生态的产品对于城市居民是一件"稀罕事"，因此产生了借助电子网络串联起城市与乡村，以电子商务为突破点，实现新型的乡村产业的思路。

（2）产业组织模式选择。乡村定向人口流动的就业选择、职业分工等要素配置优化是实现中国经济奇迹般腾飞的重要支撑。汹涌蓬勃的"民工潮"在给中国的社会发展、经济产业布局和区域经济发展带来巨大冲击的同时，也构成朝阳经济发展的社会网络，作为一种潜在的非正式制度扩大了城市市场需求的渠道。

以朝阳县十家子村为例，返乡的村民自觉以自身社会网络为纽带，各乡村内部以亲缘、地缘、业缘为产业支点，通过"互联网＋种植基地＋深加工基地＋合作社＋实体店"的模式，推动当地小米、小麦、葵花、葡萄、苹果等传统农业的种植、加工及销售一体化发展。此外，政府努力为各乡村外出务工人员提供优良的返乡创业环境。例如，辽宁省各地市县各部门发布《辽宁省扩大返乡留乡农民工就地就近就业规模实施方案》《促进扩大返乡留乡农民工就地就近就业规模十条措施》等文件；基层领导班子支持并搭建资源服务平台，对传统农业型乡村开展创业培训和特色种养、农产品加工、电子商务等技术技能培训等工作，破解创业创新资金等政策资源要素堵点，及时解决创业创新发展中的问题等。同时，村民也积极挖掘社会网络带来的潜在市场需求，产生了"线上开网店＋线下实体店"的创新模式，搭建农产品网上销售服务平台，疏通农产品进城入市的销售渠道。乡村利用社会网络中看不见的手，推动农业为主导的传统农业型乡村向市场经济体制转型，建立了农产品从生产源头到终端销售全新的产业链模式。

（3）产业集群优化策略及借鉴。劳动力回流模式是基于社会网络的新型产业模式，社会网络促进供需，电子网络提供资源转换平台，乡村"足不出户"利用电子网络可以完成销售、购买、分享，集群发展特点具有开放性与创新性。开放性与创新性表现为社会网络与电子网络的结合，开创了乡村产业发展的一种新型模式，跨越时空距离，将空间上不相干的两种空间形式——乡村和城市，以创新性的形式紧密结合，如许多"网红村""淘宝村"正是某个乡村产业由农产品生产源头、加工、销售、文化附加等多个方面逐步发展壮大而成，为乡村的发展指明了新的出路（表4-6）。

表4-6 朝阳劳动力回流模式产业融合内涵

类型	基本属性	内涵特征
资源空间	—	较弱的区位条件，较高的市场及资源关联
产业空间	农村电子商务	依托供需条件，空间上作为城市市场下属产业支链
业态转变	单一市场产业专精	供需推动导向下产业融合
融合特点	不限时空的市场供需	市场供需强化农产品输出
产业融合体系	一产、三产融合	乡村产业空间融合效益取决于市场需求

2. 文化艺术赋能模式——以四川明月村为例

（1）产业优化思路。四川蒲江县明月村地处318国道，是古代的南方"丝绸之路"和"茶马古道"上的一个很普通的乡村，距离成都市区90千米。从古至今，明月村没有非常深厚的历史底蕴，资源也不丰富，是个很平凡且朴实的村子，2009年是成都市的贫困村之一。成都周边乡村旅游资源非常丰富，乡村旅游同质性竞争强，该村在2014年之前因为山高路远从未有任何一名游客到此地旅游，村民如中国大多数传统农民一样，过着日出而作，日落而息的日子。

明月村的发展自"陶"而兴，为"创"而聚，由"文"而旺。乡村文明是中华民族文明史的主体，在新的环境下，延续乡土文化的根脉是新农村建设的难点之一。然而平凡中孕育着发展的希望,因与邛崃市相邻,明月村自古就采用邛窑的工艺烧制陶瓷,至今仍保留着 4 口制陶老窑,是四川为数不多的"活着的邛窑"。

(2) 产业组织模式选择。2014 年蒲江县以文化为特征,规划项目用地,引进民营资本,顺应明月村的历史传统和资源禀赋,构建新的乡村共同体,策划了"明月国际陶艺村项目",开启了文创体育旅游合作联动的发展模式。一方面,明月村通过借助"明月国际陶艺村项目"的东风,对原有集体经济产业进行改造,确立了"村民参与、集体主体、专业指导"的产业发展思路。通过成立以村民为主体的合作社,并提出财政产业扶持资金不参与分红和聘请专业职业经理人管理两条发展建议,政府、村民、集体三方为股东,聘任专业人士作为指导,以专业眼光对产业进行规划,陆续开发了陶、印染、茶、竹等特色旅游产品,并完善了旅游配套项目,集体产业和乡村社区在乡村建设的过程中获得了明显的提高。另一方面,秉持农业为核心理念,以"文创和品牌"对生态农业进行转型,以"文创"为乡村营造一个安居乐业的氛围,乡村旅游是"文创"的价值附加。乡村地区发展的核心产业仍然是农业,提升农业的"含金量"是明月村发展的关键。文艺进乡村,通过艺术家的眼睛发掘乡村居民所忽视的自然遗产的价值,通过艺术家的思维开阔村民的发展思路。

经过几年的持续努力和发展,明月村最终形成了以"陶文化"为主题的人文生态度假村落,并凭借其独特性和包容性被评为"中国乡村旅游创客示范基地"。成功的关键在于乡村治理自组织、资源禀赋与社会要素完美融合,形成全新的乡村发展制度与模式。文艺作为乡村发展重要的牵引力,拓宽了村民的视野,打破传统农业思想的束缚,激发了乡村土地资源潜力。例如,过去乡村的竹林、鲜笋等资源转换效率低下,采摘成本与获得价值不匹配,村民不想卖也卖不出去,如今"文创+思想"引发了在外村村民和大学生的返乡热潮,自营特色餐饮民宿、传统竹制手工艺等项目陆续建成,村民们都获得了可观的收入。

(3) 产业集群优化策略及借鉴。四川明月村文化艺术赋能模式是社会资金、政府、乡村组织之间共同形成的资产升值、产业更新、消费升级的新乡村生活圈发展模式,产业集群发展特点具有文化性与借鉴性。文化焕发乡村活力,提高乡村的吸引力的奥秘不是生产方式,而是生活方式,乡村的生活方式是乡村生命力的所在。如今人们发现财富与幸福不是绝对等同的关系,幸福生活提升最大的障碍,不是物质财富供给不足,而是文化、精神、自然环境等供给不足,在这样一种背景下,乡村价值开始被发现与重视。明月村的发展模式具有借鉴性,明月村在很短的两年时间里就聚集了全国乡村建设、设计、陶艺等方面的一批艺术家和创客,中国很难再次出现明月村"奇迹",但是明月村在转型过程中的产业实施的模式、政府村民的做法、乡村社区的营造及文化思想的改变等具体的行为都是可以被分享和借鉴的,整理明月村发展为文创新乡村"龙头"的脉络,其"文创+田园"模式与乡村文明建设结合的经验也给很多资源不足的传统农业型村子提供了借鉴(表 4-7)。

表 4-7　四川明月村艺术赋能模式产业融合内涵

类型	基本属性	内涵特征
资源空间	传统制瓷工艺	较弱的区位条件,较高的市场及资源关联

续表

类型	基本属性	内涵特征
产业空间	农村文创活动	依托供需条件，空间上作为城市市场下属产业支链
业态转变	单一市场产业分工	文化需求导向下产业融合
融合特点	不限时空的市场供需	文化需求强化农产品及次生产业
产业融合体系	一产、三产融合	乡村产业空间融合效益取决于文化品牌与文化需求

4.4.4 "偏转力双低突破型"乡村空间优化研究

1. "两山理论"生态产业模式——以浙江安吉为例

（1）产业优化思路。安吉县毛竹蓄积量和商品竹产量均名列全国第一，是著名的"中国竹乡""白茶之乡"。在过去经济高速增长的同时，安吉忽略了环境问题，经济效益驱使不少村民见利忘义，毁竹、开山、种茶等破坏生态资源的行为屡禁不止。丰富的毛竹资源和山里优质的石灰岩资源，让安吉县不少传统农业乡村转型成为安吉县规模最大的石灰石开采区、竹木材料开采区，成为长三角建筑石料、竹木材料的主要供应地。经年累月的开采，让"竹海胜地"因此蒙尘：山区山腹出现石漠化，遍地都是竹林开采后的荒地石原，以及毁林种茶后的低矮茶株，大雨一冲漫山遍野竟看不到多少"黑色的地表土壤"；自然水系淤泥沉积，部分河床在改革开放三十多年内抬高了 2 米，河流断面"比黄河水还要浑浊"。

2005 年，时任浙江省委书记习近平在安吉县余村考察时，首次提出"绿水青山就是金山银山"的重要论断。"两山理论"揭示了保护生态环境就是保护生产力、改善生态环境就是发展生产力，它既是重要的发展理念，也是推进现代化建设的重大原则。"两山理论"是无数次煎熬和失败经验淬炼出来的最终结果，从"靠山吃山"到"养山富民"，从"坐吃山空"到"遍地生财"，"开源节流"的美好梦想映射进了现实。

（2）产业组织模式选择。其核心内容主要包括几个方面。一是科学规划，经济发展"有所为、有所不为"。习近平总书记说过，绿色发展的路子是正确的，路子选对了就要坚持走下去。"绿水青山"与"金山银山"的联系在于生态禀赋向生态价值转换，不能以牺牲环境为代价来谋经济发展。必须下定决心制定与履行规划，"一次规划、分步实施"，以摒弃污染行业和加强环境治理为前提推行"生态红线"和"一票否决"，为生态产品和产业发展创造初始条件。二是产业融合，在专家指导下提炼具有村域特征的风貌产业，避免陷入"百村一面、同业竞争"的窠臼，吸引人才和资本投入。在统一规划基础上启动全域农业整治，推进乡村旅游与农业产业交叉融合、互补融合，安吉县 187 个村一盘棋，全域是大景区，村庄是小景点，"大小结合"的特色产业引领生态经济向纵深发展，鼓励乡村发展实现一村一品、一村一业，实现"一山三吃""一山多吃"。三是优化生态产业空间组织，实现生态价值和经济效益。例如，从利用安吉大竹海吸引电影《卧虎藏龙》摄制组进驻开始，全面引进优秀企业参与景区营运和品牌管理。

（3）产业集群优化策略及借鉴。浙江安吉"两山理论"生态产业模式是新时代乡村依托生态资源，拓展相关产业功能与内涵，成功转型为生态产业集群的全新模式，集群发展特点具有先导性、典型性与普遍性。"一山三吃"的生态产业和"美丽乡村"带动全局发展的创新代表其独创性；市场机制下生态价值转变为经济价值的一整条产业链代表其概括性；产业体系充分考虑城乡区别，针对性集聚生态经济的要素代表其完整性。浙江安吉模式对传统农业型乡村可持续发展起到十分重要的借鉴与警示作用。转换后的安吉白茶向中西部3省4县产业输出，帮助34个村脱贫和致富（表4-8）。

表4-8 浙江安吉"两山理论"模式产业融合内涵

类型	基本属性	内涵特征
资源空间	—	较弱的区位条件，较弱的市场及资源关联
产业空间	生态产业、一村一业	依托乡村自身条件，空间上作为区域生态产业体系下的产业支链
业态转变	生态旅游、休闲康养	生态需求导向下产业融合
融合特点	服务产业多功能融合	农业附加生态内涵
产业融合体系	一产、三产融合	乡村产业空间融合效益取决于生态环境品质与生态品牌

2. 乡村自主创业模式——以河南泰山村为例

（1）产业优化思路。泰山村又名太山村，坐落在河南省新郑市龙湖镇西南，环抱太山，黄帝文化丰厚。2007年之前泰山村是一个土地贫瘠、水源奇缺、山路崎岖出了名的穷村，区位条件与资源条件极差。据统计，由于太山特殊的岩岭地质，全村耕地面积1870余亩，荒山荒沟1710余亩，可耕作土地占全村土地面积不到一半。村民生产生活十分不便，经济收入除了耕作，大部分以采石为副业，自然村大部分分布在山沟和山坡上，土地贫瘠，村民吃水用水要到山下邻村"肩扛牛拉"，是当时新郑市出了名的"三多村"——光棍多、外出人口多、贫困户多。

如果说"云州产业专精模式"是山西运作一系列借单一产业深度融合发展的成果，河南泰山村就是集体经济抓住机遇，在经济体制改革中成功实现自主创业发展的乡村典型。泰山村提出"以孝治村，文化强村，生态富村，旅游活村，科技兴村"的发展思路，按照稳固基础、依托群众、弘扬文化、打出品牌的发展路径在困境中开辟出泰山村发展的新路子。

（2）产业组织模式选择。泰山村发展的问题主要有三点——生活不便、交通不畅、产业不兴，这也是许多乡村发展的共同问题。俗话说"只要思想不滑坡，方法总比困难多"，发展依靠群众、生活关心群众、成果归于群众，集体共走富裕之路是泰山村破解发展困难的关键思路。面对种类繁多的现实问题，依靠群众，找准问题，解决问题，立足于社会资源配给优化和产业体系优化的前提，大力发展民俗乡村旅游，保留并弘扬了区域特有的民俗文化，把贫瘠的石头山点石成金。

首先，政府及集体筹集投入近千万资金改善居民基础生活条件，打了15眼400多米深的井，畅通了乡村与郑州等城市的道路，配套齐全服务设施，解决了村民基本需求与对外交通问题。其次，泰山村成功改变自身优势，利用已经畅通的交通，依托毗邻郑州的区位和区域黄帝文化丰厚的文化资源优势，按照"一村一品、一村一景、一村一产业"方案建设"传统岩居文化村落"，打造泰山村特色旅游村，形成培训、旅游、养老三大支柱产业。按照"原味乡村""民国风情""激情岁月"三大主题打造旅游品牌；发展新型养老产业,打造新型乡村养老典范;合作经营打造万亩高效农业产业园,夯实产业基础。最后,因地制宜动态把握乡村实施的要点,创新新型城镇化理论,基于这种理念,泰山村让群众做主选择适宜城镇化的区域,政府回应群众诉求进行乡域城镇化改造,村庄不进行合并,并在此基础上相应推出了公共服务、基本生活、医疗卫生、养老、持股分红的保障制度。

(3)产业集群优化策略及借鉴。河南泰山村模式是一条政府与集体共同创业创新、紧密相依的发展模式,产业集群发展特点具有一致性与可变性。表现为:乡村发展中集体是管理的主体和对象,集体经济的积极性和创造性的充分发挥是乡村发展成功与否的关键。乡村的治理活动必须以现实为本,必须把村民和集体的能动性作为经济发展的内在动力,通过建立政府、集体和谐的一致性关系创造一种环境——乡村发展是集体的发展,村民在其中可以通过努力去实现价值。同时,乡村发展提升是变化,每个乡村的文化内涵、品位都不一样,尤其是外部和内部环境都在时刻发生变化,必须把握乡村发展动态变化的情况,把文化和生态优势转化为生产力,及时调节基础条件的各个环节和各种关系,才能探索出独具特色的可持续发展道路(表4-9)。

表4-9 河南泰山村自主创业模式产业融合内涵

类型	基本属性	内涵特征
资源空间	黄帝文化、毗邻郑州但无主要交通联系	较弱的区位条件,较弱的市场及资源关联
产业空间	一村一品、一村一景、一村一产	依托区位条件和文化,空间上承载城市或区域市场外溢
业态转变	生态旅游、休闲康养	需求导向下产业融合
融合特点	村民主导下产业融合	市场供需与集体经济双向需求
产业融合体系	一产、三产融合	乡村产业空间融合效益取决于乡村治理水平

4.5 都市圈乡村产业集群发展策略

乡村空间是指乡村地区承担村民进行日常生活交往、活动、娱乐、休闲、行政等诸多活动兼具自然、社会、经济特征的地域空间载体,是土地改革政策、产业空间实体化、完善产业体系和基层组织运作等措施落实的最底层的空间载体。在武汉都市圈具体实践中,相匹配的传统农业型乡村要依托实际的乡村空间单元,尽快了解和适应乡村拥有的优势和区域供需的新形势,做好生产转型与政策落实工作,保障工业反哺农业,拓展农业产业功能等。基于上述内涵,产业提质不能仅仅以个别典型事例为代表,埋头解决个别问题,应把普适性强的模式及适合个别乡村发展的特殊模式,兼容乡村资源禀赋、区域产业空间及经济社会发展背景等要素,把乡村产业空间与其他各方面紧密衔接,引入农业农村现代化和乡村空间实体化的历史进程中。

4.5.1 做好生产转型与政策落实工作,夯实农业基础

从思想性和生产方式上推进传统农业型乡村农业生产由分散向集约转型,落实乡村

规划，集中配套农业生产资料与基础服务设施，打造优质稳定的农业生产空间，对接产业链上游农贸市场、农业加工基地，夯实农业基础。

（1）要充分利用好各种舆论平台，缓解农户在农业生产上的压力。鼓励农户采用标准化现代农业模式进行种植养殖，集中成片发展规模化农业，为农户有序实现农业生产转型提供必要与适当的精神鼓励与物质激励，稳定并调动农民生产积极性，有序引导农业知识培训，规范好乡村生产转型的秩序。

（2）积极发挥乡村集体组织在农业生产工作中的作用，提高农业机械化水平。建议村集体经济组织有序放活本地农机手、农业机械等社会化服务人员和设备的流动，在有限的机械器材条件下，集中、分批次开展土地托管、农机租赁作业等活动开展，引导小农户参与集体经营服务，以生产环节外包的方式来避免集聚性的农业生产活动，提高农业生产的效率水平。

（3）在产业上调整农业产品结构。立足于农业空间组织，在空间上交错运营，重点结合市场需求，建设绿色循环的现代农业体系，结合传统农业型乡村特有的山水林田湖资源，推广发展种养结合、农牧循环种植、特色水产培育、蔬果种植等复合型农业，有目的、有秩序地推进农用地整治。

4.5.2 厘清"工农融合"元问题，政策保障工业反哺农业

"工业如何反哺农业"是传统农业型乡村走"工农融合"的元问题。元问题是根本问题、基础性问题，元问题没有解决清楚，其他问题研究价值就大幅下降。乡村"农业-加工业融合"的优点十分突出，相对应的风险也巨大，监管与实施稍有懈怠则会导致严重的生态环境污染，伤到农业根基。因此明确乡村"工业如何反哺农业"、如何进行"提农"定位与发展重心的保持非常重要，本书研究认为有三个层面：功能定位、价值取向、政府保障。

1. 功能定位层面

巩固第一产业，以工业为联系合理保障农村新产业新业态发展用地。《自然资源部办公厅关于加强村庄规划 促进乡村振兴的通知》（自然资办发〔2019〕35号）文件提到"除少量必需的农产品生产加工外，一般不在农村地区安排新增工业用地"。政策要求应在乡村本身农业产品加工转化的基础上，提升加工科技含量、拓宽农产品加工领域，取得"农业-加工业融合"的新突破，要求在不破坏乡村生态基底的情况下，形成特色鲜明的涉农工业体系，尤其是支持绿色生态型乡村工业的定位与发展。

2. 价值取向层面

优化产业运营模式，以低端传统产业对接高端现代需求，走二产"提农"的路子。高端现代需求分为城市生活消费需求和工业生产消费需求。城市生活消费需求是绿色的、有机的、高品质的农业产品，工业生产消费需求是基础的、必要的、大批量的生产原材料。价值取向揭示了乡村产业空间升级本质趋向性，乡村以此做好农业产品生产或生产原材料供应，科学规划，提高产业配套能力，吸引国内外企业加盟，采用"农产品直销""签订企业订单"等方法，根据需求做文章，推进农业的附加价值提升。

3. 政府保障层面

"工农融合"依托政策为支撑，政府优化保障产出的农产品高质、高效。农业产品

是联系城市与乡村的重要介质，服务于城市需求，政府应充分发挥规划主体的作用，积极引导农业产品的供应保障。因此，在乡村规划中对存量建设用地进行发掘，对原有的工业用地进行转型或者置换，实现资产功能更新，并在村庄规划指引预留好弹性指标，为乡村工业用地发展提供支撑。最后，政府作为监督方，及时制止和纠正不符合发展定位的行为。

4.5.3 拓展农旅功能内涵，衔接带动农业融合发展

第三产业是将乡村深厚的生态资源效益最大化的路径之一。拓展农业本身功能，生产旅游、文化、创意、科技等多种"复合产品"是实现传统农业型乡村三产"活农"的关键。以此为出发点，本书建议以服务业作为各个产业链分支的衔接环节，带动农业与其他产业融合发展。

（1）在产业体系层面：加强利用优质服务产业与农业互通的联系特点，形成以某种资源特质互补融合的融合产业。无论是"农业-工业融合""工业-服务业融合"，还是"农业-服务业融合"，或是各个产业本身之间融合，订单、运输、销售、管理、售卖、配套、售后等服务环节必不可少，将乡村资源、市场、品牌与产业链紧密融合，做好乡村农产品生产、农产品加工和产品消费的"中间商"与"销售端"，甚至是"主导方"，用服务业将具有互补特性的农业、工业、衍生产业串联起来，定向构建完整的产业体系环链。

（2）在实施监管层面：政府需要牢牢守住产业融合底线，既要激活服务业的发展潜力，也要限制发展的底线。传统农业型乡村构建服务业与农业、工业等产业的复合产业链的实现路径相对缺乏，绝大多数融合产业依托电子网络、娱乐宣传等方式进行推广，没有系统的组织形式和相对规范的运营平台，不能有效地规避发展风险，很容易在产业融合路径上"走偏"。因此需要政府组织专门监管与协调乡村产业部门，出台适宜的地方政策和布置配套设施，避免出现产业偏离发展轨道的现象。

（3）在实践传导层面：建议乡村各方主体之间实现利益结合，由上级政府出台具有规范化功能的服务组织平台或政策，强化外部支撑，对发展所需要的制度环境、市场服务和规划模式等方面进行引导。无论推广品牌，构建网红旅游服务带动农业融合的产业体系，还是依靠土地整治、电子商业构建起"线上线下"产业融合模式，或是构建以电子商业、文旅融合为特点的文创乡村模式，其本质内涵是各方主体基于创新产业和市场价值，利用服务产业与农业产品互通的特点，以点带面地构建复合性质的产业链，不同的主体层次递进地提高产业的价值水平并强化整体效益，推广优势"品牌与口碑"促进乡村主导产业发展。

5 路径2：都市圈乡村空间集聚类型与特征

5.1 都市圈乡村产业空间集聚发展的动力机制

5.1.1 宏观层面：制度推力与城乡供需交叠引领

1. 优化·激活·凝聚——制度推力形成

（1）制度推力一：乡村振兴优化政府资金走向。长期以来，乡村因让利于城市而勒紧"裤腰带"发展，在城市"富态"发展下乡村发展逐渐"病态"。在乡村振兴衔接的顶层设计下，"以政引财"成为"动钱"走向的主要路径（图5-1），"制度支点＋资金杠杆"的撬动充分激发了市场的活力。根据产业定位，围绕"看什么、玩什么、吃什么、住什么、游什么"的市场需求，通过加快农业结构调整，推动农业从生产走向生态、生活功能的拓展，促进农业产业链延伸，有助于形成以农业种养为基础的"农业＋"的产业体系，激活乡村的农业、旅游、生态价值。

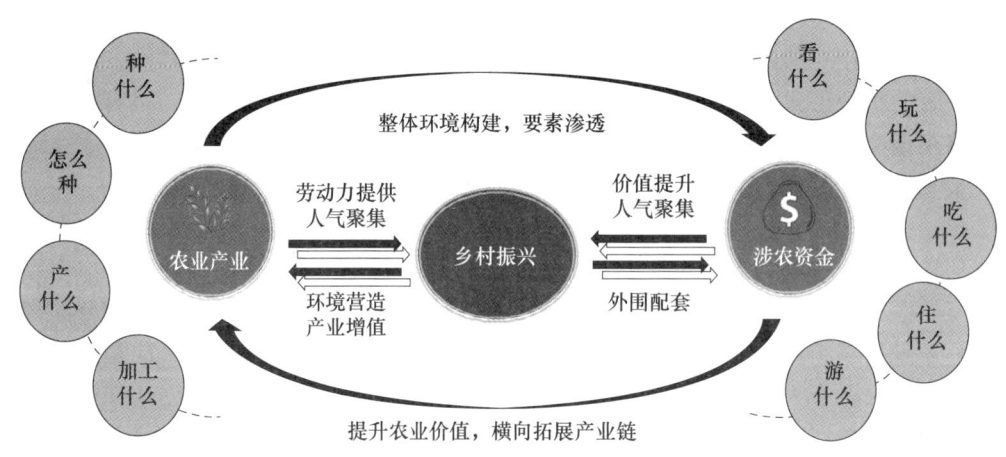

图5-1 乡村振兴优化"涉农"资金走向

（2）制度推力二：土地政策激活乡村空间单元。从我国农村土地政策的演化历程来看，为保障国家土地权益和农民主体利益，农村土地权利和土地类型的分类逐渐细化和完善，演变为"宅基地"的所有权、资格权、使用权以及"承包地"的所有权、承包权、经营权"三权分置"。其中，宅基地的使用权和承包地的经营权是乡村产业发展的重要支撑条件，按照农村土地类型和权属划分农地与农产关系以及农地与农户关系，有助于从乡村产业发展的动力机制和耦合机制层面梳理土地政策对乡村产业空间激活效应的逻辑关系，而这种激活效应主要表现为对乡村"非农"产业空间单元的激活

（图5-2）。例如，以股份合作的模式构建农村合作社，通过财政资金股权量化模式，创新利益共享模式，让农民通过农业衍生的"非农"产业分享增值收益。具体而言，通过农民房屋、集体土地、社会资本"三方入股"的股份合作模式构建综合体农村合作社，构建财政资金股权量化模式，让农民分享产业增值收益。在政府的引领下，通过农民合作社与社会资本的合理分工，将农村的优势资源与社会资本在资金、筹划、运营等方面的优势结合，既能为游客提供优质的服务，又有助于创新农民增收途径。

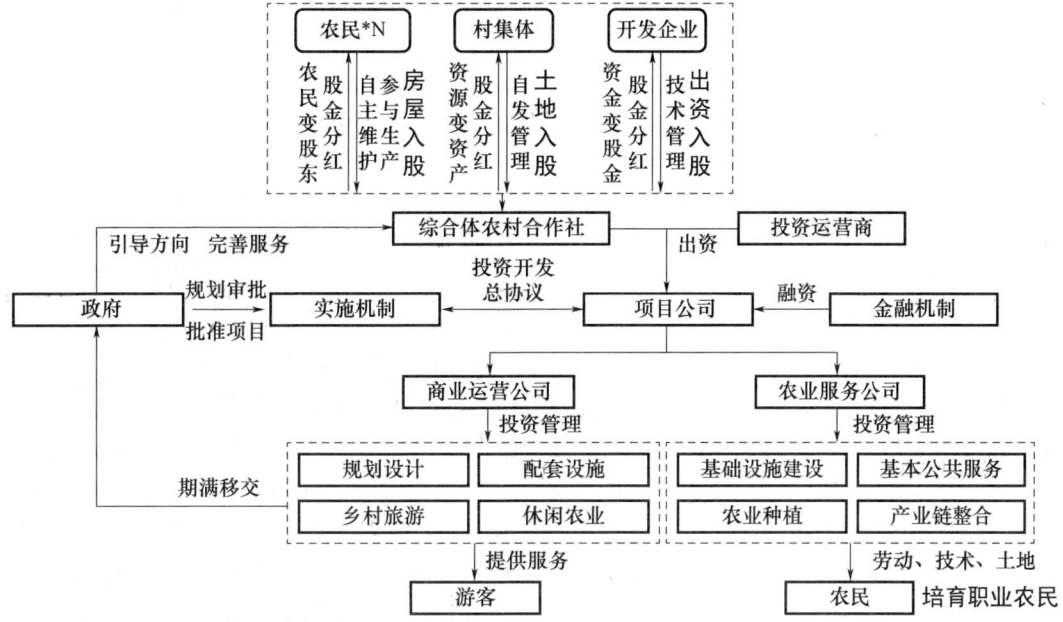

图 5-2　土地政策激活"非农"产业空间单元

（3）制度推力三：共同缔造凝聚各方参与主体。在乡村人口"老龄化、空心化"的客观背景下，转变村民"要我干"的被动观念为"我要干"的积极态度是扭转乡村产业发展"原地踏步"，以及凝聚乡村各主体利益的关键。共同打造通过"动员一老、教育一小"的宣传手段，形成政府保障、规划参谋、村民参与的宏观格局，并建立"1＋4N"的组织机制（图5-3）。这种乡村治理模式自上而下建立了"市政府—县政府—各级部门/乡镇政府—村委干部"多层级合作的"纵向到底"的政府领导体系，以及以村民为主人翁建立村规民约的"横向到边"的工作机制。其中，农民合作社与社会资本结合创新了农民增收途径。在"软硬兼施"的制度动员下，乡村产业的各方参与主体活力得以提升，对乡村产业空间格局的健康发展起到积极的促进作用。同时，在都市圈城乡要素互通的过程中，为保障产业结构合理化、公共服务配置均衡化，都市圈乡村在村民—村委—镇委的"共同缔造"引导下促进生产、生活空间错位演进、互补发展，在产业空间耦合的外溢效应下，生态空间得以保护和利用，产业空间与自然和平发展、共求繁荣。

2. 休闲·饮食·土地——市场供需合理

（1）市场供需一：田园生活的往与倦。在城市工作已久的居民由于生活压力，其内心难以避免地存在一定的田园情结以及对"江湖之远"生活的向往。而对于农村居民而

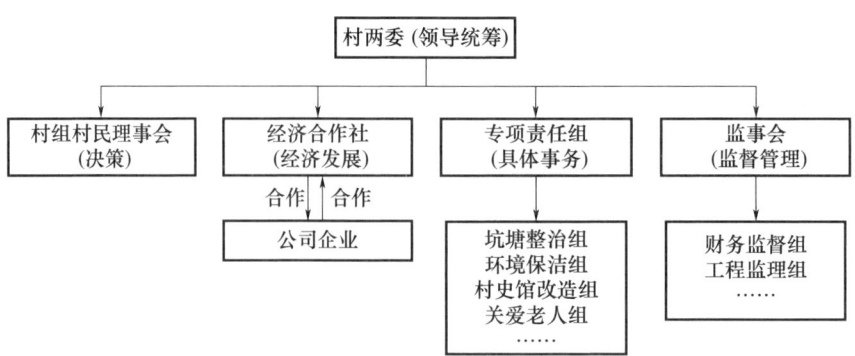

图 5-3 "1+4N"组织机制

言,除开教育、医疗等公共资源的影响,田园生活中"衣食住行"的打理、"昆虫家禽"的侵扰已然使得农民对于田园生活产生厌倦。供需市场上的不平衡使得田园生活存在转为"商品"的机遇,即城市居民"出钱"消费,乡村居民"收钱"代劳打理"衣食住行"以及赶走"昆虫家禽",让城市居民体验诗人笔下或梦境中的田园生活。

(2) 市场供需二:以食为天的受与予。在城乡粮食"受与予"的供需关系下,保障乡村现代农业发展契合"民以食为天"的理念。人参与产业发展的现实目的在于"糊口",即混口饭吃。乡村居民长期以来有着"靠山吃山,靠水吃水"的生活习惯,其具有自我解决"糊口"的能力,是都市圈城乡体系中粮食安全的保障者。城市居民由于所在的空间功能不同,扮演着不同的社会分工,在"糊口"方面一直作为接受者存在。都市圈乡村产业空间发展在"糊口"这种头等大事下,天然就有内在的市场供需平衡。

(3) 市场供需三:土地指标的存与增。支持乡村产业发展并不意味着大规模的非农用地扩张,在抽象的发展目标和土地制度变迁的双重压力下,土地指标的划拨与利用一直都是我国城乡发展乃至国民经济发展的重要抓手。由于城市化建设的过程中基础设施配套需要政府出资,土地指标顺其自然地成为政府配建公共服务设施的主要"动钱"手段。由于城市与乡村人口集聚度以及土地指标利用效率的差异,占补平衡、增减挂钩等"土地财政"技术逐渐运用于实践,城乡土地指标的存量发展与增量补充是客观存在的市场供需平衡。

5.1.2 中观层面:产业竞合与产业融合协同重构

1. 资源·区位·生态——产业竞合有序

(1) 产业竞合规律一:"产业-产业"资源争夺与共享。在国土空间开发保护制度下,各类资源的有效合理利用逐渐受到人们的重视与认同。在市场主体布局的无形推手下,各区域产业主体为争夺自然生态区位指向性赋予的公共资源和地方政府竞争性提供的公共产品,不断改善和提升自身的产业发展环境。在不同视角下,产业资源争夺展现出不同的表现方式。基于生产价值视角,"产业-产业"之间的竞争是区域利用资源创造价值的效率,通过资源转换力强弱进行资源争夺;基于资源配置视角,"产业-产业"之间的竞争是区域集聚要素的能力,通过集聚要素的分配进行资源争夺;基于社会学视角,"产业-产业"之间的竞争是利用提供更好就业、更高收入以及更优生活的能力进行资源争夺。在区域产业各自集聚发展下,规模经济的外溢效应不断扩大,临近地区公共服务配套、劳动力市场以及信息技术的共享在一定程度上体现了"产业-产业"资源的共享。

(2)产业竞合规律二:"空间-空间"区位控制与束缚。区域产业竞争必然引发与之相关的空间竞争,任何产业都无法离开"空间"发展,在都市圈产业发展的进程中由于区位指向效应的产业集聚和外溢效应的产业扩散,空间区位自属的资质优劣成为人们选择产业发展方向的主要因素。产业空间之间的竞争根源于产业的区域选择性,其中,区位控制是产业外部占有该地块的积极区位选择,体现为该产业的空间综合资源具有比较优势,方便产业要素集聚、流通与转换;区位束缚是产业外部占有该地块的消极区位选择,体现为该产业的要素集聚与流通能力不足,处于空间的不利位置。乡村产业在交通、人文区位较好的地理空间上集聚,经济活动在其地域指向性下为区域空间打上了生产、生活要素的"烙印"。例如现代农业发展的好坏离不开肥沃的土地,农旅融合发展离不开生产性生态景观或资源性生态景观。

(3)产业竞合规律三:"产业-空间"生态支撑与避邻。在乡村社会发展的"时空压缩"下,自然生态对产业发展的制约和决定作用越发明显,"产业-空间"耦合下乡村产业竞争和空间竞争实质上是一种生态资源利用与转换的竞争。产业生态竞合主要表现在三大"线":一是生态服务保障线,即提供城乡生产生活空间调节、呼吸的"绿肺"防护线,是保障社会经济发展有效承载、维护生物安全,助推人类与自然以及与其他野生动物和谐共生的必备生态空间;二是人居环境安全屏障线,即维护生态地质敏感区稳定,维护人居环境绿色可持续的生态屏障;三是生物多样性维持线,即保持生物多样性,重点维护濒危物种资源的生命防护线。同时,产业发展既包含建成环境空间,也包含自然环境空间,建成环境空间质量决定了产业要素集聚的能力,自然环境空间质量决定了产业空间印象的好坏。空间印象对于"产业-空间"的协同发展具有重要作用,好的空间印象能为产业发展提供生态支撑,有助于产业资源要素转换;坏的空间印象使得产业成为投资主体的避邻对象,产业资源要素转换受阻。

生态产业的集群发展方式与循环经济发展模式具有一定的相似性,一是两者都有在地理位置上相互集中的趋势,二是两者都能通过行业间或企业间的网络关系形成产业链网,三是两者都能产生外部经济性。如果将二者融合为一体,既可以通过产业集群所具有的规模效应、知识溢出效应产生的创新能力,促进产业集群对循环经济的吸纳能力,又可以通过减量化、再使用、再循环的循环经济发展模式提高资源配置效率,减少环境污染。两者有机结合,优势互补,可以构建一种经济效益与生态效益统一的产业集群发展模式,从而为产业集群的转型升级带来新的生机与活力。

2. 交织·渗透·辉映——产业融合顺势

(1)产业融合顺势一:产业链条交织"串联"。在乡村振兴的政策红利和快速城市化的外在压力下,乡村产业以农业为基础沿高附加值方向进行拓展与延伸,造就了传统农业、现代农业、畜牧加工、农旅融合等多元产业链条交织"串联"的格局(图5-4)。例如,如果村落建筑和环境特色鲜明,且有独具当地特色的农产品,则可以观光游览模式为主,形成"农业+旅游业"的模式。这种模式比较适合拥有一定规模的特色建筑群的村落,一般以特色建筑群观光以及特色农产品体验为主,以当地文化观光、民俗风情等为辅。

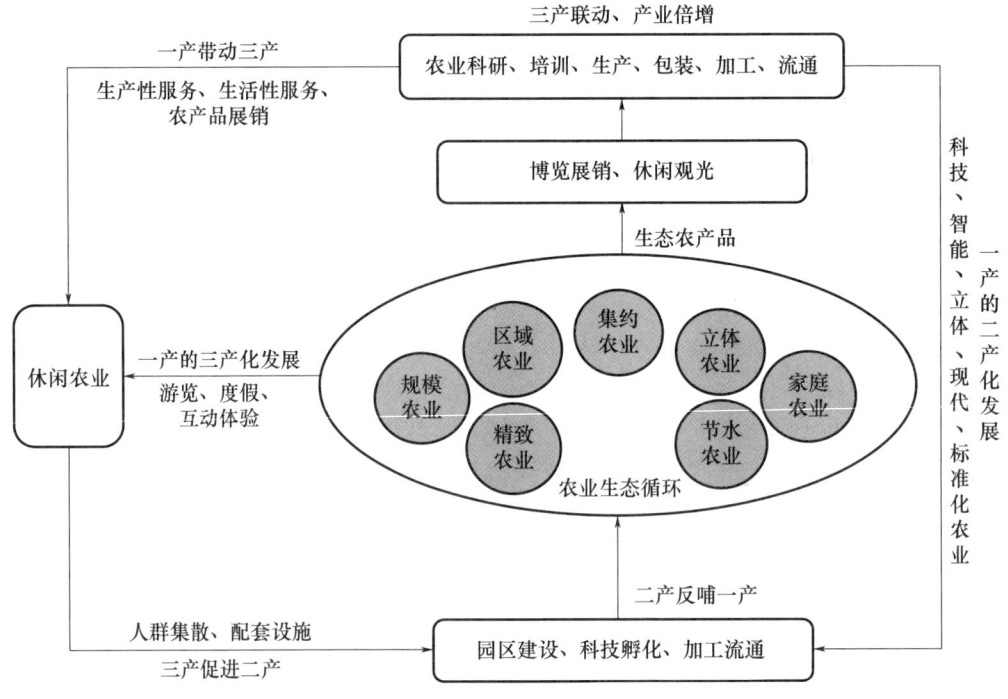

图 5-4 乡村产业链交互串联关系

（2）产业融合顺势二：产业主体渗透"交互"。为优化资源转换以及防止"资本替代资源"，各级政府自上而下从制度层面推进以产业主体联合为抓手的乡村产业融合，通过反垄断、促多元等手段优化产业发展的市场环境，促进产业内和产业间的融合发展。多个不同产业主体相互联合形成新的企业集群，其相互渗透、协同发展有助于打破不同产业之间管理部门的限制与交流合作的分隔障碍，形成能够推动乡村产业振兴进程的新型管理运作机制，增进乡村产业发展的利益融合（图 5-5）。

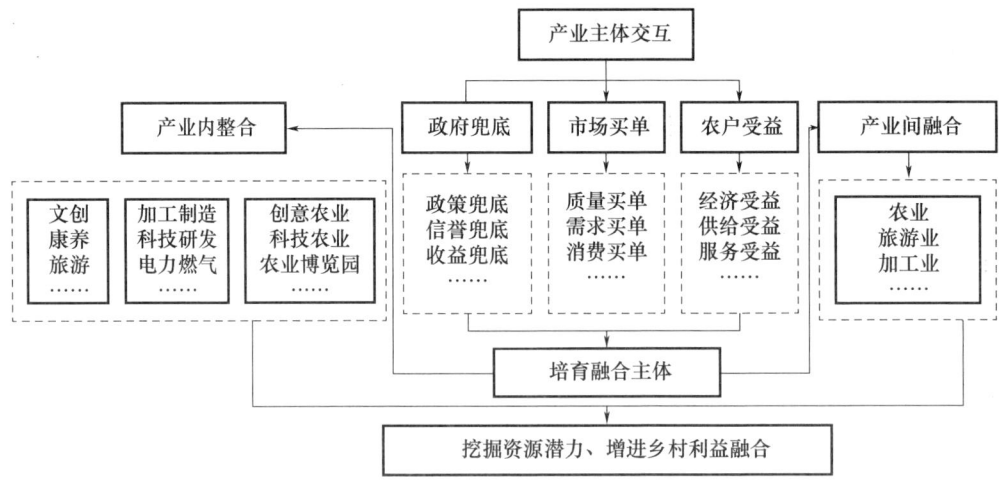

图 5-5 产业主体渗透交互分析图

(3) 产业融合顺势三：产业品牌辉映"亮相"。在信息超量获取的大数据时代，产业发展通过 IP 打造的形式划定势力范围，在争夺"首次"消费市场下众多 IP 辉映"亮相"，产业链结构由横向延伸、纵向拓展升级为具有多重缓冲区特征的网络交互覆盖格局。多圈层相交难免产生"空间缝隙"，为充分利用多重缓冲区的"网络空隙"，产业联合组织成为一种高效填充消费市场的手段，在多元产业 IP 联合的同时顺势进行产业融合有助于形成一定的产业规模以及进一步提升产业附加值。

5.1.3 微观层面：要素转换与形态复合激活反馈

1. 约定·积淀·因循——物质要素转换重组

(1) 物质要素转换重组一：产业布局约定。乡村由于经济发展落后以及交通条件等限制，其地方特色保留程度较高、开发力度较小，加上受到区域地形地貌以及气候条件的制约，不同区域的村庄产业布局不尽相同。例如，在平原区域的村庄，由于地形地貌对农业生产的影响和限制较小，这类村庄发展规模农业；在丘陵区域的村庄，受部分地形地势影响，在确保建设难度以及生态环境稳定的情况下，一般将缓坡场地改造为梯田或是种植果树、茶叶以及进行适当的放牧；在山地区域的村庄，受地形约束较为严重，高山种养难度较大，一般只能发展畜牧业和林业。

(2) 物质要素转换重组二：农耕文化积淀。乡村作为最古老的"人类聚居方式"，在历史发展的过程中积淀了大量的农业种植方式、农村邻里地缘、节日庆祝习俗等农耕文化，其对乡村产业的物质要素转换具有内生性的影响。乡村除了自然和人工等物质空间特征之外，还包括了由人作为农耕文化参与者和塑造者所形成的传统人文、生活习惯、风土人情等非物质要素。其中，乡村的建筑代表这个区域的原始风貌，记录村民居住的生活点滴，传达和记载古往今来的历史信息。在农村房屋建筑方面，农耕文化主要体现在建筑门、窗、护栏以及灯等一些装饰性构件上，以传统农村建筑样式的灰瓦、茶色墙、灰色墙裙等主要元素为表征，使建筑与周围自然环境融为一体。

(3) 物质要素转换重组三：生态环境因循。乡村是一种依附自然生态而形成的聚落型集群，一方面受到自然环境因素的制约，反过来也对自然产生了一定程度的影响，因此乡村产业空间机理也因循生态环境发展。在乡村生产、生活空间构建和营造的过程中，虽然不同的产业发展模式和生活聚居习惯会导向不同的空间格局，但在生态保护的刚性约束下，生产、生活的物质要素因循生态环境进行转换，乡村各类空间如"黄金"般镶嵌在自然生态环境这块"璞玉"上。村庄作为人与自然交融的载体，其空间环境营造依托山水等自然地貌多呈团状、带状等小规模分散式布局。例如，蜿蜒起伏的山地面貌为乡村塑造了丰富的地理景观和独特的视觉效应，田园景观在垂直方向上展开，错落有致，带来一种不规则的、零碎的视觉体验。

2. 指向·打造·扩散——产业形态复合响应

(1) 产业形态复合响应一：休闲需求指向。我国乡村产业形态复合发展缘起于 20 世纪 80 年代末的"农家乐"，在 1995 年实行"五天工作制"的政策背景下，人们的休闲需求得以激活，乡村产业发展主要通过挖掘自身资源特色与发展潜力增强自身吸引力，通过乡村村委领导，把农民组织起来打造农民创业平台，通过发展自然资源导向下的小规模个体私营农家乐旅游产业，带动农民持续受益，也为城市居民纾解乡愁。具体而言，通过乡村自属的比较优势，充分高效利用文化联动周边项目，积极开展和建立以需求指向为基础的项目合作，即根据城乡功能错位互补发展产业融合，通过多个项目的对接和融合，纵向拓宽单个项目、单个行业、单个乡村的产业链，发展细分型和互补型产业，形成多业共发展、共繁荣的格局，同时注重"产业-空间"的匹配、保护与延续，避免空间破碎和走"先破坏后保护"的老路（图5-6）。

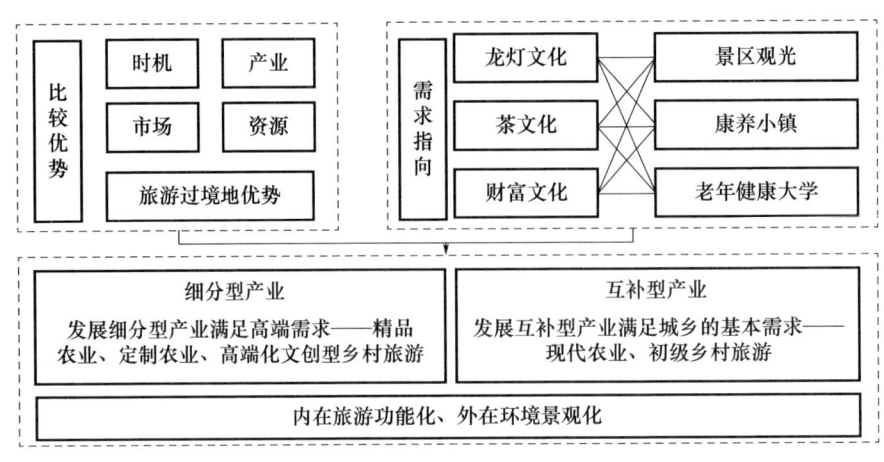

图5-6 休闲需求指向下的乡村产业发展思路

（2）产业形态复合响应二：第二名片打造。随着2005年新农村建设的兴起，乡村配套设施逐渐完善，乡村产业形态升级发展主要是通过进一步提升产品层次来摆脱依靠特色资源为单一吸引点的窘迫局面，充分挖掘文化资源的内涵，通过文化拉长农业的产业链，培养自然生态和人文氛围，打造乡村产业发展的第二名片。乡村产业发展重点由改善农村经济转向充分满足人们对品质生活的向往和旅游度假的追求，通过对比"农家乐"时期乡村旅游规模、外资比重和设施完善度，提升乡村农业产业链和旅游项目的参与度，增加游客的体验感，从而进一步延长游客的停留时间，引导乡村从经济增长的量变转向生活质量提升的质变，助力乡村高质量发展。

（3）产业形态复合响应三：耦合效益扩散。新时代随着城乡要素互通加速，乡村凭借着广袤的农业空间本底具有连接城乡要素资源、融合一二三产业的天然属性优势，产业发展趋于多元化、融合化。供需视角下，资源配置体系与乡村空间形态耦合发展有助于塑造契合乡村产业的空间机理，为消费者提供了具有乡土气息的旅游产品与服务。例如，在资源认知和文化灌注的基础上，亦农亦旅的复合开发，将农业生产空间和旅游资源配置统筹考虑，是农村"农业-旅游"耦合发展的最佳路径，借助农业发展串联特色文化和特色资源，增强农民的参与感和获得感，通过拓展农业产业链、延续农村特色文化、提升农民素质教育等产业策划手段，促进形成乡村产业"空间-资源"一体化（图5-7）。

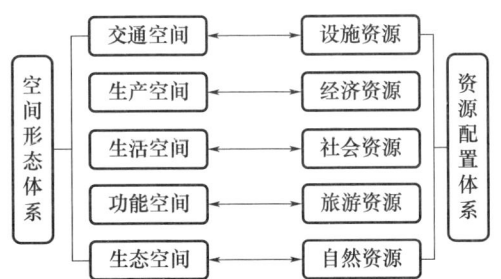

图5-7 空间形态与资源配置耦合关系

5.2 都市圈乡村土地资源价值及其转换

5.2.1 都市圈乡村产业空间组织三大原则

1. 依附原则——乡村土地资源具有依附性及聚集特征

首先,乡村土地具有土地资本的特性,即投入土地并固定于土地上的资本必须以土地为物质载体,才能发挥土地和资源商品的双重价值,这也体现了乡村资源对土地的依附性。乡村资源要素包括内生资源和外部资源。其中,内生资源可以分为乡村本土资源和再加工生产资源,乡村本土资源通过土地资本运作,在乡村土地进行产品的培育和发展,如农业种植业产生的农副产品等,对土地依附性较强;外部要素则体现在外来引进资源方面,如人才、技术等,对土地依附性较弱。除此,土地依附性的程度,在一定程度上也与其自然状况有关。同样数量的两笔土地资本投入,由于两地土地状况和乡村自然条件的差异性,其利用程度和收益状况都可能产生较大的差异,利用程度和产值效益越好,说明乡村资源对土地的依附性越强,反之乡村资源对土地的依附性越弱。其次,乡村土地资源在土地资本下具有集聚性,集聚有利于乡村资源多样化、营建规模扩大化,生产成本降低,整合效率提高,故乡村土地资源在空间上会自发性集聚发展。

2. 融合原则——空间发展总是向资源集中地块不断融合

乡村资源具有多元性,乡村空间可以按照功能划分为不同的功能空间,功能空间并不是只包含单一的乡村要素,而是由多种要素耦合构成,功能更多体现在主导功能上。按照乡村空间发展的自然规律,资源集中的地块空间将会成为经济发展的重心,不断吸引周边的资源和人口。乡村资源稀疏的地块空间总会向资源密集的地块空间融合集聚,资源集中的地块空间不仅提供了较多的经济发展机会,而且增强了对周围空间的经济辐射,空间融合发展使得整个地区空间发展更加多元均衡。城乡统筹是我国空间规划和经济发展规划的重要指导政策。因此,乡村组织要充分利用融合发展原则,科学规划和合理投资,以提高整个乡村地区的经济效益和社会效益。

3. 趋利原则——空间趋利行为下土地资源禀赋和经营主体主导的"流要素"之间具有匹配关系

乡村空间内资源要素的组织总是往适合其发展的方向进行,以追求经济利益的最大化,这是空间要素组织的源动力,即乡村空间具有趋利特征。因为运输距离远近不同和经营主体不一的客观情况存在,分散状的农业等资源往往会导致协调和管理不便的问题,这样会损失农民和经营主体的多重利益。规划应适当将乡村资源进行空间上的集聚、互通、整合,实现总体资源效益"1+1>2"的作用。例如,对于分散形态的农业空间,其农产品成熟后多会运往不同的加工场所,运输会产生成本,如果发展规模化、现代化农业,加工场所聚集化,劳动技术会打破空间壁垒,不仅劳动效率会随之提升,运输和人力成本也会降低。当投入成本不变,经营主体会选择最优的土地资源要素进行组织,以发挥当前最大效益。土地资源禀赋与经营主体主导的"流要素"之间的匹配关系,决定了空间发展的方向和动力。如果这种匹配关系不能得到有效的体现,空间发展的效益将难以最大化。趋利原则在空间发展中不仅有利于更好地规划和管理土地资源,提高空间发展的效率和质量，同时，也为经营主体提供了更多的发展机会，实现了农民与经营主体之间效益的双赢。

5.2.2 都市圈乡村土地资源价值识别

1. 生态价值认知

土地的生态价值指的是土地在自然环境中所具有的生态系统功能和服务价值，包括生态保育、水资源保护、气候调节、土壤保持、生物多样性维护等方面的价值，具体可以分为生态保育价值、水资源保护价值、气候调节价值、土壤保持价值和生物多样性维护价值。

（1）生态保育价值：都市圈乡村土地中的生态系统和生物群落对维护地区的生态平衡和生态健康具有重要意义，通过评估其生态保育价值，可以为土地的保护提供依据。

（2）水资源保护价值：土地在自然环境中扮演着重要的水源涵养和水质净化作用，尤其对于饮用水源地，土地的水资源保护价值尤为重要。

（3）气候调节价值：土地在自然环境中扮演着调节气候的重要角色，能够缓解城市周边地区的气候变化和环境污染，具有重要的生态价值。

（4）土壤保持价值：土地具有重要的土壤保持作用，对于控制水土流失、减缓地面沉降等方面具有重要的价值。

（5）生物多样性维护价值：土地中的生物群落和生态系统对维护生物多样性和生态平衡具有重要意义，通过评估其生物多样性维护价值，可以为土地的生态保护和管理提供依据。

在都市圈乡村组织模式和空间结构下，土地的生态价值可以通过生态空间的要素分析与评估，进行功能价值界定（图5-8）。具体来说，生态空间在国土空间根据其功能分区可以进行不同层次的划分，得到一类空间3种，二类空间分区8种（表5-1）。

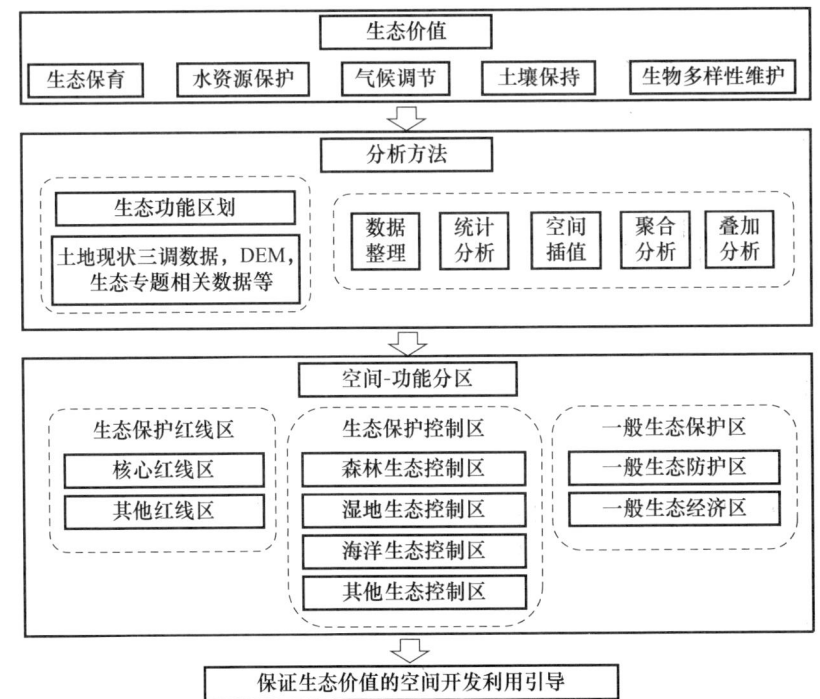

图5-8 保证生态价值的空间功能分区图

表 5-1　生态空间功能分区及其价值辨析

空间类型	一级分区	二级分区	三级分区	对应地类	生态价值
生态空间	生态保护红线区	核心红线区	—	林地	生态保育价值；气候调节价值
		其他红线区	水源涵养区	陆地水域	水资源保护价值
			生物多样性保护区		生物多样性维护价值
			水土保持区		土壤保持价值
	生态保护控制区	森林生态控制区	森林生态保育控制区	林地	生态保育价值
			森林生态旅游控制区		
		湿地生态控制区	重要河流湿地生态控制区	陆地水域	生态保育价值；水资源保护价值；土壤保持价值
			滩涂湿地生态控制区		
		海洋生态控制区	水产种质资源保护区		
		其他生态控制区	—	林地 陆地水域	综合价值
	一般生态保护区	一般生态防护区	生态农林混合区	林地	生态保育价值
		一般生态经济区	一般河流生态廊道区	林地	生态保育价值；水资源保护价值；土壤保持价值
			生态旅游经济区	林地	生物多样性维护价值；生态保育价值

① 生态保护红线区：是生态空间的核心保护区域，其关系到生态环境发展的稳定性，且对人类的活动远期产生重大影响。其包括核心红线区和其他红线区，按照详细功能又可划分为水源涵养区，以保持和提高水源涵养能力、加强径流补给和自然调节的能力，保护生物多样性为主；保护生态环境，维护生物多样性的生物多样性保护区；保持水土，保育坡地，防止洪灾、泥石流、山体滑坡等自然灾害的水土保持区。

② 生态保护控制区：是具备脆弱性，需要进行控制保护的生态区域。其包括维持水源涵养、水土保持、生物多样性等生态调节功能稳定发挥，保障区域生态安全的森林生态控制区；生物多样性维持，水源涵养和水土保持，珍稀濒危动植物物种生境和历史文化遗产保护的湿地生态控制区；以水资源保障、防洪减灾为主的重要河流湿地生态控制区；保护水产养殖生态系统，保障水产品等供给，促进生态农业和都市型休闲农业发展的滩涂湿地生态控制区；保护重要水产种质资源及其生存环境的海洋生态控制区；其他生态控制区。

③ 一般生态保护区：是生态空间中具有一定保护意义和价值的区域。具体包括保持水土、涵养水源、调节气候、减轻洪涝灾害，适当开展生态旅游的生态农林混合区；促进河流两岸农业生产、促进大自然的水循环，调节气候的一般河流生态廊道区；依托良好自然生态环境和独特的人文生态系统，开展生态体验、生态教育、生态认知的生态旅游经济区。一般生态保护区是乡村产业兴旺的本地支撑。

2. 农业价值认知

农业价值指的是土地在农业生产中所具有的生产力和农业资源价值，包括土地肥力、农作物产量、农产品质量等方面的价值。在都市圈乡村空间结构演变下，农业价值的认知对生产空间的演进与乡村产业发展选择具有重要意义。农业价值可以在以下方面体现。

（1）农产品供给价值：城市近郊乡村土地中的农业生产对城市的粮食供给、农产品供应等方面具有重要的价值，通过评估其农产品供给价值，可以为土地的可持续利用和农业生产提供依据。

（2）农业生态系统服务价值：农业生产对维护生态平衡、减缓气候变化等方面具有重要作用，例如农业土地可以吸收大气中的二氧化碳，通过评估其生态系统服务价值，可以为土地的保护和管理提供依据。

（3）土地利用效率价值：土地的利用效率对于农业生产具有重要影响，通过评估土地的肥力、农作物产量等方面的价值，可以为土地的合理利用和农业生产提供科学依据。

（4）农业资源保护价值：土地中的农业资源对于维护农业生产的可持续发展具有重要意义，通过评估其农业资源保护价值，可以为土地的保护和可持续利用提供依据。

农业用地与生产空间高度耦合，即生产空间是在一定区域内人们从事生产活动形成特定的以农业为主的功能区域，具有专门化、程序化、经营化等特点。在农业产业化影响下，小农生产向农业生产系统转变，以农产品从"农田"到"餐桌"的全产业周期各个环节为联系，所产生物质交换与能量流动作用过程的全体要素集合为生产系统，其对应的所有空间场所即为生产空间（图5-9）。生产空间以农业产品为对象，涵盖农业产业链中产前、产中、产后的各个环节所需要的种植、加工、储藏、运输、销售等具体生产步骤的空间载体，以及横向的研发、旅游和产业支撑设施载体等，对其不同的环节进行空间的划分。按照"对象-功能"的分类逻辑，按照产业的功能结构类型进行细分，将生产空间划分为种植性生产空间、渔业养殖业生产空间、畜牧业生产空间、加工性生产空间、支撑性生产空间5种一类空间和13种二类空间（表5-2）。

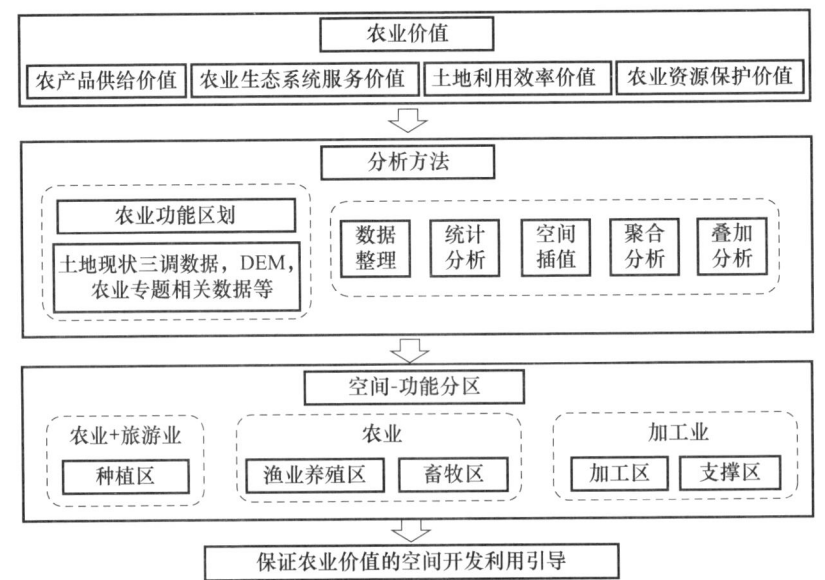

图 5-9 保证农业价值的空间功能分区图

表 5-2 生产空间功能分区及其价值辨析

空间分类	产业结构		空间-功能分区	对应地类	对应农业价值
生产空间	农业+旅游业	种植区	粮油蔬菜综合生产区	耕地、园地	综合价值：农产品供给；农业生态系统服务价值；土地利用效率价值；农业资源保护价值
			都市农业区		
			休闲观光农业区		
			优势农产品区		
			省级农业强镇片区		
	农业	渔业养殖区	海水养殖区	坑塘水面	
			滩涂养殖区		
			限养区		
			淡水养殖区		
		畜牧区	畜牧区	耕地	
	加工业	加工业	加工基地区	农业设施建设用地	农产品供给价值
		支撑区	禁养区	其他土地	农业生态系统服务价值；农业资源保护价值
			设施区	陆地水域（沟渠）	

① 种植性生产空间：种植是农业生产的基础和首要环节，也是我国目前农业生产的最主要方式，占据的空间资源规模较大，多为永久基本农田。这部分的农业产出高出投入的增值部分是比较少的，技术能力门槛较低，大部分经过简单学习和经验积累即可以掌握其基本的要求。种植性生产空间分为粮油蔬菜综合生产区、都市农业区、休闲观光农业区、优势农产品区和省级农业强镇片区。

② 渔业养殖业生产空间：以区域环境承载力为基础，原则上作为适宜开展海水或者淡水水产养殖的区域，包括近岸网箱养殖、深水网箱养殖、吊笼（筏式）养殖和底播养殖等。

③ 畜牧业生产空间：利用畜禽等已经被人类驯化的动物，通过人工饲养、繁殖，将动物转化为产品的产业空间。所属空间为一般农地空间，畜牧空间的主要特点是规模化。

④ 加工性生产空间：是指以农林牧渔产品及其加工品为原料，进行的农产品的加工等工业生产活动。其产业结构属于第二产业，其空间包括城镇中的工业用地、商业用地和物流仓储用地等。加工性生产空间随着产出产品由简易、基础向复杂、困难的逐步升级，其专业程度和复合程度也逐步提升，并呈现由劳动力密集型空间向技术密集型空间进行转变。

⑤支撑性生产空间：生产空间并不是独立存在的，需要各种农业设施的组织连接才能形成完善的农业体系。该空间包括农业建设用地，如乡村道路、种植设施用地等。任何农业生产活动都不是孤立存在的，需要大量的区域设施，如交通、灌溉、能源、环境卫生等进行全面的支撑，才能顺利完成，其所占用的空间即为支撑性生产空间。

3. 游憩价值认知

游憩价值指的是土地在休闲娱乐、观光旅游等方面的价值，包括自然景观、文化遗产、休闲设施等方面的价值。游憩价值的认知对土地的价值评估和乡村空间结构演变具有重要的意义。游憩价值具体包括以下几种。

（1）自然景观和生态旅游价值：城市近郊乡村土地中的自然景观和生态系统对游客具有吸引力。

（2）文化遗产和人文旅游价值：土地中的文化遗产和历史文化景观对游客具有重要的吸引力，例如古建筑、历史文化遗址等。

（3）休闲设施和体育活动价值：城市近郊乡村土地中的休闲设施和体育活动设施，例如公园、游乐场、高尔夫球场等，对游客和居民具有重要的价值。

（4）健康与心理价值：游憩活动对身心健康和心理平衡具有重要的作用，通过评估游憩活动的健康和心理价值，可以为土地的管理和规划提供依据。

生活空间是人们日常生活所处的空间环境，可以满足人的活动使用，其是游憩价值的主要空间场所。因此，本研究以人为对象主体，根据村镇不同人群对空间资源的利用，以及其居住、消费、休憩和社会公共服务的需求，对不同功能的空间进行划分（表5-3）。生活空间可以分为3种一类空间、11种二类空间。

表5-3 生活空间功能分区及其价值辨析

空间分类	空间-功能分区		对应地类	对应游憩价值
生活空间	集中建设区	重要绿地水系区	绿地与开敞空间用地	自然景观和生态旅游价值
		重要交通与枢纽区	交通运输用地	
		居住生活区	居住用地	文化遗产和人文旅游价值、休闲设施和体育活动价值
		公共服务设施集中区	公共管理与公共服务用地	
		商业商务区	公共管理与公共服务用地	
		工业物流区	工矿用地、仓储用地	
		特色功能区	—	
		特殊用途区	特殊用地	
		公用设施区	公用设施用地	
	弹性发展区	弹性区	留白用地	—
	特别用途区	弹性区	留白用地	自然景观和生态旅游价值、健康与心理价值

① 集中建设区：对于村镇来说，集中建设区为村民日常休憩活动的中心，是使用最为频繁的场所空间。具体包括重要绿地水系区、重要交通与枢纽区、居住生活区、公共服务设施集中区、商业商务区、工业物流区、特色功能区、特殊用途区、公用设施区。该区域是土地文化遗产和人文旅游价值、休闲设施和体育活动价值的集中体现。

② 弹性发展区：是为应对村镇发展的不确定性，在城镇集中建设区外划定的，在满足特定条件下方可进行城镇开发和集中建设的地域空间。该区土地价值依据空间功能而定。

③ 特别用途区：该区域主要包括与远期发展关联密切的生态涵养、休闲游憩、防护隔离、自然和历史文化保护等地域空间，且具备自然景观和生态旅游、健康与心理价值等。特别用途区，原则上禁止任何城镇集中建设行为，实施建设用地总量控制。

5.2.3 乡村空间功能机理要素及特征认知

生产空间要素是指用于从事生产的资源以及与生产活动相关的要素集成。按照功能-空间思路划分，可以将12类分区下的乡村要素进行拆解，包含显性要素（如自然资源要素、空间要素、设施要素、人、资金等）以及隐性要素（如劳动力、技术、信息等），主要具有开放性和半自然的特征。细分要素内容集合可以定位乡村农业、工业、旅游及相关服务业等生产所需，从而判断各种产业的发展趋势和发展能力。将地类层级要素进行功能转化，远期发展可以适应乡村农业向现代农业（如设施农业、规模农业、生态农业、智慧农业等）、工业向涉农工业（如农业加工等）、旅游向农旅和文旅等方向的发展需求。

生活空间要素主要是与"人"及其社会活动相关的要素。将11类细分功能空间进行拆解，也可分为显性和隐性两大类，显性要素如自然环境要素、建筑类要素、设施类要素、人等，隐性要素如社会活动与规则、文化认同、文化风貌等。与生产、生态空间要素不同的是，它不单以产业融合为经济发展导向，也不单以绿色发展为生态保护导向，而是以各类活动中的人为目标导向，营建环境宜居、设施便利、经济活力充足、系统运转规则明确的人居环境。同时，其也为经济发展以及生态保护等活动提供人才保障，如教育活动为经济发展培养具备农业基础知识且有先进经营理念的能人。

生态空间要素主要是指具有生态功能及效益的相关自然要素（如旅游康养生态景观等）和能有效降低生态污染、增添生态内涵（如山水林田湖草等生态湿地和公园等）的要素。按照功能-空间分类法，其可以分为8大空间类型（表5-4），其用地性质较为简单，要素也多为自然生态本底要素，多具备开放性和自然性，要素能够涵盖用于营建宜居宜业宜游的生态环境以及具有绿色发展生态理念的生态产业。因此，在进行生态空间要素组织时，必须兼顾生态要素的科学合理、有限开发利用，遵循保育修复的原则，利用自然要素维系乡村良好的生态环境和实现农旅融合发展趋势，为乡村带来生态和经济双重效益。

表5-4 "功能-空间"要素分类表

空间类型	功能分区	要素内容	开放性	人工性	要素转化
生产空间	粮油蔬菜综合生产区	物：粮油、蔬菜、瓜果等产品；地：农田等集体经营性用地；人：农地使用者、经营主体等	开放	半自然	农业价值为主导的农业、工业、服务业、旅游业
	都市农业区				
	休闲观光农业区				
	优势农产品区				
	省级农业强镇片区				
	海水养殖区	水库、水塘等	开放	自然	
	滩涂养殖区				
	限养区			半自然	
	淡水养殖区				
	畜牧区	山水草	开放	自然	
	加工基地区	农产品加工基地、工业厂房	封闭	人工	
	禁养区	山水林田湖草	开放	自然	

续表

空间类型	功能分区	要素内容	开放性	人工性	要素转化
生产空间	设施区	水（灌溉渠）、电（农用变压器），田间作业道、晒场、生产性道路、旅游道路、配套服务性用房等	半开放	人工	农业价值为主导的农业、工业、服务业、旅游业
生活空间	重要绿地水系区	服务休闲景观（公园）	开放	自然	游憩服务空间为主导的"以人为本"的设施便利、活力充足、规则明确的综合性居民点聚落
生活空间	重要交通与枢纽区	各级道路			
生活空间	居住生活区	居住农房	封闭	人工	
生活空间	公共服务设施集中区	教育、医疗、文体、社会福利、行政等	半开放		
生活空间	商业商务区	小卖部、贸易市场			
生活空间	工业物流区	加工、物流仓储等产业	封闭		
生活空间	特色功能区	乡土文化、建筑风貌	开放		
生活空间	特殊用途区	公墓			
生活空间	公用设施区	基础设施（路、电、水、环卫等）	封闭		
生活空间	弹性区	远期建设预留用地	开放		
生态空间	森林生态保育控制区	山水林湖草等自然资源	开放	自然	生态价值为主导的生态环境
生态空间	森林生态旅游控制区				
生态空间	水源涵养区				
生态空间	生物多样性保护区				
生态空间	水土保持区				
生态空间	重要河流湿地生态控制区				
生态空间	滩涂湿地生态控制区				
生态空间	水产种质资源保护区				
生态空间	生态农林混合区	生态景观、农业景观、旅游康养景观、湿地公园等	开放	半自然	生态价值和游憩价值为主导的文旅产业
生态空间	一般河流生态廊道区				
生态空间	生态旅游经济区				

5.3 都市圈乡村产业空间集聚机理研究

5.3.1 都市圈乡村产业"功能-空间"协调发展

1. 乡村空间要素"功能-空间"耦合机制研究

乡村空间是乡村多种空间资源要素聚集而引起乡村产业结构变化或者产业升级的空间映射，对都市圈乡村空间组织的认知过程实质上是对乡村产业耦合升级的认知过程。近郊区乡村产业与远郊区传统农业的差异体现在，乡村初期以农林牧渔等传统农业类型为主，随着城镇化发展带来的乡村消费需求拉动，乡村产业呈现一二三产融合发展的多元化现象。乡村空间要素的耦合受到多元的影响，从而形成不同的产业类型，产业类型通过不同的组织模式整合不同的乡村空间，乡村空间要素耦合发展，形成不同的组合模式，最终形成村镇一体化的空间结构形态（图5-10）。城市和乡村的组织过程是动态变化的，而这个过程受到各类乡村空间要素的耦合影响，空间要素在这些影响要素共同作用下不断耦合，集聚到扩散，空间发生整合，乡村要素不断组织，最终形成新的空间形态。

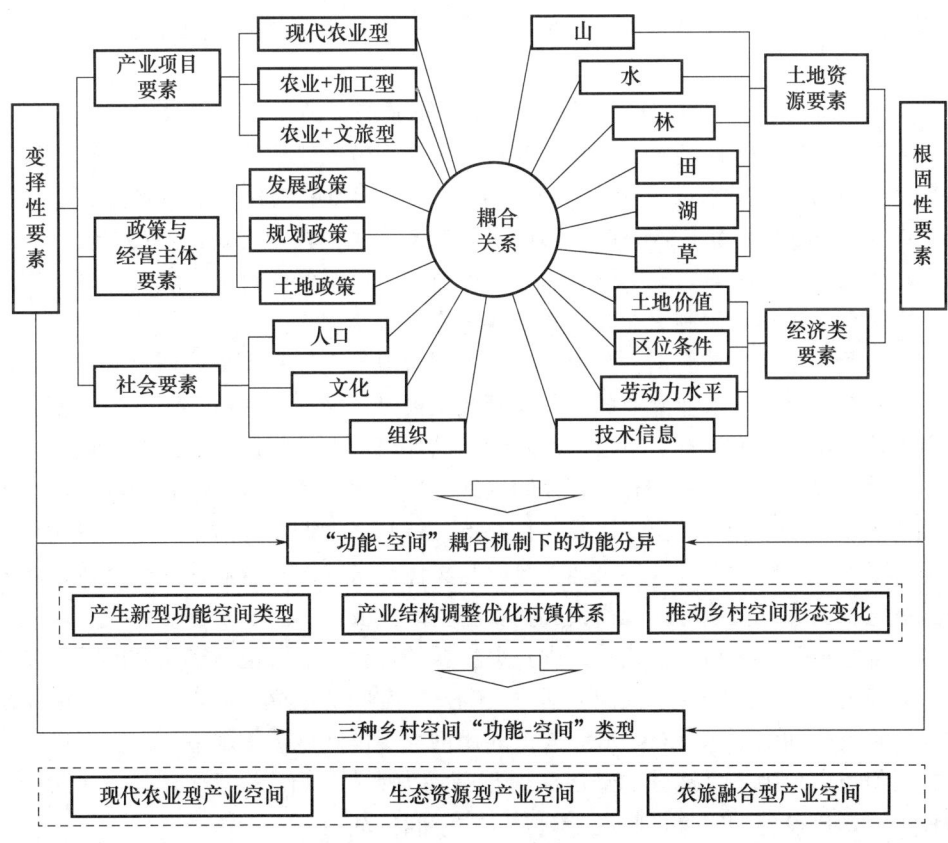

图 5-10 乡村空间要素"功能-空间"耦合机制研究

（1）土地资源要素：自然资源禀赋，包括山水林田湖草海等自然资源。其对于乡村空间的自然环境保持、乡村生态旅游开发、水源涵养及保护、粮食安全等方面都具有重要意义，其要素均具有多重价值功能。例如，农田可以提供乡村农产品和粮食生产，也可以为乡村旅游提供观光农业和乡村美食等资源；草地资源可以为乡村畜牧业提供牧草资源，也可以为乡村旅游提供自然风光和草原文化资源。土地资源的开发利用与乡村经济发展、乡村生态环境、居民生活水平高度相关。

（2）产业项目要素：不同产业形式的选择和村镇空间的布局，产生结果也略有不同，其包含的产业形式和内容丰富多样，如农业、旅游、休闲观光、康养和加工商贸等项目，因此产业结构的侧重点也不同，所需要的空间资源不同。常见的产业形式包括"现代农业"型、"农业＋加工"型和"农业＋文旅"型。

① 现代农业型：以绿色产品为出发点，大力推行健康养生的现代化有机农业，努力建设特色的农产品供应基地。其用地和布局基本以政府划定和农户自主开发为主。在产业价值诉求下，现代农业的空间集群发展特征显著，其空间机理受到农业"集聚"特征引导逐步发展。现代农业提高了亩均产值，为产业集群发展提供了可能性。

② 农业＋加工型：近郊区村镇因为区位优势，与大城市进行信息技术、人才、投资等资源流动更为频繁。乡镇在农产品深加工产业的基础上配套物流、商贸流通和农旅休闲产业，从而形成资源开发、市场引入、配套设施完善的产业模式，其中，具备一定发展潜力的乡村会被优先开发以打造现代化规模的农业示范片区和配套的加工制造业园区，中心镇多为村镇的工业中枢。

③ 农业＋文旅型：依托乡镇的区位优势和便捷的交通条件，以及丰富的自然景观和历史人文景观而形成的商贸服务产业和观光旅游产业的结构模式。在该模式下，乡镇发展应充分发掘自然山水资源，结合乡镇自身区位及交通，打造独具特色的观光休闲、服务设施完善的风情乡镇。农村融合发展机制的研究工作较为庞杂，涉及农业、乡村旅游和乡村建设等多元要素之间的耦合关系，但目前可归纳的农村融合现象体现在田园综合体、农家乐、民宿、定制农业和体验农业等方面。

（3）政策与经营主体要素：国家治理在不同阶段的发展政策、规划政策和土地政策等，影响着村镇空间和农业产业的发展。行政政策是国家和地方对某区域建设发展的计划和调控，是不同的发展背景下根据实际制定的保障产业持续协调共进的有效手段。政府对整体镇村体系进行规划和实施，控制用地的供给水平和产业的倾斜程度，加速了村镇布局的改变。新区新城的出现以及迁村并点、行政区划调整等措施，更使得村镇布局发生跨越式变化。除此之外，各级地方政府与集体经济、国有企业、民营企业、农户等在政策下的行为方式与响应情况都会影响乡村空间演变。

（4）社会要素：人口、文化、规则是最主要的社会要素，也是产业发展的重要影响因素。人口的规模、结构、素质和生活方式等，对空间的规模、环境、内容构成需求的差异化，影响空间的形态分布。城镇人口的比例直观反映城镇化水平，常住人口和流动人口的数值可以反映一个地区的经济活力与劳动力水平。此外，配套设置如服务设施、环境设施、基础设施的完善程度也影响着乡村空间的演变。

（5）经济类要素：土地价值、区位条件、劳动力水平、资本、技术信息等共同构成了经济类要素。自然资源具有土地依附性，其价值会通过土地资本转移到农产品上，并为农民带来收益。乡村中独具自然区位、交通区位或者经济区位的区域多会取得更好的经济效益。年轻劳动者的劳动效率相对较高，对应产值就更高，经济效益就更大。

2. "功能-空间"耦合机制下的功能分异研究

（1）功能空间分异，新型功能空间类型产生。经过城镇化发展，我国近郊区村镇多以农业发展为基础，引进新型产业，如工业等。城镇化初期，乡镇企业得到大力发展，同时也存在规模小、污染环境的问题。随着经济社会的进一步发展，村镇地区的低端产能逐渐得到了整治，村镇地区这类简单粗放的发展得到遏制。随着国家对"三农"问题日益重视，传统的农业生产方式开始有了新的发展契机，向农业产业化方式转变。农业产业化是以市场为导向，进行规模化生产、系列化加工，对各种生产要素进行组合，延长和拓宽农业产业链。因此，农业产业化也逐渐出现新的要素融合形式，如以资金和技术为主导的集聚型模式、以生态资源为主导的共生型模式和以知识文化创意要素为主导的衍生型模式，并具化成为新的功能空间，如农产品的初级和深精加工、仓储物流、育种研发以及相关的服务性产业等，这些功能有很多需要在村镇空间进行布局。这些功能空间与原始的村镇空间进行耦合，成为农业产业化下村镇空间结构的新要素与组织单元。

（2）产业结构调整，优化村镇体系。在产业发展到成熟和稳定阶段，其产业链条每个环节的功能比例也基本确定，产业结构逐步达到合理高效。因每个环节所需的空间布局和规模不同，相应地，村镇空间结构也需要进行调整，以匹配产业的发展水平。产业的功能结构调整会影响村镇职能和人口聚集度、配套设施等。因产业发展需求的变化，空间布局中的产业核心、产业带、功能节点等也发生改变，通过"集聚-扩散"的点轴带动作用形成完整网络。

产业空间优化与区镇融合发展之间存在互动机制，产业空间优化会使区镇之间的产业要素流动更加频繁，区镇互动强度不断增加，同时区镇之间的联系度增加也促进了两者间产业的相互转移，加快产业空间结构的优化。

（3）推动乡村空间形态结构变化。城镇的发展过程中最重要的一个环节就是集聚作用的推动力，从各自独立的分散产业节点到产业集聚，进一步产生极化带动和扩散效应。人口的集聚带来更多的服务需求，进而产生更多就业机会，达到一个良性的平衡。产业发展的规律是以点带面层级聚合。在关键节点产业集聚的规模多会推动村镇空间扩张，而相应的基层功能空间会出现合并或减量。除了农业产业规模增长带来直接的空间增长，在空间重新赋予功能和用地性质的阶段，用地布局的优化组合还会带来衍生产业的发展，从而为村镇空间的形态带来改变。随着科技水平的提升，产业机械化、市场化水平都得到不同程度的发展，也推动了产业的丰富和集聚，进而出现产业集群。产业集群通过技术、服务或市场、品类的相互渗透影响，从纵向和横向上扩大产业发展空间，也推动村镇空间形态的变化。

5.3.2 都市圈乡村产业空间集聚形式

1. 都市圈乡村产业空间发展内在机理解读

本书提出的都市圈乡村产业空间发展的内在机理是一种体现产业与空间发展关系的

内在逻辑，与传统的以道路、建筑等物质要素标识的图底机理不同，图底机理在很大程度上反映的是某个区域的空间要素组合关系，无法反映产业融合发展下的业态特征以及空间单元特征（表5-5）。在该机理分析框架下，产业关联度较高的地区，其产业空间结构不再被笼统地定义为产业空间与环境空间的图底关系，而是依据多元业态融合模式，细分为包含产业体系特征，具有指导产业空间格局的产业空间发展的内在机理。

表5-5 都市圈乡村产业空间的内在机理与图底机理对比

机理类型	产业空间的图底机理	产业空间的内在机理
作用	围合、界定空间	指导产业与空间发展
作用范围	都市圈乡村全域	产业关联度较高的地区
空间属性	二维	多维
内容	空间与空间的关系	产业与空间的关系
反映	产业空间的结构与脉络	产业融合关系及其空间响应

2. 都市圈乡村产业空间集聚形式划分

随着乡村"内生"产业的原始积累和"外援"产业的渗透转换，都市圈乡村产业类型逐渐完善和丰富，在资源分布的"非均衡性"特征和不同的空间成本下，乡村产业要素在市场和政策的诱发与推动下"被动"集聚。受到乡村产业对土地资源的空间依附性特征影响，对乡村土地资源内在属性的利用行为决定了乡村产业空间类型特征。都市圈乡村产业发展的空间机理揭示了产业重组与空间重构的逻辑关系，本书从产业"把脉"涉农土地资源的利用与转换，按照"农业自属价值""农业旅游价值""农业生态价值"三种产业重组方式以及"技术型空间集聚""知识型空间融合""资源型空间衍生"三种空间重构类型，在传统农业空间和生态资源环境基础上，依据多元学科视角和产业内生理论，本书研究预设出"现代农业型""生态资源型""农旅融合型"三种产业空间的内在机理（图5-11）。一是对乡村土地资源生产属性的利用，是以传统农产品的价值提升为方向的农业经济范畴类型，强调对土地资源亩产价值的增值，属于集聚型空间特征，对应技术型产业空间。二是对乡村土地资源开发属性的利用，是以乡村资源体验和度假为消费目的的旅游产业范畴类型，强调对土地资源的保护和改造利用，属于共生型空间特征，对应知识型产业空间。三是对乡村土地资源属性的综合利用，融合了农业、加工、旅游和物流特征的多业融合类型，强调对土地资源的多元利用方式，属于衍生型空间特征，对应资源型产业空间。

（1）现代农业型产业空间。现代农业型产业空间强调新兴科技手段对传统农业空间的改造提升和对其他乡村空间的农业开发，进而集聚发展形成完善的产业链格局和规模效应。现代农业空间一般包括生产环节（种植、养殖、加工、流通）和产业配套环节两类空间要素。其空间实现了传统农产品价值和农户收入的提升，一般在特定资源地区（如富硒），或适合规模化、精细化、定制化农业生产方式的地区发展。

目前我国对现代农业的概念界定较为庞杂，可理解为通过种植方式、农业设备、信息技术、生物技术等途径对传统农业的改造提升，整理归类现有涉及现代农业的类型，具体可细分为设施农业（设施园艺、设施养殖），智慧农业（推进现代农业、精准农业的技术产品发展；加强对农业种植、养殖各环节的服务与应用），生物技术（基因工程、分子育种、微生物技术、生物育种、生物肥料技术和酶工程）和循环农业（立体农业、精细农业、循环农业）四个方向。同时，现代农业推进了周边对农产品深加工、仓储和物流等工贸行业的发展，由此形成了第一产业的内质提升以及一产、二产的融合发展格局（表5-6）。

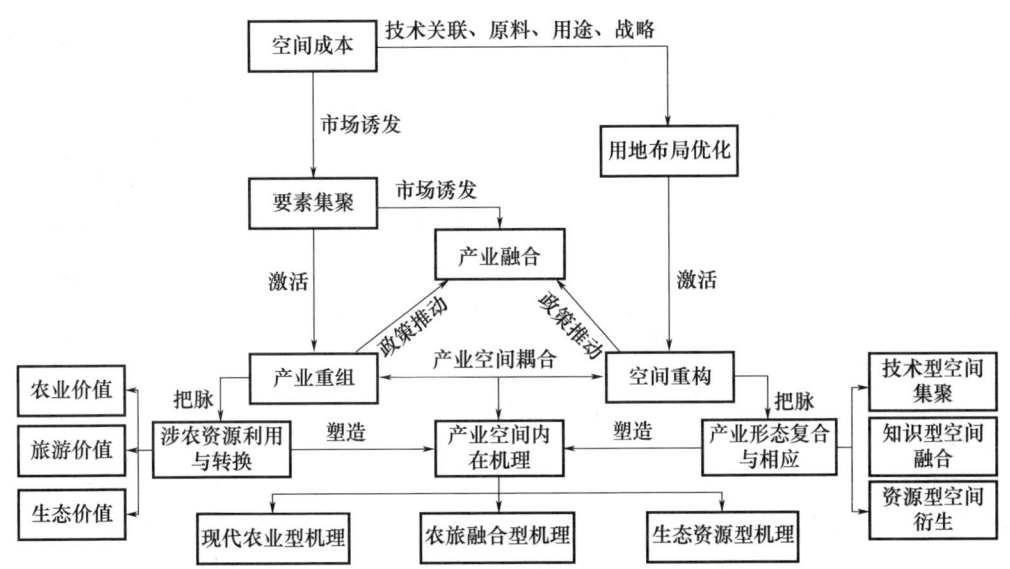

图 5-11 都市圈乡村产业空间要素集聚特征与功能空间分类图

表 5-6 "现代农业型"产业体系

体系模式	循环农业	规模农业	智慧农业	设施农业	特色农业
转变方向	生态化	规模化	信息化	机械化	特色化
一产	特色农业、规模农业、智慧农业、设施农业以及循环农业（主要包括谷物粮油、特色水果、原生茶叶、有机蔬菜、农家水产、花卉苗木、生猪家禽等内容）				
二产	农机具生产，农用房、田间作业道、沟渠等农用基础设施建设				
三产	种植、管理（销售、物流、仓储）技术服务，涉农产业服务；物流、仓储、农具租赁等社会服务				
融合特点	以"一产生产-销售服务"为主导，以科技农业为核心，衍生出的相关业态的融合				
典型载体	田园综合体、度假休闲农庄				

在产业价值诉求下，现代农业的空间集群发展特征显著，其空间机理受到农业"集聚"特征引导逐步发展。这摆脱了传统农业亩均产值均衡而无法形成产业集聚的困境。现代农业提高了亩均产值，为产业集群发展提供了可能性，同时，农业空间集聚化现象提高了对周边工贸产业空间和配套设施的需求。进而，受到农产品类型和种植规模、自然资源格局特征和农业产业组织类型的影响，构成了现代农业空间机理研究的核心

要素。

（2）生态资源型产业空间。生态资源型产业空间具备生态敏感性高、生态环境脆弱、产业特色显著但难以发挥规模效应等特征，并作为核心要素，挖掘生态资源在特色种植养殖、观光休闲和康养度假方面的多元产业价值（表5-7）。生态旅游型产业大多依托生态保护要求较高、自然资源消费价值较高或农业产出效率较低的地区发展，受到不同地区的旅游消费需求影响，呈现了不同层次的旅游产品。相比山区或丘陵地区，平原地区受到自然资源价值和土地制度制约，发展生态旅游相对受限。

表5-7 "生态资源型"产业体系

体系模式	近郊区山水资源型休闲旅游—医疗养老服务—医疗养老地产（热门IP主题＋资源）
转变方向	迎合时代健康主题的新康养休闲服务开发
一产	生态农业种植、绿色农业种植
二产	旅游设施用房、旅游地产（商务、会议、休闲）、康养地产（康养基地、医疗器材制造厂）
三产	医疗救治服务、康复体验服务、慢性病护理服务等健康主题项目；日间照料/夜间陪伴、养生晨练、养老保险等养老主题项目；美体美容、健康咨询、休闲度假等养生服务；田园度假、生态住宿、康养休闲、科学运动等旅游服务
融合特点	以大健康为卖点的旅游康养服务型产业融合
典型载体	康养小镇、温泉度假酒店、生态健康谷等

生态旅游型产业发展是发挥山、水、谷、村落等自然资源的体验消费属性，而形成了观光研学、医养康养、休闲度假等系列旅游产品体系，生态旅游型产业空间与自然资源要素之间形成了互为依托的共生型关系，这一点与现代农业空间的差异较大。而对于自然资源与旅游产品之间的转换逻辑，旅游管理学已有大量研究成果，生态旅游型产业空间发展符合旅游十二要素的基本要求。一是受到城乡旅游消费规模和偏好影响，在特定区域内，依据自然资源格局形成相互支撑的旅游产品体系；二是生态旅游联动乡村人居环境建设，增加旅游配套服务设施。

（3）农旅融合型产业空间。农旅融合型产业空间承载了人们对乡村休闲游憩功能（例如农庄、民宿、农家乐、田园综合体等）的综合需求，通过文化创意、金融资本和特色经营理念的植入，多元化经营主体对乡村资源及乡村空间格局进行改造提升，形成了功能齐全、配套完善和环境优美的融合型乡村空间。农旅融合发展是顺应了乡村消费需求，农业与乡村旅游相互融合衍生出的新型乡村产业项目，其项目类型受到两者之间的融合关系决定。农旅融合现象较多出现在都市圈区位较好的区域，交通便捷、配套相对完善、自然资源比较优势明显，通过优化对山水林田湖草等土地资源的原有利用方式，切实提高农户收益，有助于实现农户充分就业并吸引农村人口回流。农村融合发展机制的研究工作较为庞杂，涉及农业、乡村旅游和乡村建设等多元要素之间的耦合关系，但目前可归纳的农村融合现象体现在田园综合体、农家乐、民宿、定制农业和体验农业等方面，产业体系可以规划为"农业＋旅游"（表5-8）、"农业＋加工＋旅游"（表5-9）两种形式。

表 5-8 "农业＋旅游"的农旅融合型产业体系

体系模式	特色农业-观光型旅游	设施农业-体验型旅游	传统农业-休闲型旅游	智慧/循环农业-教育型旅游
转变方向	带有消费需求导向性的农旅融合			
一产	资源型特色农业生产	设施农业生产	传统农业生产	智慧/循环农业生产
二产	民宿、商服、农用、旅游用或教育科研用房建设			
三产	农业生产、销售、管理（物流、仓储）服务；旅游住宿、游乐、展览、科研、管理服务			
融合特点	以农业生产为基础，衍生出价值效应较高的观光、体验、休闲、教育等多种类型旅游业及其服务行业			

表 5-9 "农业＋加工＋旅游"的农旅融合型产业体系

体系模式	规模农业-加工-旅游
转变方向	单一产业单打独斗向一二三产联合打组合拳转变
一产	规模农业
二产	农业生产、加工用房，旅游设施、服务用房建设
三产	农业生产、加工、销售、管理（物流、仓储）服务，教育科研技术服务，旅游管理服务
融合特点	无突出卖点； 以农业（体验）-加工（销售/科研）-旅游的方式

受到农村土地制度影响，农户、合作社和企业等多元主体的投资决策行为对地区的农旅融合发展起到了关键影响，不同投资主体根据市场需求和自身优势会选择适合自身的项目，众多投资项目组合一般会出现循环型产业组织模式，在空间上则出现了自组织特征的空间格局。基于农旅融合型产业发展特征，认知其空间特征需要在相对完善的扩大空间视角进行观察，具体需要综合考虑该区域投资主体结构、自然资源格局特征，乡村消费实力和历史文化特征等多元要素。

5.3.3 都市圈乡村产业空间组合特征

用地空间特征反映了建设（产业）空间布局的规律，也映射了生产资源要素在地理空间上的格局机理，我国不仅坐拥平原地区，也具备山地丘陵风貌，各省市所辖乡镇的用地空间特征均有所不同且较为复杂，主要呈现以下特征。

1. 建设用地布局特征

特征一：沿山区河谷、自然沟域呈带状延伸发展。该特征在山地型乡镇中最突出，受山地特殊的带状山脉或者河谷影响，建设用地紧张，一般镇区、村庄沿河谷、自然沟域聚集呈带状沿线分布。

特征二：沿交通流线"网络状"延伸。该特征常出现在平原型乡镇，大部分村镇居民点都依托国道、省道及主要的乡镇道路发展，乡镇的集中建设用地一般位于国道或者省道的交叉区域，欠发达乡镇地理空间格局呈现出明显的道路沿线"网络状"分布特征。

特征三："大集中、小分散"零星分布在丘陵地带。欠发达丘陵型山区乡镇劳作半径较小，人口分散，地形地貌特征限制了村镇的规模。与平原地区相比，欠发达山区乡镇村庄密度较小，村庄建设用地规模不大，空间分布棋布星陈，缺乏规律。欠发达山区乡镇村庄分布零散，多是按照农耕区域就近布局。

2. 山水林田湖草布局特征

山、水、林、田、湖、草具有优越的自然资源以及良好的生态特性，欠发达乡镇地势起伏，海拔高差大，生态环境优越，森林资源、农田景观资源也较为丰富，形成了山水融合的生态轴线。

特征一：群山围"谷"、环翠绕"城"。该特征主要集中体现在山区乡镇。长期以来，大拆大建、山地平原化的激进建设方式使得山地型乡镇大多呈现"平地建城"，四面环山的镇区"大盆景型"、乡村"河谷沟壑型"空间格局特征，而当下，在生态优先、绿色发展理念下，其群山围"谷"、环翠绕"城"的背景无疑在为乡镇提供最大的生态屏障的同时，也限制了乡镇的扩张，而在"无规不可建"的规划治理体系、"生态红线"刚性管制体系下，乡镇的居住、产业用地越发紧缺。

特征二：绿芯、绿环、楔形放射型格局。该特征主要集中体现在平原型或丘陵型乡镇，"傍水建城、择水而居"是最初城市择址的首要原则，一方面满足城镇生活生产用水需求，另一方面充分利用水体，营建景观环境。而在该择址原则之下，山地与平原型城镇最常见的生态格局即以城镇环"湖"建设、绿地环城建设以及绿地楔形插入城镇的方式布局，最终形成山镇相依、水镇交融的城镇形象。

5.3.4 都市圈乡村产业空间组织模式

农村土地制度背景下，农户"宅-地"权益、乡村产业参与主体的多元化和市场化程度较高，以农产品和乡村旅游产品供给为主导的乡村产业发展将形成适应农村土地制度的乡村产业运行经验，与城市产业及其空间发展形成互为补充的格局。为更好地发挥集体土地制度效益，村组与农户"并肩作战"，统领"宅-地"资源，依托"村组、村庄"组合而成的产业项目"自下而上"地形成"产业空间单元（具备完整项目要素的空间范畴）"，进而构建"农户/村组—产业空间单元—镇域产业空间结构"的空间格局认知逻辑。

1. "农户-村组"的组织模式

根据文献资料，2017年小农户土地耕种规模在0.5公顷左右，从土地规模视角，提升农户土地经营面积是实现规模化经营的前提。一方面，村委能从农民利益出发，有效组织农户建立统一耕种、销售和生产的村组合作模式，为土地规模化奠定产业组织基础；另一方面，村委是我国基层组织的一种，是政府观察农村农民问题的"前哨"，村委带领农户形成的"农户-村组"组织模式在市场运营时容易得到政府的关注与扶持。同时，"农户-村组"的组织模式统一了农户与乡村基层组织之间的"战线"，其土地规模化经营有助于促进农村土地集约利用，在一定程度上克服了土地流转困境。该组织模式下农民依旧是产业主体，符合"三农"工作和乡村振兴的战略初衷和方向。这种土地经营模式将传统的"农户-公司"谈判转为了"村委-公司"谈判，从转变谈判主体角度降低了农民的生产成本，增强了公共服务设施的建设。

2. "产业空间单元"的组织模式

在综合考虑农业规模（12公顷）和出行距离（3公里）基础上，可以假定"产业空间单元"为4~8平方千米（结合河流、道路划定边界），规模相当于两个乡镇（平原地区）。该产业空间组织模式依托乡村或社区聚居点进行生产、生活配套，以规模农业（1~2种主导产品）为基础产业，根据区位和资源禀赋确定产业链延伸方向，发展集农产品加工、乡村旅游、康养农庄于一体的产业融合综合体。同时，为保障产业空间单元内农民和员工的居住需求以及兼顾游客住宿，一般还包括可容纳0.3万~0.8万人的居住空间单元（表5-10）。

表5-10 产业空间单元配套设施一览表

类型	配套要求	配套内容
基本配套	生产配套	庄稼医院、农产品质量快速监测点、农资放心店、农民培训等
	生活配套	托幼、医疗站、文体中心、商业网点、市政设施、公交站、停车场等
扩展配套	旅游配套	公共停车场、零售服务网点、应急救助、自行车租赁点、星级农家乐等
	商贸配套	农产品收集点、农产品展示、农产品销售

3. 基于"镇域单元"的乡村产业空间组织模式

受到都市圈城乡供需关系和乡村土地资源特征的影响，本书在"分区-分类"的空间规划方法下结合典型案例整理，设计和提炼出具备主导产业和完整产业要素特征的"产业空间单元"，依次涵盖了传统农业、现代农业、休闲观光、康养度假、配套服务业等空间类型。乡村空间单元作为产业的物质载体，两者息息相关，"产业-空间"一体化发展既是产业发展诉求下生产空间、生活空间、生态空间结构的调整，也是产业经济对地理空间单元的激活，体现了"产业-空间"之间"适应"与"共生"的交织关系。多个产业空间单元在行政区域内的互动构成了"镇域产业空间结构"，按照某个乡镇在区域乡村产业空间格局中扮演的角色，可分为农业主导型、旅游主导型和生态主导型三类镇域产业空间关系（图5-12），其乡镇产业空间组织应对策略同时存在较大差异性。

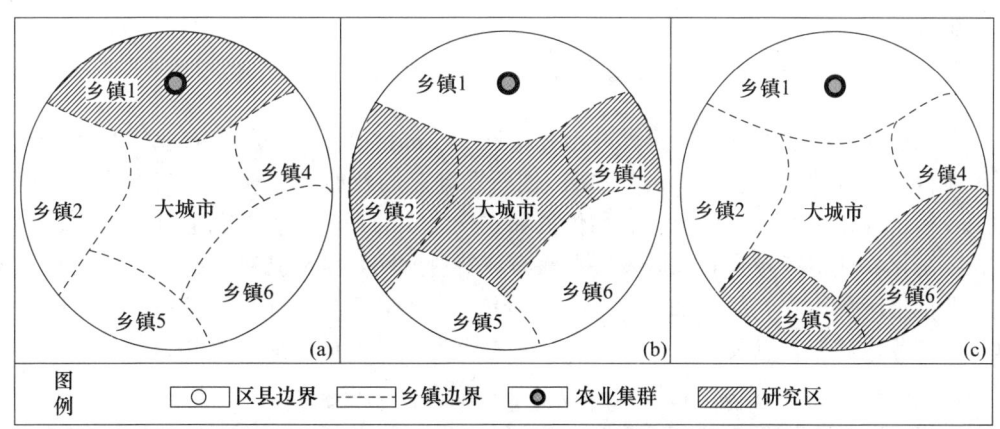

图5-12 镇域产业空间关系
(a) 农业主导型；(b) 旅游主导型；(c) 生态主导型

（1）农业主导型产业空间单元。农业主导型的镇域产业空间单元以现代农业为主导产业，利用信息技术和生物技术对传统农业提档升级，发展循环农业、立体农业、智慧农业、设施农业以及精细农业等现代农业的产业体系，扭转乡村传统农业附加值不高困境，从而推进乡村"自我造血"的发展。此种类型乡镇依托资源禀赋，利用物种多样化微生物科技的核心技术在农林牧副渔多模块间形成整体生态链的良性循环，优化产业结构并提高产出效果，打造新型的多层次现代农业生态系统，其空间布局围绕科技农业中心展开，呈现农业现代化水平圈层递减特征。同时，内部乡村在空间布局规划时应重视与中心镇区的交通联系，通过完善镇区公服配套整合区域产业链，建设集约高效的农业产业集群。

（2）旅游主导型产业空间单元。旅游主导型的镇域产业空间单元通过旅游业的发展，重构和盘活市场供需关系，从而推动产业链的延伸与拓展。该类型镇域内的乡村由于凭借人文生态资源以及过境旅游优势发展农旅融合型业态，旅游市场是影响其产业发展的关键因素，需从"区域整合"的角度考虑村庄产业布局。在乡镇交通规划与配套设施布局规划时，综合考虑串联乡村旅游景点、自然生态景观，使得景区连片，打造一镇一品的农旅观光旅游带。同时，符合旅游主题的村庄风貌对于产业链整合与品牌打造具有积极作用，加强村庄风貌整治是提升农旅产业"门面"的基础工程。

（3）生态主导型产业空间单元。生态主导型的镇域产业空间单元属于"依山傍水"式开发，在"两山理论"指导下挖掘自身资源禀赋，将生态与自身产业发展前景绑定。其产业发展关键在于相关"IP"的打造，结合市场定位细分产品类型，利用创新思维整合乡村产业链，形成绿色生态、良性竞争的产业形态。生态主导型镇域的产业发展应提出碳达峰与碳中和理念，通过产业发展的"双碳"优势建立相关产业品牌，响应政府号召的同时为区域产业提供可行的低碳发展模式。生态主导型乡镇在重视生态"IP"打造的同时，也需要注重道路交通的通达性，避免因"与世隔绝"导致的"资源埋没"问题。

5.4 "现代农业型"乡村产业空间集聚发展

5.4.1 "现代农业型"产业重组特征

在城市化高新技术发展的强劲冲击和渗透下，都市圈乡村的传统农业体系逐渐退出历史舞台，形成"传统农业＋现代科技/创新思维"的新型产业体系。该体系通过集聚利用乡村土地资源实现了传统农产品价值和农户收入的提升，一般在适合规模化、精细化、定制化农业生产方式的地区发展，具有"特色鲜明，乡村独有"的特征。同时，现代农业推进了周边农产品深加工、仓储（冷链）、物流等工贸行业的发展，由此形成了以第一产业内质提升以及一产、二产、三产融合发展的产业格局（表5-11）。

表5-11 "现代农业型"机理的产业重组特征

体系模式	特色农业	规模农业	智慧农业	设施农业	循环农业
转变方向	特色化	规模化	信息化	机械化	生态化
一产	循环农业、规模农业、智慧农业、设施农业以及特色农业（重点包括种业粮油、蔬菜、生猪、水产、花卉苗木、家禽、水果、茶叶、莲藕等内容）				

续表

体系模式	特色农业	规模农业	智慧农业	设施农业	循环农业
二产	相关制造业：农用机具制造				
	配套建设业：农用房、田间作业道、沟渠、设施大棚等农用基础设施建设等				
三产	涉农产前、产中、产后服务［育种、耕作、播种、收割服务；农产品精（深）加工服务；经营、销售、物流、仓储管理运营技术服务、农用机具租赁等生产性社会服务］				
重组特点	以科技农业为核心；特色鲜明，乡村独有				
典型载体	科技农业园、农业示范园				

5.4.2 "现代农业型"空间重构特征

在产业价值诉求下，现代农业的空间集群发展特征显著，其空间"机理"受到农业"集聚"特征引导逐步发展，摆脱了传统农业亩均产值均衡而无法形成产业集聚的困境，为产业集群发展提供了可能。地方通过土地流转和农田设施建设，在实现农业生产的产业化、规模化和现代化的过程中，以土地资源丰富、农业产业基础较好的区域为核心形成了规整统一、空间集约的"现代农业型"产业单元。该产业单元规模化经营程度受耕作半径影响，以科技农业生产中心为核心，与周围等级较低的"方正规整化"农业集群呈三角形集聚（理想条件），构成了抽象的都市圈乡村"现代农业型"产业空间机理。其中，农业产业空间单元一般涵盖2~3个村组（共8~16平方千米），从事农林牧渔等活动。同时，农业空间集聚化现象也加大了对周边工贸产业空间和配套设施的需求，使得产业空间单元逐渐扩大。受到农产品类型和种植规模、自然资源格局特征和农业产业组织类型的影响，"现代农业型"机理适用于对农业发展约束不大的平原型地理空间单元。同时，由于发展新型农业产业体系受到资金、技术条件限制，故有一定农业基础且临近大城市的平原型都市圈乡村最适合构建此类型（图5-13）。

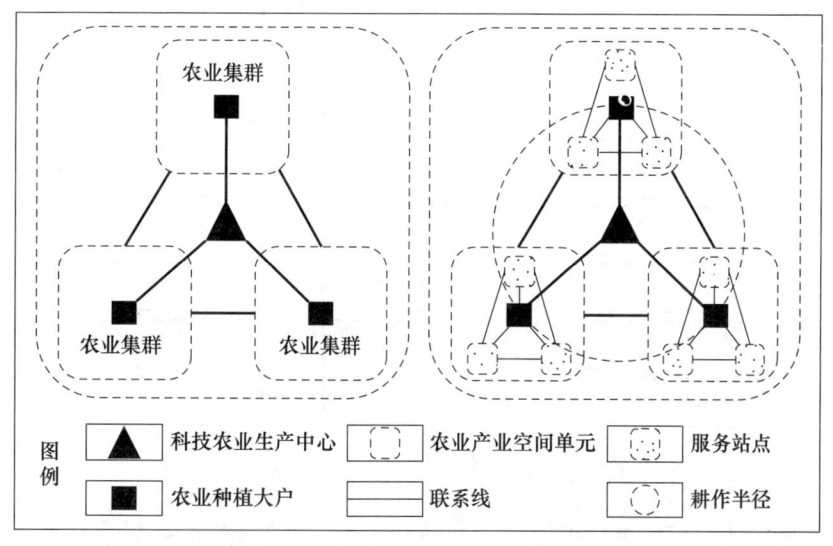

图5-13 "现代农业型"机理的空间重构特征

5.4.3 案例研究——以武汉市新洲区问津耕读园为例

1. 现状分析与资源梳理

问津耕读园位于新洲区主城区邾城以东,距离武汉中心城区70多千米,东至程姚湾,北至黑陈湾,西至106国道,南至新徐公路,交通条件便利快捷,规划面积约976.2亩。境内地势平坦开阔,水系良好,土地肥沃,适合农业产业化规模发展。

首先,规划区内自然旅游资源丰富,田园风光优美,一年四季景观各异,春赏百花、夏观荷塘、秋喜收获、冬览苍翠,具有极高的观赏游憩价值,特色农业产品丰富,地域特色明显,是人们体验农耕文化的理想场所。其次,问津耕读园旅游区位于新洲区主城区周边,可以共享多地客源市场,新洲旅游市场定位应以武汉和周边客源市场为主、延伸客源市场和机会客源市场为辅。未来随着武汉轨道交通21号线(轻轨)、江北快速路、新施公路提升工程以及阳逻港的提档升级工程等交通网的建成,可分享黄陂区、武汉市、黄冈市、罗田县、麻城市等知名景区的旅游客流,形成辐射华中乃至全国客源市场的格局。

2. 方案设计与模式选择

(1)产业体系选择。通过对项目地产业结构和客源市场的分析,规划以"耕读文化"为主题,将特色农产品加工、农业种植、乡村休闲旅游等进行有机融合,形成三产联动发展,树立耕读文化特色主题和问津品牌,将项目建设成为耕读文化特色研学基地(图5-14)。借问津品牌之势,以特色农业为基础,以耕读文化为核心,融合情缘文化、民俗文化、乡村文化等多元文化,以山水田园、廊桥岛屿等多种精心设计的园林景观环境为载体,将文化与景观有机结合,构筑问津耕读园旅游区的核心价值。

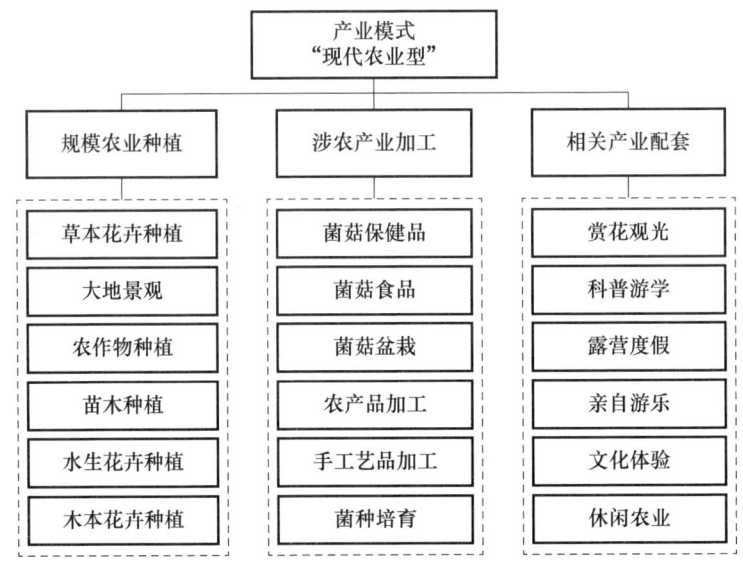

图5-14 问津耕读园"现代农业型"产业发展模式

(2)空间模式组织。规划形成"一心一环五区"的产业空间格局。其中亲子采摘区和市民菜园区面积共411.4亩,整体呈"一心三区"的现代农业型产业空间格局,其中"三区"为桃李园、荷花池塘、种植大棚;"一心"为节庆广场(图5-15)。在此基础上以耕读文化中的农耕文化为特色，融入可以亲身参与的传统农耕种植和采摘项目，将"自家田、自己种、放心吃"的发展理念贯穿整个项目之中，打造新洲区市民的放心菜园和开心农场（图 5-16）。

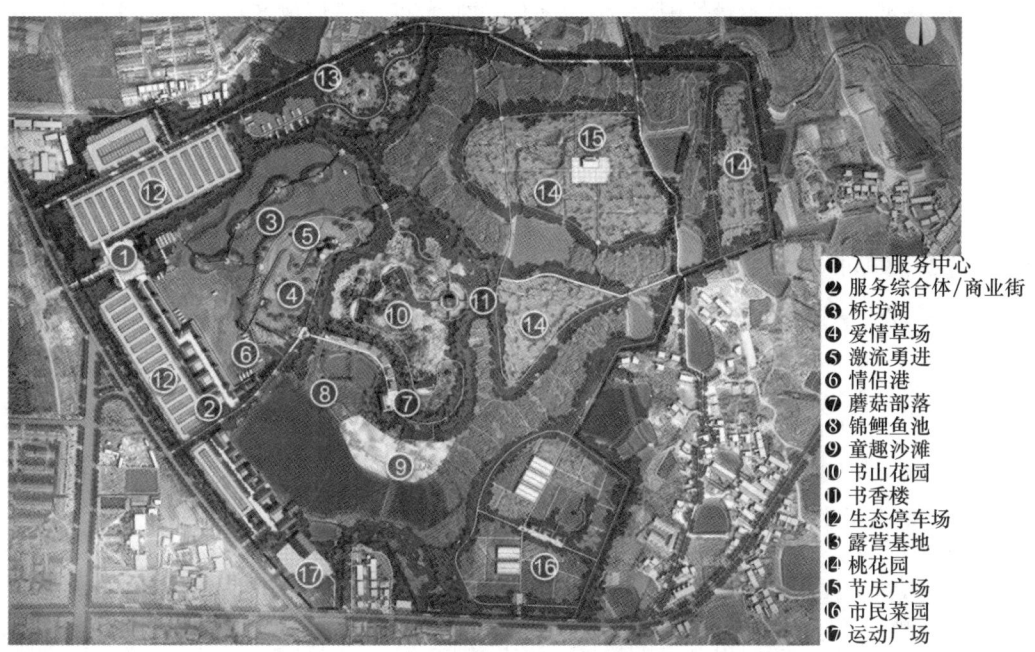

图 5-15　问津耕读园规划平面图

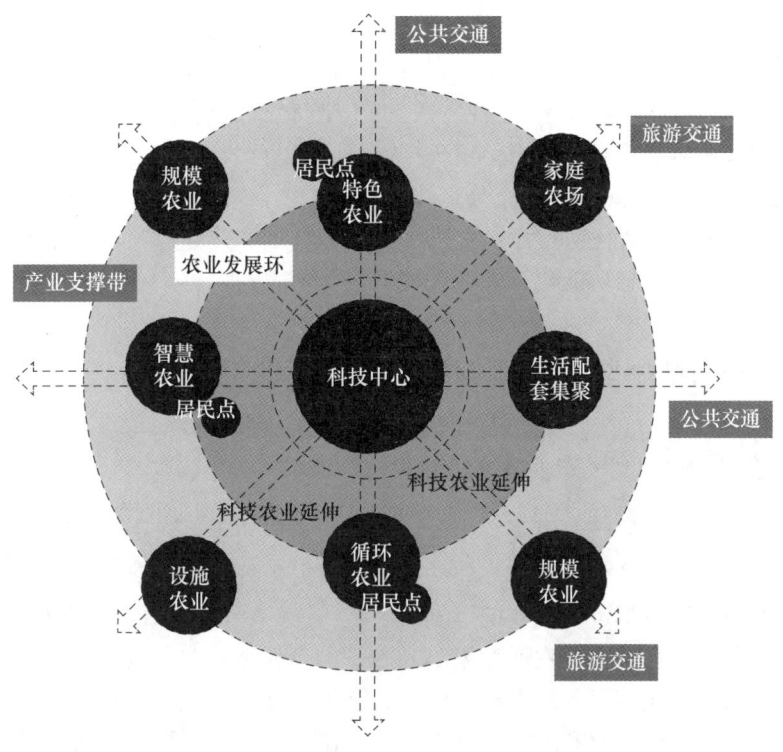

图 5-16　问津耕读园"现代农业型"机理

(3) 空间机理示意。问津耕读园以农业科技为核心，围绕集特色、智慧、循环、设施农业等为一体的"农业＋科技"产业区，以居民点和配套设施为依托，进行农业价值拓展建设，形成农业发展带；产业支撑区在最外围包裹，从功能上包含农业生产、生活配套、科技展示，以完成对外围大片农业用地的功能赋予，形成产村一体、共建共享的空间机理。

3. 经验传导与借鉴

(1) 重视农业发展，优化农业展示。在乡村振兴发展的同时，不应脱离农业走非农产业道路被城市"化"掉，重视农业的发展和农民的生活，产业融合才能契合国家乡村振兴的大方向，并保持旺盛的生命力。本书借鉴新洲区问津耕读园发展经验，在推进乡村产业融合发展的过程中，把农业和农民作为产业融合的出发点和落脚点，搭建相关平台、提供相关服务、优化融资环境，以改善农村多元产业主体的运营模式，为乡村发展保驾护航。同时，现代农业的展示性是区别于传统农业主要的外在优势，各村级政府围绕农业生产需求目的精选常年展示项目，有助于形成示范农业项目，进而打造农业品牌。

(2) 联合组织建设，改善运营模式。科学合理的规划只有在正确的运营模式下才能高效运用市场力量"盘活"本地资源，协调人、地、钱的关系，保证其落地性。本书借鉴新洲区问津耕读园发展经验，提出推动乡村治理由"单打独斗"到"多元共治"的转变，为乡村振兴凝聚内生动力。同时，根据城乡功能错位互补发展产业融合，通过多个项目的对接和融合，纵向拓展单个项目、单个行业、单个乡村的产业链，发展细分型和互补型产业，改善运营模式，形成多业共发展、共繁荣的格局。

(3) 拓展高端项目，增添产业配套。仅仅依靠单一农业在实现乡村经济稳步增长和产业现代化的道路上是不够的，调整产业结构以及将其特色资源产业化发展，打好手里握有的生态、文化、农业资源这"三张牌"以促进多业融合发展是乡村必选的出路与模式。本书借鉴新洲区问津耕读园发展经验，提出坚持农机与农艺融合理念，应用先进实用的农机，配套相应栽培技术措施，拓展高端项目以开发乡土化的农业衍生品，进行"产品—礼品"的升级。同时，为充分高效联动周边项目，需结合"时机、市场、产业、资源、旅游过境地"五大优势增添产业配套，积极开展和建立以项目合作为基础的产业融合体系，打造内在旅游功能化、外在环境景观化的美丽乡村。

5.5 "农旅融合型" 乡村产业空间集聚发展

5.5.1 "农旅融合型"产业重组特征

长期以来，由于农村产业链利益指向性不强，难以实现乡村资源要素与产品利润的合理流动，在都市圈一体化发展的强烈冲击下，乡村依托传统农业衍生出价值效应较高的外生型产业以更适应都市圈城乡统筹发展。在一二三产的附加值比较效益逐渐递增的基础上，农业发展无出路或者农业发展陷入瓶颈的乡村被迫向消费需求导向的旅游业发展，形成了"农业＋旅游"的新型产业体系。该模式是顺应城乡消费需求，充分挖掘地方自然与文化资源，由农业和旅游相互融合派生出的新型业态模式。目前可归纳为田园综合体、农家乐、民宿、定制农业和体验农业等，包括农业观光博览、采摘体验、垂钓等农家活动，以及为文化旅游资源配套住宿、购物、娱乐等旅游设施项目，具有"农忙种田，农闲旅游"的产业发展特征（表 5-12）。

表 5-12 "农旅融合型"机理的产业重组特征

体系模式	特色农业与观光型旅游	设施农业与体验型旅游	传统农业与休闲型旅游	智慧/循环农业与教育型旅游
转变方向	带有消费需求导向性的农旅融合			
一产	资源型特色农业生产	设施农业生产	传统农业生产	智慧/循环农业生产
二产	旅游配套用房及相关地产建设			
三产	依托文化田园、度假田园等主题发展农业生产、研学、展销、创意，以及体验等农业相关社会服务业			
	依托亲子休闲、运动休闲、田园休闲等主题发展特色餐饮、住宿、购物、景区游览、旅游服务业			
重组特点	农忙种田，农闲旅游			
典型载体	农业休闲综合体、休闲农庄			

5.5.2 "农旅融合型"空间重构特征

农旅融合现象较多出现在都市圈内部区位较好、交通便捷、配套相对完善以及自然资源比较优势明显的区域，道路和城乡居民点通常呈现"以线串珠"布局模式，轴线走势较为平滑。一般通过多元化利用山水林田湖草等土地资源，在农村发展高附加值产业以吸引农村人口回流。但受到农村土地制度影响，农户、合作社和企业等多元主体的投资决策行为对农旅融合发展起到了关键性影响，不同投资主体根据市场需求和自身优势会选择适合自身的项目，众多投资项目组合一般会出现循环型产业组织模式现象，在空间上则形成了自组织特征的空间格局。该空间格局在乡村生产、生活空间分区下形成附带采摘、观光、科普等旅游服务的核心卖点，并由休闲农业服务中心串联形成 6~12 个自然村（16~30 平方千米）的跨区域产业模式。同时，围绕农业和旅游业进行产品设计的"农旅融合"产业体系在乡村产业链物质要素投入转换的过程中，修补了传统农业产业链周期性断裂的环节，形成了"农为旅种""旅因农附"的产业空间高效利用模式（图 5-17）。

5.5.3 案例研究——以黄冈市英山九龙湾乡村振兴示范区为例

1. 现状分析与资源梳理

九龙湾片区位于黄冈市英山县城西南部，地处英山县域经济中心腹地，处于承东启西、连接"武汉城市圈"和"皖江经济带"的快捷通道，国道 318 与省道、县道枢纽交汇于此。九龙湾片区与黄冈市区和武汉市联系紧密，紧邻武汉至合肥高速公路英山段进出口，距武汉高铁站 154.9 千米、武汉新港 130 千米，人流、物流的快速集散十分便利。

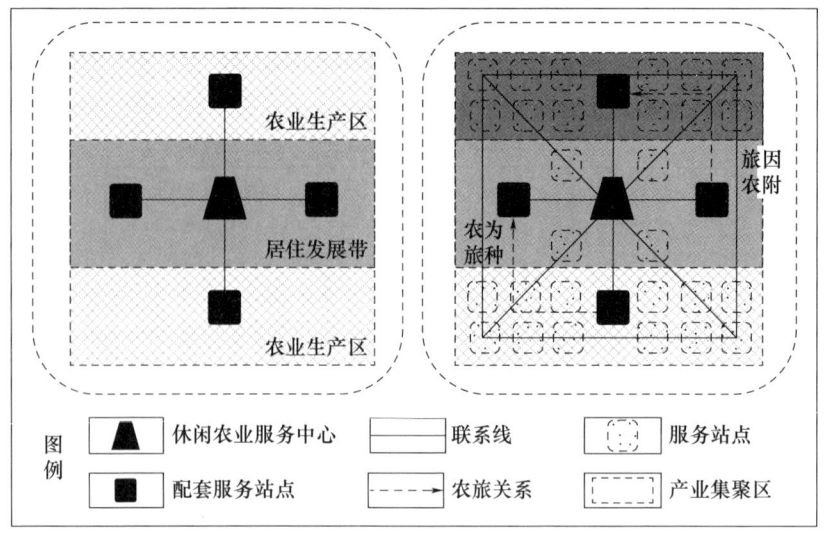

图 5-17 "农旅融合型"机理的空间重构特征

九龙湾片区以绿色生态游为基底,在农耕文化映衬下,茶歌与茶戏是英山茶艺术的"双璧"。片区自然资源可以分为山、水、草三类。①山:地形以中低山为主,森林覆盖率高,可发展素质拓展、户外狩猎、极限运动、丛林探险、树屋酒店、运动度假村式度假别墅等旅游产业;②水:白莲河穿境而过,生态环境好,可发展水疗中心、水上乐园、温泉度假酒店;③草:气候温暖湿润且四季分明,土壤、气候等自然条件适宜花卉、茶叶、中药材等农作物生长,可发展中草药温泉养生园、百草园、高级SPA会所、植物园等。同时,英山县九龙湾区域周边 50～100 千米范围内有着大量旅游资源,其中 50 千米内有着大别山国家森林公园天堂寨风景区、湖北大别山主峰风景区、薄刀峰、湖北省英山县桃花冲风景区和天峡旅游景区等五大著名景区(表 5-13)。

表 5-13 九龙湾 50 千米内主要景区情况统计表

名称	距离(km)	类型	等级
大别山国家森林公园天堂寨风景区	23.7	景区	国家 AAAA 级
湖北大别山主峰风景区	28.1	景区	国家 AAAA 级
薄刀峰	22.8	景区	国家 AAA 级
湖北省英山县桃花冲风景区	37.9	景区	国家 AAAA 级
天峡旅游景区	43.0	景区	国家 AAAA 级

资料来源:《英山县九龙湾乡村振兴先行区规划(2021—2035)》

2. 方案设计与模式选择

(1)产业体系选择。通过对项目地产业结构和客源市场的分析,依托四季花海旅游基础,突出"山、水、林、田、花、茶、药、养"等特色,整体形成九龙湾农业综合体、生态综合体、旅游综合体。具体而言,依托四季花海鲜花主题文化集聚人气,用红色文化和康养文化"搭桥"激活乡村闲置资源,衍生文旅产业,同时"以农促旅、以旅带农",提高产业质量,打造乡村农旅品牌。最终形成以农业为基础,旅游为引擎,服务业为支撑的产业空间耦合发展新产业结构,引领乡村新型消费(图 5-18)。

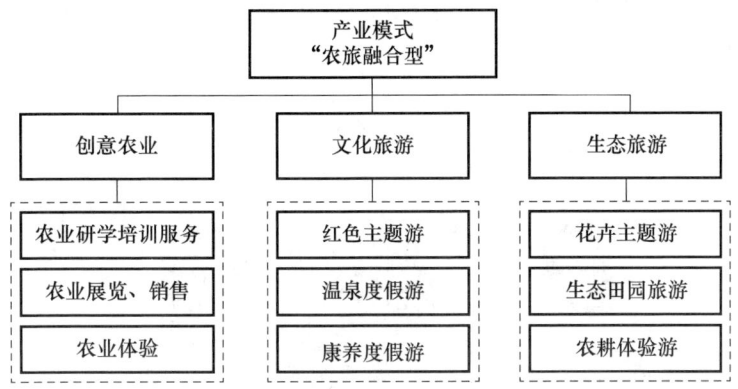

图 5-18 九龙湾"农旅融合型"产业发展模式

(2)空间模式组织。九龙湾乡村振兴示范区以四季花海为核心,农业为基础,水系山脉为根,花海路、318 国道、201 省道为脉,各乡村旅游节点为点,按照一村一园、一村一品、九龙一体的发展思路,构建"一心引领、三区协同、九园支撑、全域联动"新格局,带动英山县全域乡村振兴。"一心"即四季花海休闲康养产业中心,"三区"为文旅融合区、农业融合区以及创意农业区(图 5-19)。

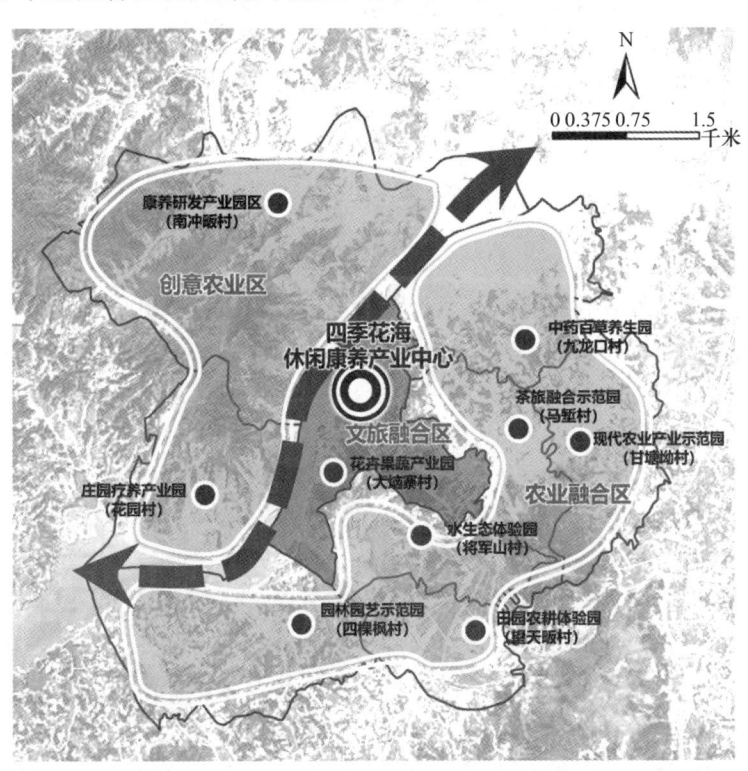

图 5-19 九龙湾乡村振兴示范区规划结构图

(3)空间机理示意。九龙湾乡村振兴示范区以四季花海旅游区为核心,围绕农业农田,从观光农业、休闲农业角度打造核心景观区;以 9 个自然村为依托,进行乡村振兴建设,形成旅游发展带;产业支撑区在最外围包裹,从功能上包含农业生产、家庭农场、特色民宿和特色景区,以完成对外围大片农林用地的功能赋予,形成产村一体、共建共享的空间机理(图5-20)。

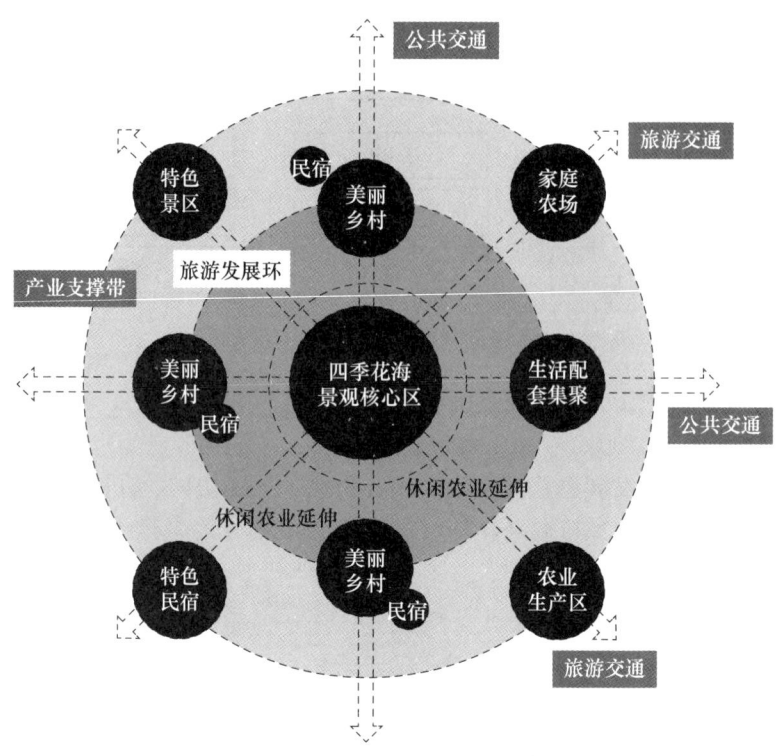

图5-20 九龙湾"农旅融合型"机理

3. 经验传导与借鉴

(1)加强党建引领,农旅共治共享。传统乡村旅游注重从单个项目角度出发,局限于借助旅游规划寻找破题抓手,往往难以化解农村产业的农业根植性特征和农业对土地空间的强依赖性。本书借助九龙湾乡村振兴经验,建立"党建+乡村振兴"的体制机制和制度体系,避免损害农业和农民这个弱势产业和弱势群体的利益,推动形成农旅互促、城乡互补、协调发展、共同繁荣的新格局。同时,在重大项目成立联合党委,以党建为纽带,完善农业经营体系、乡村治理体系,带动合作社、中小加工企业等市场主体发展,组建农旅企业集团,形成龙头企业梯队,打造乡村产业发展"新雁阵"。

(2)催生融合业态,引领新型消费。在当前多元市场经济下单一农业经济资本下的内生型生产要素亲和力逐渐变弱,乡村内部资源亟待开发与整合。为激活和整合农村资源价值,本书借助九龙湾乡村振兴经验,提出从创意农业、文化旅游、生态旅游等三大方向催生乡村产业的融合业态,在融入旅游元素的同时保留农村"乡味",形成集农业综合体、生态综合体、旅游综合体于一体的产业发展新模式。同时,以原有村落为服务基地,围绕基础旅游要素,进行业态创新,构建集旅游住宿、餐饮、娱乐、购物、旅游咨询与信息服务、旅游安全保障于一体的综合旅游服务体系,引领新型消费。

(3)协调主体利益,挖掘田园卖点。农旅融合不是简单的产业相加和相乘,其涉及的多元主体利益关系需要统一协调和安排。为保障资源挖掘、转换和利用的效率，为农旅融合清除空间壁垒，本书借助九龙湾乡村振兴经验，提出通过搭建相关平台、提供相关服务、优化融资环境来改善农村多元产业主体的运营模式，改变传统"单打独斗"的产业运营模式，助力政府、企业、农户之间分工合作，形成"政府兜底、企业买单、农户受益"的农旅融合机制。同时，在该融合机制下通过激活农村"两块地"（宅基地、承包地）和"三重价值"（农业价值、生态价值、旅游价值），以农产品的市场需求为直接导向，挖掘、利用并提升农业资源潜力以互补休闲需求，重组乡村旅游产业结构，在多元利益融合基础上挖掘田园卖点。

5.6 "生态资源型"乡村产业空间集聚发展

5.6.1 "生态资源型"产业重组特征

生态资源型产业大多依托生态保护要求较高、自然资源消费价值较高或农业产出效率较低的地区发展，受到地区旅游消费需求的差异性影响，呈现出不同层次的旅游产品，多以"养老、大健康"等 IP 为出发点，迎合养老、健身、生态等主题，发展"农业＋健康/生态"的新型产业体系。该产业体系注重挖掘乡村的"山、水、谷、村落"等自然资源的消费价值和生态景观价值，通过维护生态斑块和本底保持农村发展的地域性特色，并在有资源条件的单元充分挖掘地方历史文化特色，促进文化与旅游事业协调发展，依据资源格局形成观光研学、医养康养、休闲度假等相互支撑的旅游产品体系，具有"相对优势，引领市场"的特征（表 5-14）。

表 5-14 "生态资源型"机理的产业重组特征

体系模式	养老产业＋绿色产品产业＋度假休闲（体育运动、健康养生）
转变方向	迎合时代 IP 主题的休闲康养服务开发
一产	康养农业：农事体验、休闲农业、乡村观光
二产	康养制造业：医药保健品生产，医疗器械、仪器设备制造； 康养旅游建造业：旅游设施用房、旅游地产（商务、会议、休闲）、康养地产
三产	健康服务：医疗卫生服务、康复理疗、护理服务、高山运动、户外拓展、养生锻炼等； 养老服务：日间照料服务、养老保险及金融服务； 养生服务：美体美容、养生度假、健康咨询等； 旅游服务：住宿、度假、休闲、运动等
重组特点	以"IP"打造为核心；相对优势，引领市场
典型载体	康养小镇、温泉度假酒店、生态健康谷等

5.6.2 "生态资源型"空间重构特征

相比于山区或丘陵地区，平原地区受到基本农田制度和规模化农村生产方式的制约，发展生态旅游相对受限。在 IP 文化圈引领下，乡村"绿水青山"和"田园风光"

相互依托，围绕"健康、长寿、康养"等元素重塑乡村山水和协调资源，形成"农民收益，根植乡村"的空间组织模式（图 5-21）。该模式一般包含 3～5 个自然村（6 平方千米），表现为满足人情感需求的以乡村聚落为依托的自然空间改造与共生。同时，生态旅游联动乡村人居环境建设，完善了旅游配套服务设施供给，生态旅游型产业空间与自然资源要素之间形成了互为依托的共生型关系，这一点与现代农业空间的差异较大。

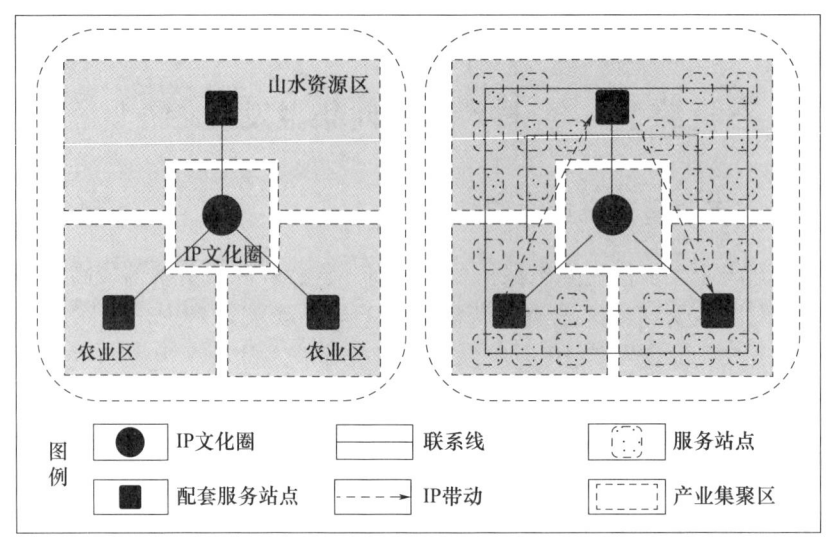

图 5-21 "生态资源型"机埋的空间重构特征

5.6.3 案例研究——以武汉市黄陂区富水湾为例

1. 现状分析与资源梳理

武汉木兰富水湾旅游区位于武汉市黄陂区蔡家榨街凤凰村及周仁湾村，规划区域涉及当地村民 419 户，1434 人。其中，凤凰寨村 409 户，1395 人；周仁湾村 10 户，39 人。总占地面积 4008.58 亩。规划区域东临蔡家榨街集镇，北靠红岗山和木兰湖，距武麻高速公路蔡家榨出入口 5.5 千米，西距 5A 级旅游景区木兰草原 6 千米。即将开工建设的王蔡（王家河至蔡家榨）旅游公路直达景区入口门庭。

规划区周围无工业区，土地多以农耕为主，区内自然环境优美，动植物生长良好，生态系统良好，森林植被覆盖率达到 90%，山林、岗地、水田、湖汊、河道构成丰富多彩的全息式生态系统。同时，如其名字一般，富水湾的水资源丰富，"财富小河"贯穿景区全境，犹如一条项链将村庄、森林、田园、湿地等乡村美景都串联在一起，有"富水、富花、富树"的财富寓意。

武汉富水湾旅游区位于黄陂木兰文化生态旅游区东部，即将修建的王蔡公路是未来武汉市区方向来的游客通往木兰草原、三台山、花海乐园、大余湾、木兰武镇（规划建设中）等景区的旅游主通道。因此，富水湾旅游区有着优越的旅游过境地优势。

2. 方案设计与模式选择

（1）产业体系选择。通过对项目地产业结构和客源市场的分析，规划以"财富文化"为主题,营造滨水湿地环境,大力发展旅游业。同时,充分利用发展旅游带来的人气和品牌效应,以旅游为引擎,带动以有机农产品为主打的现代生态农业和以祈福求财系列产品为主打的文化创意产业的发展,形成"以旅游为引擎,农业为基础,文创产业为卖点,接待服务业为支撑"的多元化产品结构,走特色生态资源发展之路(图5-22)。

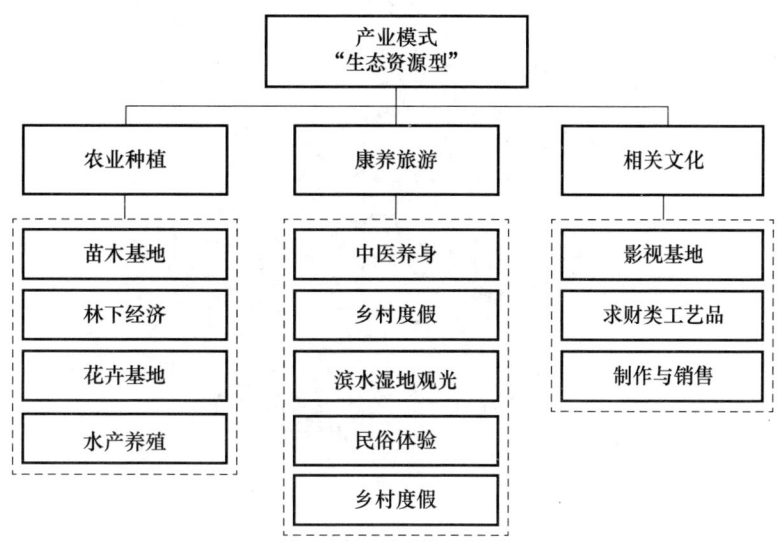

图5-22 富水湾"生态资源型"产业发展模式

(2)空间模式组织。武汉富水湾旅游区的规划结构为"一心一轴一带三片"。其中,乡野文化特色休闲度假体验区位于整个项目的南部,占地总面积约为1473.99亩,是富水湾旅游区的乡野民俗体验和养生度假区域。该区域以美丽乡村示范村的建设为契机,结合游客休闲旅游和康体养身的需求,打造全方位满足游客乡村休闲度假的需求。"三村一片",即乡野度假村、乡俗体验村、乡情康养村和乡村运动片。

生态农业发展区位于整个项目的西部,占地总面积为1660.01亩。该区域用田野艺术形式打造农业景观,将传统农田耕作与艺术创作充分融合,通过大面积农田规划和作物种植尝试,将不同植物进行色彩搭配和高低构造,在保持植物正常生长的前提下,形成视觉上极具震撼的美学效果。源于自然,高于自然,只在播种时圈圈点点,就在山水间由农民自己创造出一幅幅农耕文明与自然山水相映成辉的美丽画卷(图5-23)。

(3)空间机理示意。富水湾以财富IP为核心,围绕健康产业、养老产业、山水资源打造核心生态景观区;以多个村庄为依托,进行生态产业延伸建设,形成生态发展环;产业支撑区在最外围包裹,从功能上包含特色民宿、康养产业、养老产业以及健康产业等,以完成对外围大片"山水林草"用地的功能赋予,形成产村一体、共建共享的空间机理(图5-24)。

都市圈乡村产业空间发展

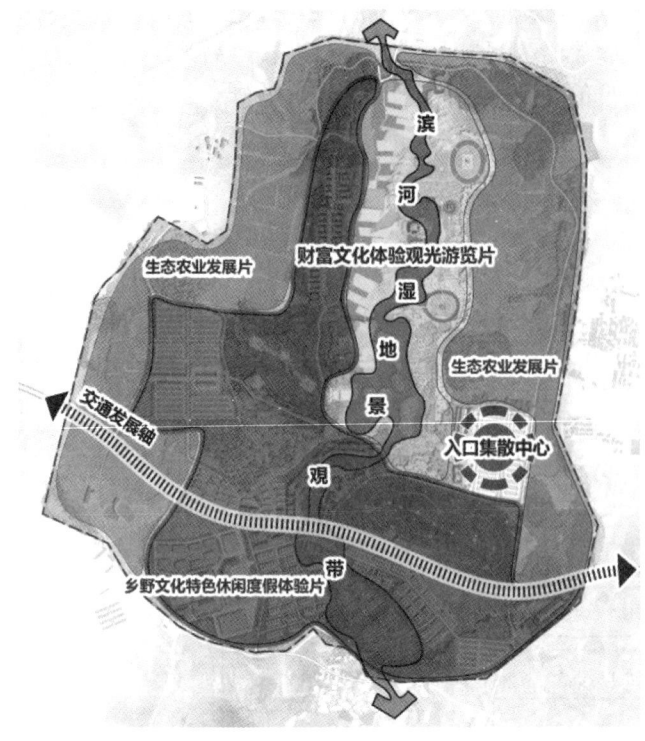

图 5-23 富水湾规划结构图

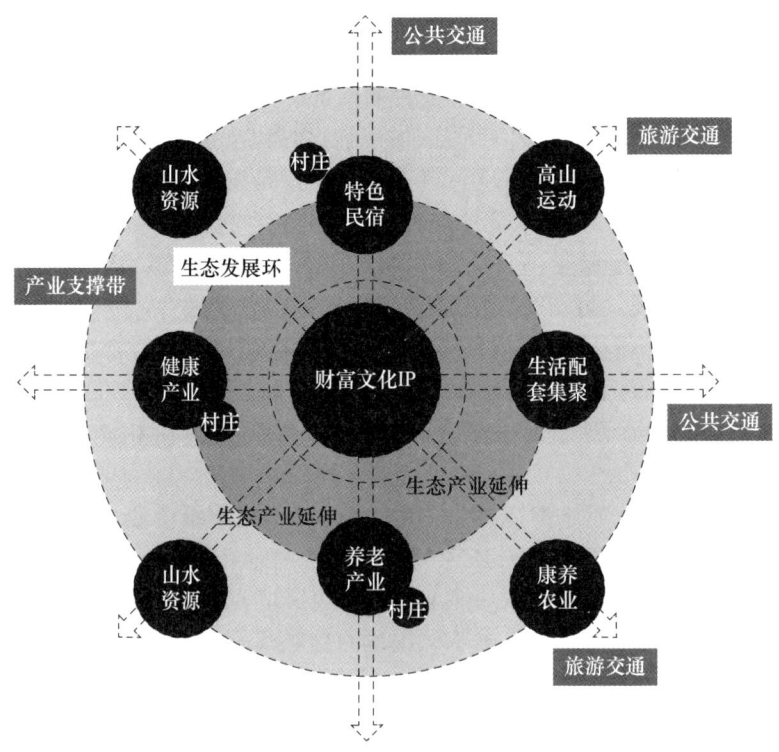

图 5-24 富水湾"生态资源型"机理

3. 经验传导与借鉴

（1）盘活生态资源，互补市场需求。为提升农村生态产品的需求活力，降低生态保护型乡村经济向上突破的门槛，本书借鉴黄陂区富水湾的发展经验，提出以文化IP为导向细分和梳理乡村产业链，借助城乡旅游市场盘活生态资源，错位互补城乡市场需求。具体而言，包括以美丽乡村建设工程为载体，统筹推进山水林田系统保护，把山水资源转化为"好空气"等直接生态产品、生态文化旅游产品和碳排放权等生态调节类产品，将生态优势转化为生态农业、生态旅游、健康休闲等生态经济优势，为生态产品价值实现提供良好的社会经济系统支持。

（2）加强文化引领，保留山水乡味。乡村的生态环境和传统文化作为产业发展的基础竞争力，摸清区域生态本底并有效进行乡村文化资源配置有助于引导乡村产业空间重构与优化。本书借鉴黄陂区富水湾的发展经验，提出保护和传承农村优秀传统文化，加强农村公共文化建设，让本地镇政府、村委、村民和企业等参与村庄产业发展规划的主体人员深入了解生态环境对经济发展的重要性，让生态文明理念和"两山理论"深入人心，在项目建设中利用好当地的资源禀赋，做到保护与开发并举。同时，制定湖泊空间准入、产业准入和环境准入负面清单，突出村落原始风貌保护，因村制宜营造山水风光型、生态田园型、古村保护型等不同乡村风格特色，让乡村看得见青山，望得见绿水，记得住乡愁。

（3）建立融合机制，挖掘多元效益。生态保护型乡村产业发展的根本宗旨是引领带动农民就业创业和增收致富，并建立健全企业、项目与农户间的利益联结机制，使农民持续增收致富。本书借鉴黄陂区富水湾的发展经验，提出厘清资源细分下生态要素、农业要素、文化IP的逻辑关系，将传统三次产业划分的纵向延伸结构进行整合与归纳，从服务配套角度融入旅游市场需求，建立生态产业的融合机制，实现低价值、未利用资源再开发。具体而言，以美丽乡村为载体，将生态产品的价值附着于农产品、乡村旅游服务产品，转化为可以直接市场交易的商品，通过市场化方式实现生态产品的价值，将生态优势转化为经济优势，挖掘乡村生态的多元效益。

6 路径3：产业视角下都市圈乡村生态功能空间整治技术优化

6.1 "两山理论"下的都市圈乡村生态功能空间转化逻辑与模型

6.1.1 "两山理论"的转换逻辑

1. "两山理论"转化总体框架

"两山理论"的关键问题是要构建生态产品的价值实现机制，核心要义是绿色发展，让良好环境成为人民生活品质的增长点、社会持续健康发展的支撑点、展现良好国家形象的发力点。

因此，"两山理论"的实现要聚焦两大问题。一是生态产品的生产和价值转化。要提供更多的良好生态产品来满足人民日益增长的需要，解决"绿水青山"稀缺性问题，并通过价值化、市场化等路径推动生态产品价值转化，提高生态产品的供给稳定性和生产效率。二是区域发展的绿色转型。将生产外部性的生态环境纳入经济增长的框架中，"两山理论"不仅要保护"绿水青山"，更重要的是要解决造成"绿水青山"破坏的经济发展问题，通过经济高质量发展将"绿水青山"变成生态和生产要素（图6-1）。

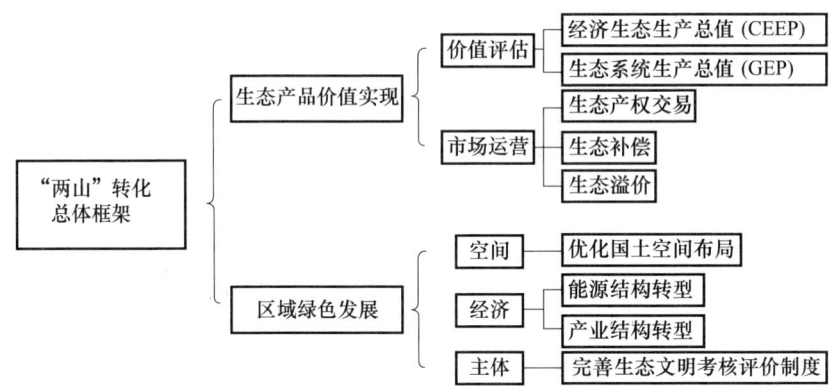

图6-1 "两山"转化的总体框架

（1）生态产品价值实现。生态产品价值实现的总体思路是推进生态资源变资产，资产变资本，资本变财富（图6-2）。生态资源一直存在，但是长期以来被当作"免费物品"自由取用，导致生态环境的破坏日益严重，良好的生态资源变得稀缺。根据经典经济学理论，当生态资源具有稀缺性并明确产权后，生态资源就可从公共物品转化为具有商品属性的可交易的生态资产。资产用于增值创造收入时即成为资本，当生态资产通过市场化投资运营进行盘活成为能增值的资产后，才能成为生态资本，经过资本运营实现其价值，这一过程就是自然资源资产的资本化。生态资源资产的资本化过程需要历经价值核算这一基本环节，生态产品价值市场实现是以交换价值核算为基础的；再通过建立可交易的生态产品体系、培育供给主体和构建交易市场，探索多元化的生态产品价值实现途径；最后通过经济反哺生态资源保护，将部分生态收益再投入生态建设中，不断增加生态资本存量，从而达成生态产品价值实现的良性循环。

(2) 区域绿色发展。构建"空间-经济-主体"三维分析框架来分析区域绿色发展，探索经济、社会和生态协调发展的价值实现机制（图6-3）。空间层面是通过规划守住生态底线，优化空间结构，加强空间治理，从而实现生态资产的积累。通过改善空间布局来推进生态建设、美化环境，夯实生态本底，发挥生态效益，改变城市聚焦于生产规模扩大的旧有的增长模型，进而带动产业动力价值、城市宜居价值、创新人才集聚价值等提升，转变经济发展方式，实现产业结构转型升级，推进产业生态化。一方面对传统粗放的发展模式进行技术改造，逐渐形成绿色低碳可循环的发展方式；另一方面通过大力发展绿色高精尖产业来实现生态资产的增值，实现高质量发展和环境保护相互促进的良性循环。主体层面是指政府、企业、公众，他们既是良好生态环境受益的主体，也是建设的责任主体。通过制度建设、压力传导、意识提升等来形成不断完善的生态文化体系，公众改变消费方式逐渐形成绿色消费习惯，企业主动投入生态技术形成绿色生产方式，政府改变传统增长观念形成绿色发展观，最终形成"坚持绿色发展是发展观的深刻革命"的社会氛围。

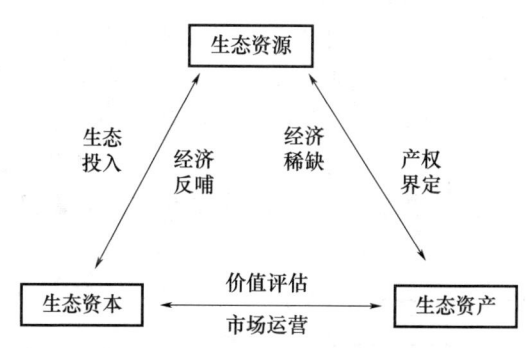

图 6-2 生态产品价值实现内在逻辑图

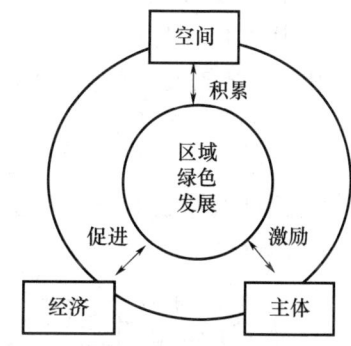

图 6-3 区域绿色发展内在逻辑图

2. "两山理论"转化基本原则

"两山理论"转化是践行习近平生态文明思想的重要实践，对其进行积极探索是对"两山"转化的科学创新，应当按照"生态优先、因地制宜、创新机制、政府主导"的基本原则，持续推进创建工作。

(1) 生态优先、绿色发展的原则。坚持保护生态环境就是保护生产力、改善生态环境就是发展生产力的理念，建立生态优先的决策机制，实行严格的环境保护制度，充分发挥环境保护优化经济发展的综合作用，着力推进绿色发展、循环发展、低碳发展，构建生态文明的新景观。

(2) 因地制宜、因时制宜的原则。考虑到人地关系地域系统和社会经济因素的区域差异，"两山"转换必须坚持因地制宜、因时制宜原则，探索适合本底实际情况的转换途径。发挥生态资源比较优势，构建多层次、高质量的生态产业链。开发有效对接市场需求的区域生态标签产品,避免同质化恶性竞争。

(3) 示范创新、彰显特色的原则。按照国家生态文明示范建设的要求,全面加强生态空间、生态经济、生态环境、生态制度、生态文化与生态生活等方面的示范创新。推进产业转型升级,优化国土空间格局,大力提升环境质量,探索和实施系列生态文明建设体制机制改革,充分体现质量和创新驱动的特色。

(4) 政府主导、共治共享的原则。综合运用政府的"有形之手"、市场的"无形之手"和社会的"自治之手",建立健全紧密联系的制度框架,对政府、企业和社会的生态环境行为进行有效规范、引导和监督。加强政府和企事业单位环境信息公开,强化环境监管执法,构筑多渠道公众参与机制,形成政府、企业和社会多元主体参与及多方互动的"两山"转化模式。

3. "两山理论"转化逻辑与现实要求

(1) "两山"转化逻辑。"两山理论"是个系统体系,深化"两山理论"认识,必须把握好"两山理论"的转化逻辑。首先,假定各地的原始资源禀赋具有一致性,均为"绿水青山"。但如果只开发不保护,就只能获取短期收益,"绿水青山"变成"荒山恶水",如果继续破坏性开发则有可能成为既无收益又无生态的"穷山恶水",进而不可能成为"金山银山"。其次,生态保护是"绿水青山"赖以存在,并且避免其成为"穷山恶水"的前提条件,但如果只保护不开发,"山清水秀"的资源禀赋依然只能是"绿水青山",成不了"金山银山"。再次,"荒山恶水"通过生态修复就有可能再次成为"绿水青山",便是通常"先污染再治理"的老路;但如果已成为"穷山恶水",再想成为"绿水青山"需要较大的要素投入,治理难度较大;同时,只有既保护又合理开发利用"绿水青山"才有可能成为"金山银山"。最后,利益联结与制度安排对"绿水青山"转换为"金山银山"极为重要,不仅适用于"绿水青山"的保护,而且适用于"绿水青山"的开发和开发效益的分享问题,这是"金山银山"能否成为利益相关者共享和可持续的关键(图6-4)。

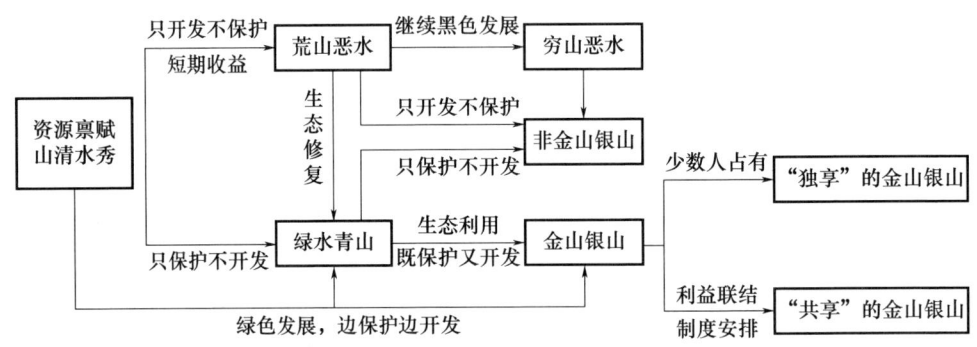

图6-4 "两山理论"的转化逻辑图

(2) "两山"转化的现实要求。对"两山"实践的选择依据和具体路径进行梳理,发现"两山"转化路径受到3个方面的限制:一是制约"两山"转化路径选取的限制性前提,如资源约束、生态红线和转变方式的适应性;二是促进"两山"转化有序进行的发展性要求,如产业培育、收入分配与生态效益兼顾等;三是确保"两山"转化可持续发展的保障性条件,如运营机制、监管模式与巩固性政策保障等。其中,限制性要求是前提,发展性要求是根本,保障性要求是关键,三者之间相辅相成,缺一不可。

"两山理论"是在资源环境承载力告急、生态破坏现象严重、能源约束趋紧的背景下提出的,旨在解决经济发展过程中的"生态贫困"问题。因此,"两山"转化实践过程中需要将"宁要绿水青山,不要金山银山"作为理念底线。空间红线是对山水林田湖草沙生态要素在空间分布保有量的要求,包含生态功能保障基线、环境质量安全底线和自然资源利用上限,是关于"两山"资源转化的高位准则,对于保障国家生态安全具有重要意义。以"既要绿水青山,又要金山银山"作为行为基线,"两山理论"是关于发展的阶段论,从盲目挖掘"绿水青山"到固守"绿水青山",从唯"金山银山"到"两山"兼得,体现的是资源开发利用方式与经济发展目标间关系的转变。坚持理念底线是根本,严守空间红线是核心,遵守行为基线是要求,三者互为约束,构成"两山"转化的限制性要求。

"两山"转化是凭借自然资源禀赋使生态资源保值增值的过程,实践过程要能够利民富民,这是"两山"转化最本质的需求,也是"两山"转化过程可持续发展的关键。在微观层面,"两山"转化隐含着对收入提升的要求,需要在加强生态保护的同时,打破固守"绿水青山"的思维,拓展"绿水青山就是金山银山"的概念。在中观层面,通过生态产业化与产业生态化的协同推进,以产业为依托,整合生态资源,催生集绿色空间、绿色行动和绿色发展于一体的绿色产业。在宏观层面,需要考虑不同区域间的生态环境和经济社会发展要求,坚持系统观念综合治理,考虑全局性谋划,加强战略性布局,实现前瞻式思考,推动"两山"转化过程中系统与系统间的交互作用,最终实现"两山"转化基础共建、问题共治、成果共享的目标(图6-5)。

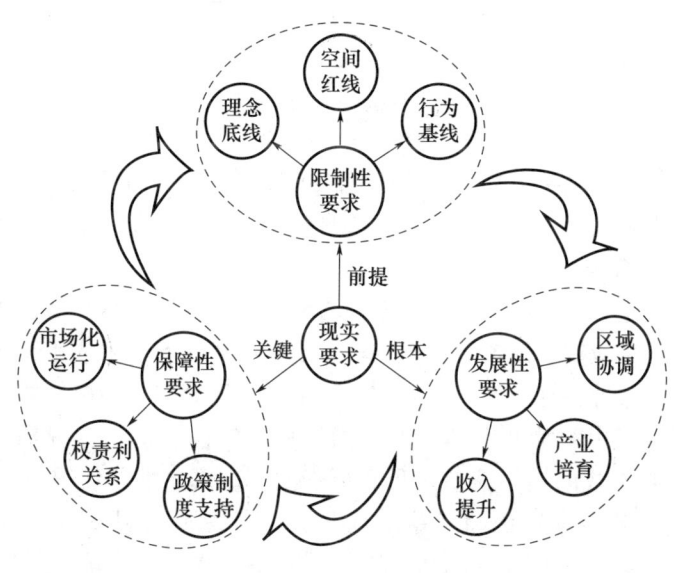

图6-5 "两山"转化现实要求

"两山"转化需要通过政策制度的设计,明确转化过程中参与者的权责利关系,以此推动稳定高效的市场化运营,保障"两山"转化过程的有序运行。政府在"两山"转化的过程中既不能喧宾夺主也不能袖手旁观,要将放权与管权兼容并施,以适时适当的政策设计明确权责利关系,引导各区域各群体积极响应、广泛参与。因此,"两山"转化不能成为政府的试验品，又不能充当企业家的牟利工具，转化过程中的"权"由人民赋予、"责"由人民共担、"利"由人民共享。政府、企业和个人作为权责利的主体需要同心协力，积极参与到"两山"的管理、监管过程。在通过政策制度明确权责利关系的基础上，依托市场化运营，通过发挥企业的自主权、人才的创新意识实现"两山"转化的自主性。

6.1.2 "两山理论"的转换模型

1. 数据标准化

由于本文所选择的部分指标数据量较大，且彼此间量纲和数量级存在较大差异，如果用原始指标值直接进行分析，则在综合分析中会放大高数值指标的作用，相对削弱低数值指标的影响，因此在进行评价之前，要对指标数据进行标准化处理，以保证评价结果的客观与有效。处理过程遵循同一指标内部数据相对差距不变、标准化后极大值相等原则。

关于指标无量纲化处理的方法有很多，目前常用的方法包括：线性比例法、极值法、标准化法、向量规范法等。本文选择 min-max 标准化方法作为"两山理论"转化评估指标无量纲化处理的方法，min-max 标准化方法的特点是将指标数值全部转化到 [0，1] 的区间内，最小为 0，最大为 1。另外，为使数据处理有意义，可将无量纲化后的指标全部平移一个最小单位值，以此满足运算要求。计算公式见式（6-1）、式（6-2）。

当指标为正向时：

$$X_{ij} = \frac{x_{ij} - \min(x_{ij})}{\max(x_{ij}) - \min(x_{ij})} \tag{6-1}$$

当指标为负向时：

$$X_{ij} = \frac{\max(x_{ij}) - x_{ij}}{\max(x_{ij}) - \min(x_{ij})} \tag{6-2}$$

式中，x_{ij} 和 X_{ij} 分别表示第 i 年第 j 项指标的原始值和标准化处理后的数值；$\max(x_{ij})$ 和 $\min(x_{ij})$ 分别表示第 j 项指标所在序列的最大值和最小值，$X_{ij} \in [0，1]$。

2. 指标权重的确定

指标权重的确定方法一般分为主观赋权法和客观赋权法。本文结合熵值法与层次分析法共同来确定指标权重。熵值法作为一种客观赋权法，不同于依赖经验判断，是以实际信息为数据计算来源，在要素提供的信息量基础上计算综合指标，能够准确反映"金山银山"与"绿水青山"发展水平各评价指标所含的信息量，客观描述各指标权重，有效降低主观影响造成的结果偏差，具有更强的客观真实性，使得结果更加准确。为弥补熵值法不能反映专家知识和经验的局限性，考虑到主观赋权（通过主观确定权重）法已经比较成熟，利用层次分析法对指标权重再次进行分配。最后根据最小相对信息熵原理，基于熵值法和均权法获得的权重值，用拉格朗日乘子法计算指标的最终权重值。

在信息论中，信息熵是反映系统无序程度大小的变量，某指标观测值变异程度越大，则信息熵就越小，所提供的信息量就越大，因此相应的权重就越大；反之，信息熵越大，相应的权重就越小。熵值法的计算步骤如下。

① 构建样本矩阵。设有 m 个年份，n 项指标，则样本矩阵为：
$$X = \{X_{ij}\}_{m \times n} \quad (1 \leqslant i \leqslant m, \ 1 \leqslant j \leqslant n) \tag{6-3}$$
式中，X_{ij} 表示第 i 年第 j 项指标标准化处理后的数值。

② 计算比重
$$p_{ij} = \frac{X_{ij}}{\sum\limits_{i=1}^{m} X_{ij}} \tag{6-4}$$
式中，p_{ij} 表示第 i 年第 j 项指标的比重。

③ 计算熵值
$$E_j = -k \sum_{i=1}^{m} p_{ij} \ln p_{ij} \tag{6-5}$$
式中，$k = \frac{1}{\ln m}$，$0 \leqslant E_j \leqslant 1$。

④ 计算第 j 项指标的客观权重 W_{1j}
$$W_{1j} = \frac{1 - E_j}{\sum\limits_{j=1}^{n} (1 - E_j)} \tag{6-6}$$
式中，$N_j = 1 - E_j$，即第 j 项指标的信息效用价值。

⑤ 计算第 j 项指标的主观权重 W_{2j}。采用均权法，目标层各占 1/2 权重，准则层各占 1/6 权重；指标层根据各自所在准则层再次均权，可得到各指标的主观权重 W_{2j}。

⑥ 计算第 j 项指标的最终权重
$$W_j = \frac{\sqrt{W_{1j} W_{2j}}}{\sum\limits_{j=1}^{n} \sqrt{W_{1j} W_{2j}}} \tag{6-7}$$
式中，W_j 即第 j 项指标的最终权重值。

⑦ 计算综合评价指数
$$S_i = \sum_{j=1}^{n} W_j X_{ij} \tag{6-8}$$
式中，S_i 即第 i 年的综合评价指数。

3. 模型一：耦合协调度模型

（1）模型建立

耦合度是指两个及以上系统之间的互相作用关系，可以用来衡量系统间的相互依存程度。"绿水青山"指数与"金山银山"指数是相互转化、相互促进的关系，而非简单的加总求和。耦合协调模型恰好能够满足这一需求。

本书借鉴物理学中的耦合协调模型来测度"两山"指数，耦合协调度 $D(t)$ 数值越大，表示两个子系统发展越协调，见式（6-9）～式（6-11）。参考前人研究成果将协调发展度等级划分为 3 个大类，共 10 种类型（表 6-1、表 6-2）。

$$D(t) = \sqrt{TC(t)} \tag{6-9}$$

其中，
$$C(t) = 2\sqrt{\frac{S_{1t} S_{2t}}{(S_{1t} + S_{2t})^2}} \tag{6-10}$$

$$T = \alpha S_{1t} + \beta S_{2t} \tag{6-11}$$

式中，S_{1t}、S_{2t} 即为第 t 年"绿水青山"指数与"金山银山"指数；α 和 β 为待定系数，本文认为"金山银山"发展水平与"绿水青山"发展水平的重要性相同，故设 $\alpha=\beta=0.5$；T 为"绿水青山"与金山银山发展水平的综合评价指数；$C(t)$ 为第 t 年"绿水青山"系统与"金山银山"系统的耦合度。

表 6-1　"两山"系统耦合阶段与划分标准

耦合阶段	划分标准	区间说明
低水平耦合阶段	$0 < C \leqslant 0.3$	"两山"系统处于较低水平的耦合阶段，此时经济发展水平不高，对生态环境的破坏程度不大，生态承载力足以满足经济发展的需要
颉颃阶段	$0.3 < C \leqslant 0.5$	经济处于快速发展时期，大量资源投入经济领域，同时造成生态环境恶化，生态承载力下降，"两山"系统之间的矛盾显现
磨合阶段	$0.5 < C \leqslant 0.8$	由于生态环境对经济社会发展的制约作用，迫使投入更多资源进行生态环境的治理与修复，生态环境质量逐渐得到改善，生态承载力逐渐恢复
良性耦合阶段	$0.8 < C \leqslant 0.9$	"两山"系统进入良性耦合阶段，经济发展的质量进一步提升，生态环境也得到了大幅度提高，实现经济发展与环境保护协同推进
高水平耦合阶段	$0.9 < C < 1$	"两山"系统开始进入高水平耦合阶段，经济发展与环境保护相互促进、相辅相成

表 6-2　"两山"系统耦合协调发展的分类体系和判别标准

耦合协调度 D	协调程度	协调度范围	耦合协调等级
$0 \leqslant D(t) \leqslant 0.4$	失调衰退	[0, 0.1]	极度失调衰退
		(0.1, 0.2]	严重失调衰退
		(0.2, 0.3]	中度失调衰退
		(0.3, 0.4]	轻度失调衰退
$0.4 < D(t) \leqslant 0.6$	过渡调和	(0.4, 0.5]	濒临失调衰退
		(0.5, 0.6]	勉强协调发展
$0.6 < D(t) \leqslant 1.0$	协调发展	(0.6, 0.7]	初级协调发展
		(0.7, 0.8]	中级协调发展
		(0.8, 0.9]	良好协调发展
		(0.9, 1.0]	优质协调发展

（2）模型实证案例：重庆市经济绿色化发展研究

赵卿云（2020）立足生态环境和经济发展耦合视角，基于"两山理论"循环经济理论以及可持续发展理论，对重庆市经济绿色化发展进行研究。

首先，对重庆市经济绿色化发展进行现状分析，再对重庆市生态环境与经济发展协调度进行实证分析。研究选取了重庆市 2009—2018 年关于生态环境、经济发展两大系统的 22 项指标，建立重庆市生态-经济耦合协调度模型并进行动态分析。结果表明：从重庆市生态-经济耦合协调度角度看,重庆市经历了轻度失调衰退—初级协调发展—中级协调发展—良好协调发展—优质协调发展的发展历程。从生态-经济综合指数看,重庆市2010—2014年生态环境水平都高于经济发展水平,总的来说两大系统的发展趋势都是稳中向好。从生态-经济协调度指数看,2009—2010年重庆市生态-经济协调度系数小幅上涨;2010—2011年,重庆市生态-经济协调度发展呈明显下滑趋势。从生态-经济协调发展度趋势看,2010—2017年重庆市生态-经济协调发展度趋势指数均大于1,直到2018年首次降至1以下,其中重庆市生态系统和经济系统的发展呈流动状态,说明两者间仍然存在欠协调问题。

其次,通过灰色关联度模型,分析生态环境和经济发展间的相互影响因素,探讨重庆市经济绿色化发展面临的问题。一是从发展理念上看,重庆市企业乃至某些区政府过去长期选择以"高投入、高能耗、高污染、高排放"为代价,无视生态环境的承载能力,大力发展重工业或环境破坏型产业,单纯谋求单位利益最大化,认为环保行为会增大自身成本,导致环境污染、资源浪费、过度消费等现象频发。二是从发展模式上看,重庆市作为传统制造业基地,长期以来依靠煤矿资源实现经济增长,加之受山地地形条件所限,对其他清洁能源的开发难度相对较大,长此以往造成严重的生态污染。另外,重庆市自然资源利用率较低,缺乏相对充足的资金或技术导向,因地制宜的创新型生态产业尚未完全形成规模化产业链,对于"文创+旅游"产品有待继续完善。三是从社会事业上看,重庆市内部城镇化发展不平衡,城镇化水平差距较大,出现市中心城镇化水平高于周边地区城镇化水平的情况。四是从制度建设上看,重庆市"大山区"特征显著,导致自然资源利用率较低,有限的自然资源更应受到重视,但由于过去行政管理者在开发建设中未充分考虑环境保护,导致在生态项目中往往为了工程进度枉顾生态系统的承载力,相关问责机制也并未落到实处,因此需要建立严格的保护制度。

最后,根据研究结果,为重庆市经济绿色化发展提出对策建议:形成新型"全民共建、全民共享"重庆市经济绿色化发展理念;深化以"产业生态化、生态产业化"为主导的重庆市经济绿色化发展模式;通过"聚才引智、创新驱动""集约高效、产城融合"助推重庆市经济发展与社会事业共同繁荣;完善生态补偿制度,推进生态法律制度建设,优化绿色财税金融制度,为重庆市经济绿色化发展提供制度保障。

4. 模型二:TOPSIS 模型

(1)模型建立

TOPSIS综合评价法是根据有限个评价对象与理想化目标的接近程度进行排序的方法,是在现有的对象中进行相对优劣的评价,是一种逼近于理想解的排序法。TOPSIS法的基本设想是定一个虚的最优解(为正理想解,取值为1)和一个虚的最劣解(称为负理想解,取值为0),在目标空间中求解方案的相对接近程度,以度量某个方案靠近正理想解和远离负理想解的程度,用相对接近程度的值[0,1]决定方案的优劣排序,相对接近程度越靠近1,则方案越优;反之,相对接近程度越接近0,则方案越差。计算方法见式(6-12)~式(6-16)。

① 构建初始加权矩阵

$$S = (S_{ij})_{nm} \tag{6-12}$$

$$S_{ij} = W_j X_{ij} \quad (i=1, 2, 3, \cdots, n; j=1, 2, 3, \cdots, m) \tag{6-13}$$

② 确定最优方案 S^+ 和最劣方案 S^-

最优方案 S^+ 由样本矩阵 S 中每行中的最大值构成：

$S^+ = (\max\{S_{11}, S_{12}, \cdots, S_{1i}\}, \max\{S_{21}, S_{22}, \cdots, S_{2i}\}, \cdots, \max\{S_{j1}, S_{j2}, \cdots, S_{ji}\}) = (S_1^+, S_2^+, \cdots, S_j^+)$

最劣方案 S^- 由样本矩阵 S 中每行中的最小值构成：

$S^- = (\min\{S_{11}, S_{12}, \cdots, S_{1i}\}, \min\{S_{21}, S_{22}, \cdots, S_{2i}\}, \cdots, \min\{S_{j1}, S_{j2}, \cdots, S_{ji}\}) = (S_1^-, S_2^-, \cdots, S_j^-)$

③ 采用欧几里得距离公式，计算各方案距离最优解的欧氏距离 Sep_i^+ 和距离最差解的欧氏距离 Sep_i^-

$$Sep_i^+ = \sqrt{\sum_{j=1}^{m}(S_j^+ - S_{ij})^2} \tag{6-14}$$

$$Sep_i^- = \sqrt{\sum_{j=1}^{m}(S_j^- - S_{ij})^2} \tag{6-15}$$

式中，此两项值表示评价对象与最优或最劣解的距离，研究对象 Sep_i^+ 值越大，说明与最优解距离越远；Sep_i^- 值越大，说明与最劣解距离越远。

④ 计算综合评价指数

$$Y_i = \frac{Sep_i^-}{Sep_i^+ + Sep_i^-} \quad (i=1, 2, \cdots, n) \tag{6-16}$$

根据计算所得方案接近度大小进行排序，接近度越大，则方案越优；反之越差。最理想的是 Sep_i^+ 值越小同时 Sep_i^- 值越大，综合度得分 Y_i 值越大。

参考前人研究成果建立的指标打分机制，综合考虑"两山"建设发展水平，将综合评价指标划分为3级，对"两山"建设的状态进行评价（表6-3）。

表6-3 "两山"建设发展水平贴合度得分区间

得分区间	发展水平
$0 \leq Y_i < 0.3$	初级发展水平
$0.3 \leq Y_i < 0.7$	中级发展水平
$0.7 \leq Y_i < 1.0$	高级发展水平

（2）模型实证案例：浙江省"两山"理论转化实践

翟帅（2017）运用TOPSIS法对浙江省2010—2015年的数据进行分析，得出近年来浙江省实践"两山理论"的发展指数，并对2015年浙江省11个地市的"两山"发展指数进行了测算，分析影响"两山"实践成效的主要因素和发展过程的薄弱点。

研究在注重系统性与区域性相结合、综合性与代表性相结合、定性与定量相结合的基础上，立足于浙江省的自然地理、社会历史文化、经济结构、制度文明等方面的主要特点，从"金山银山、绿水青山、绿色社会、绿色文化和'两山'制度"5个一级指标、11个二级指标及47个三级指标，构建了一个以"金山银山、绿水青山、绿色社会、绿色文化和'两山'制度"为维度的综合评价体系。结果显示，在实践"两山理论"的发展过程中，环境保护和经济发展的矛盾关系一直处于关键地位。两者的发展水平成为"两山"发展的重要影响因素。浙江省"两山"实践发展在2010—2011年呈现一定程度的下降，而在 2012 年开始回升，在 2013—2015 年逐年稳步提升，这与浙江省委、省政府在 2012 年提出建设生态省、建设美丽浙江，之后陆续推出"五水共治""三改一拆"和"四边三化"等一系列组合拳，将"绿水青山"融入经济建设和社会发展的各个方面有着密切联系，而这一变化趋势与前文所述各维度中政府行为的关键作用也是一致的。

浙江省实践"两山理论"的成效表明，进一步做好生态文明建设和经济建设的协调发展，要从以下几个方面着手：第一，关注民生、强化基础保障。从居民的实际需求出发，切实提高城乡居民的可支配收入。构建坚实的"金山银山"基础。第二，做好宣传，强化文化建设。在传统宣传渠道的基础上，充分利用微信、微博等新媒体，将"两山理论"的实践成效传播到乡村，建立良好的"两山"文化体系。第三，财政支持，强化政府作为。围绕"绿水青山"的保护，政府要设立专项资金。积极引导民间资本进入环保领域，设立"绿色产业基金"，引导绿色金融产品设计，实现"绿色政务"。

5. 总结

在"两山"转化评估体系构建中，首先对于评价指标的选取，要遵循科学性、全面性、代表性以及可操作性原则，结合前人的"两山"评价指标体系构建的研究成果，选取有代表性的指标。对于指标权重的确定，要遵循指标本身的代表意义，结合客观赋权熵值法以及主观赋权层次分析法，从而确定指标最终的权重。对于评价模型的选取，要同时具备针对性、可行性以及指向性。耦合度是指两个及以上系统之间的互相作用关系，可以用来衡量系统间的相互依存程度。"绿水青山"指数与"金山银山"指数是相互转化、相互促进的关系，而非简单的加总求和，耦合协调模型恰好能够满足这一需求。TOPSIS 中文叫作"优劣距离法"，是根据评价对象与理想化目标的接近程度进行排序的方法，是一种距离综合评价方法。将其应用于"绿水青山"与"金山银山"的评价，可以直观地得出各指标因子对于"两山"建设理想化目标下的贴合度。因此可以结合耦合协调评价方法以及 TOPSIS 评价方法，客观、全面地评价"两山"建设所取得的成果。

6.2 产业视角下都市圈乡村生态功能空间效用与技术优化

6.2.1 乡村生态功能空间的分区分类

都市圈乡村生态功能空间分区分类，是科学合理地分区域指定生态保护修复方案的基础。生态修复分区是在指定地域空间内进行分析，依据区域内生态环境现状、土地生态敏感性以及生态系统服务重要性的空间异质性，将地貌类型与土地生态状况进行叠加，并对以上特征进行划分和归并，有效识别不同土地利用类型的生态破坏特点，进而生成不同生态功能区的过程。目前我国土地生态功能分区的研究处在持续探索阶段，分区的理论和方法不够完善，特定区域分区操作流程缺乏较规范的准则，在分区方法使用以及分区指标选取方面仍有较大的分歧。本书按照景观生态学理论下的生态空间格局理论，根据其地形、水文、植被以及土地性质等自然状况的分布呈现一定的地带差异性，以及不同的土地利用方式表现出不同的主要生态破坏问题，梳理划定生态修复分区，主要包括矿山修复区、流域修复区、人居环境修复区、山水林田湖草修复区等。

6.2.2 乡村生态功能空间的功能优化

1. 生态功能空间效用

生态功能空间既具有物质性产品生产功能，也具有生态调节服务功能，对于其中有限的生态资源，如果过多地开发其物质性产品功能，就不能同时享受其生态调节服务的功能，因此就出现了生态资源物质性产品价值和生态服务价值效益最大化的定义，最终的现实效益需要社会对二者取舍做出选择。两者的具体关系如图6-6所示，图中C点为生态资源最佳利用的平衡点，C点左侧为开发过度，保护不足；C点右侧为开发不足，保护过度。我国都市圈乡村生态空间生态资源的利用与保护状态受城市化进程影响较大，其利用状态呈现总体开发过度、局部开发不足的结构性问题。

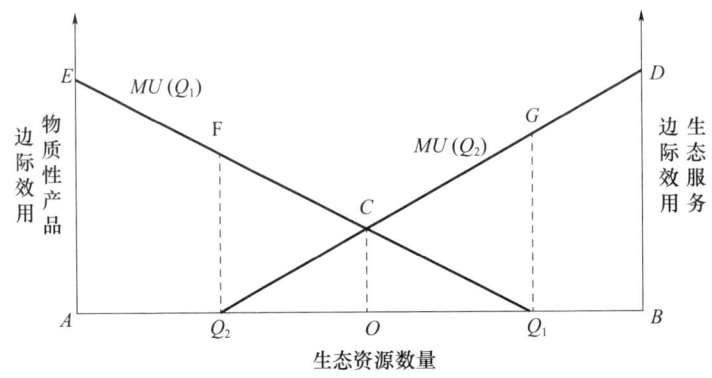

图6-6 生态资源利用的社会效用最大化模型

2. 生态功能空间效用优化

本书所述的"产业视角"既是产业发展视角，也是产业增效视角，即既有增量外延式发展的意思，也有存量内涵式提升的意思。基于生态资源土地强依附性的现实和目前我国都市圈乡村生态资源"总体开发过度，局部开发不足的结构性非效率性问题"，生态功能空间效用提升需要生态资源开发利用与整治修复、区域产业空间的集聚发展与良性互动。

（1）产业视角下的生态资源效用提升：生态资源开发利用与整治修复。开发利用不足下的都市圈乡村生态资源产业化发展要求疏通生态资源—生态资产—生态资本—生态产品或服务生态产业化全过程路径，从具体形式层面看，即构建"生态+"模式，内容包括"生态+农业""生态+旅游""生态+康体""生态+政策""生态+其他（研学、体育、文旅）"等。具体来讲即加快生态产品的价值转换，主要方式为加大不同类型的生态产品开发：一是特色农工产品。将"生态元素"作为主要附加价值，依托本地自然生态系统生产涵盖农业、渔业、林业、手工业等的食品、木材、矿泉水、天然纤维、工艺品等物质产品。二是文化旅游服务产品。将"生态体验"作为重点消费内容，生产服务类产品，以满足亲近自然、健康舒适、游览观光等生态旅游消费需求，自然体验、科学普及等生态文化消费需求。

过度开发下的都市圈乡村生态资源需要在保护修复下进行综合开发利用，即将"生态治理"作为核心建设要求，围绕生态系统构建和生态价值实现，通过废旧区域改造、自然区域开发，开展项目建设，如河道生态治理综合开发、采煤塌陷区"矿地融合"湿地公园建设等（图6-7）。

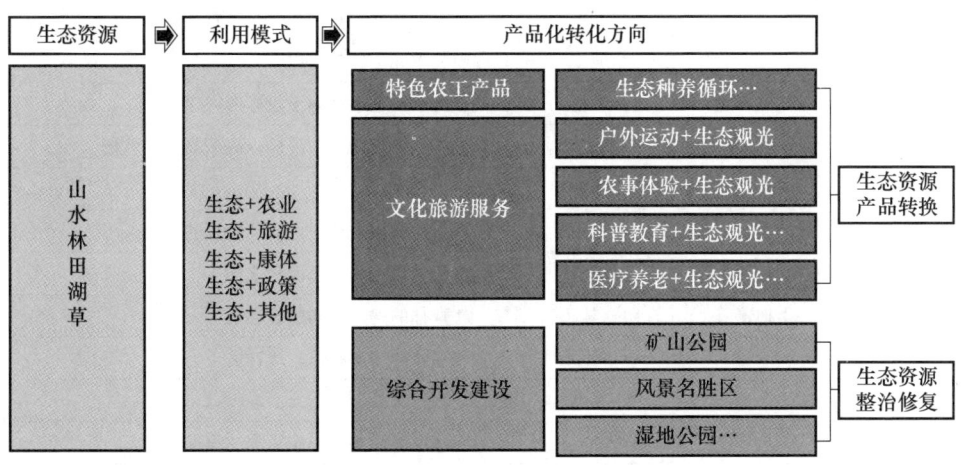

图6-7 都市圈乡村生态资源效用优化路径

（2）产业视角下的生态功能空间集聚与关联：集聚发展与良性互动。生态功能空间聚集优化布局是促进生态资源资产协同发展的关键。具体需要从生态产业利益链出发，助推研发端、制造端、营销端、服务端，产业链生态的多层次、各阶段利益方，通过利益机制联动研发设计、研发孵化、成果转化、采购、生产、销售、咨询服务（投融资、人才、培训）等环节联系，缩短供应链距离，促进产业链上中下游高度协同，优化产业链共生发展生态环境。产业空间集聚发展与良性互动的基本前提是确保生态资源供给和规划实施落地，二者分别需要通过生态修复和土地整治实现。其中，生态修复注重自然资源产品的长期供给以及生态环境的平衡稳定，土地整治强调规划管控，从开发的角度实现二者的工作对接。

6.2.3 乡村生态功能空间的识别技术优化

1. 识别生态源地

生态源地是构建地区生态功能格局的基础空间，可以视为开展生态文明落实工作的起点。学术界认为，生态源地指的是具备强大生态功能，对区域生态安全具有重要意义或者担负重要辐射功能的生境斑块，是确保区域生态安全的关键地块。在梳理近年研究成果的基础上，本书从生态功能维护与保护方面识别具有极重要生态价值的斑块作为生态源地。具体的方法包括生态红线法、MSAP法、InVEST法等。

2. 生态阻力面构建

首先，选取生态阻力因子。科学构建生态阻力因子对生物多样性保护具有重要意义。自然因素中景观类型决定了是否适合物种生存，高程和坡度影响物种的活动范围，植被覆盖率影响其密度，到河流的距离越近则越利于生物活动，到建成区的距离越远则越利于生物不受侵袭干扰。其次，结合既有的文献研究和数据的可用性实际情况，选择高程、坡度、景观类型、植被覆盖率、距河流距离等加以罗列解释，用以参考作为自然阻力因素指标（表6-4）。

表 6-4 部分生态阻力因子及其含义

目标层	准则层	要素层	指标说明
生态阻力指标体系	自然环境	高程	自水准基面起算至地表某点垂直距离
		坡度	地表单元陡缓的程度
		坡向	坡面法线在水平面上投影的方向
		起伏度	最高点海拔高度与最低点海拔高度的差值
		其他	—
	土地覆盖	土地利用类型	对土地利用方式、性质、特点的分类
		植被覆盖度	植被面积占土地总面积之比
		距森林距离	与森林的一定距离的缓冲区
		距水体距离	与水体的一定距离的缓冲区
		其他	—
	人类活动	距居民点距离	与城乡居民点的一定距离的缓冲区
		距道路距离	与铁路、高等级公路一定距离的缓冲区
		人口密度	单位土地面积上的人口数量
		夜景灯光指数	区域夜景灯光的亮度
		其他	—

3. 生态廊道构建

生态廊道有的是连接各距离遥远、孤立存在型生态源地的通路，有的则是相邻生态源地物质交换、能量流通的低阻力通道。因为源地的几何图形中心处于斑块内部，稳定性高且几乎不受人类行为活动干扰，所以在具体实践中将源地中心作为源点已达成共识。MCR 模型是基于源点提取生态廊道的理论范式，具体公式为

$$MCR = f_{\min} \sum_{j=n}^{i=m} D_{ij} \times R_i \tag{6-17}$$

式中，MCR 为最小累积阻力值；f 表示生态过程与阻力值的函数关系；D_{ij} 为源地 j 到景观 i 的距离；R_i 为景观 i 的阻力因子。

6.3 都市圈乡村生态功能空间识别与整治——武汉都市圈实证

6.3.1 基于地表覆盖信息的武汉都市圈国土空间现状识别

武汉城市圈不仅是湖北经济发展的核心区域，也是中部崛起的重要战略支点，是武汉重返国家中心城市的重要举措。湖北省积极融入长江经济带发展，加快把武汉城市圈打造成长江中游城市群最重要的增长极，推动相邻城市联动发展。

总体来看，区域内近 20 年建设用地逐年增加，增加面积达 1000 多平方千米；林地、水域面积逐年减少，减少面积超过 2000 平方千米（表 6-5）。该地区践行了一种以 GDP 为导向，以吞噬生态功能空间为代价的土地利用模式，在带来产业经济发展腾飞的同时，也带来了一系列的生态环境隐患。

表 6-5 2000—2020 年武汉都市圈部分年份土地利用表

年份	地类	耕地	林地	草地	建设用地	湿地	裸地	水域
2000	面积（km²）	13882.70	2661.16	383.60	1756.75	623.98	14.02	4032.30
	占比（%）	59.44	11.39	1.64	7.52	2.67	0.06	17.27
2005	面积（km²）	13409.96	2635.12	369.58	1927.01	528.83	13.02	4470.99
	占比（%）	57.42	11.28	1.58	8.25	2.26	0.06	19.14
2010	面积（km²）	13284.77	2633.12	364.57	2032.18	540.85	14.02	4485.01
	占比（%）	56.88	11.27	1.56	8.70	2.32	0.06	19.20
2013	面积（km²）	12896.03	2601.85	333.62	2404.48	521.97	18.03	4578.53
	占比（%）	55.22	11.14	1.43	10.30	2.23	0.08	19.60
2015	面积（km²）	12883.14	2597.06	360.56	2482.88	542.85	14.02	4473.99
	占比（%）	55.16	11.12	1.54	10.63	2.32	0.06	19.16
2017	面积（km²）	13159.81	2697.30	991.72	2699.79	129.56	36.57	3639.76
	占比（%）	56.35	11.55	4.25	11.56	0.55	0.16	15.58
2020	面积（km²）	16060.46	1798.10	81.35	2965.19	14.36	0.50	2434.54
	占比（%）	68.77	7.70	0.35	12.70	0.06	0.00	10.42

由此可见，武汉都市圈具有快速城镇化的典型特征，对其生态本底、生态功能、生态风险、生态胁迫进行研究，识别生态源地、生态廊道、生态节点以及内部破坏受损空间，关联山水林田自然要素和城市公园绿地系统，有助于建构地区生态空间安全体系，有助于城市圈良性发展，有助于一体化战略实施，有助于生活环境舒适宜居。

6.3.2 区域尺度——武汉都市圈生态功能空间识别研究

1. 数据来源

本章主要数据包括：国土利用数据，来自国家基础地理信息中心绘制的全球 30 米精度的覆盖数据集，按照武汉都市圈空间边界矢量裁剪后获得，分为耕地、林地、水体、草地、未利用地、裸地、建设用地总计 7 类；DEM 数字高程，来自地理空间数据云网站高级检索中免费摄取，是由 Terra 卫星的 aster 传感器提供的 30 米分辨率数据；NDVI 数据，来自 Landsat 系列遥感卫星数据，在 ENVI 软件中计算得到；夜景灯光数据，来自中国科学院陈甫团队研制的"火石"地球夜光产品。其余未提及的相关数据则是在以上数据基础上利用相关软件二次开发得来的。

2. 生态源地识别

生态源地是生态功能空间体系、安全格局构建的基础，对于源地缓冲地带的生态功能具有辐射和调节作用，源地识别的主流范式已在前文做了系统性论述，在此不再赘述。本节试验案例选择的是 MSPA 法，利用该方法筛选出面积大于 5 平方千米且完整度高的斑块作为基础生态源地，共计 66 处（图 6-8、表 6-6）。

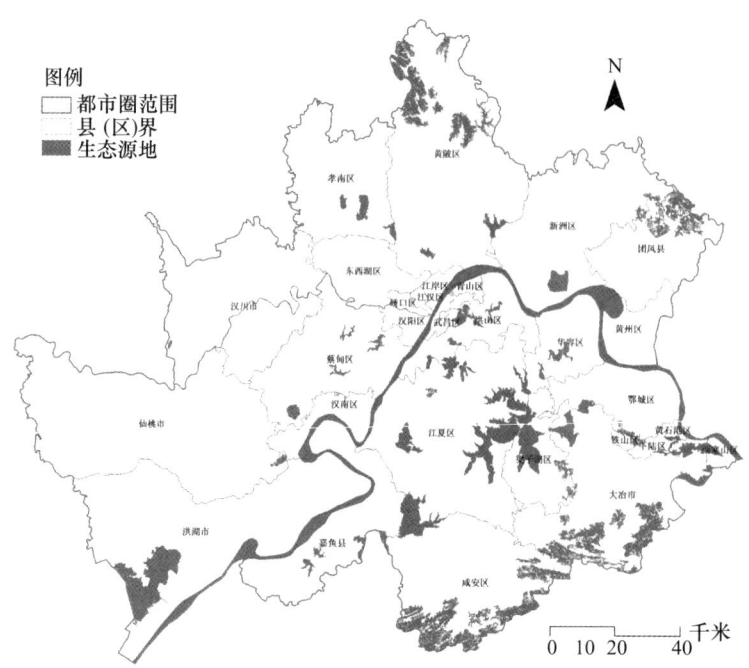

图 6-8 武汉都市圈生态源地分布图

表 6-6 武汉都市圈生态源地汇总表

排序	编号	面积（km²）	排序	编号	面积（km²）	排序	编号	面积（km²）	排序	编号	面积（km²）
1	1	700.65	18	13	20.83	35	62	11.29	52	12	6.91
2	43	249.28	19	32	20.65	36	14	11.21	53	31	6.79
3	61	201.78	20	18	20.63	37	5	11.12	54	55	6.77
4	66	148.09	21	2	17.87	38	33	10.73	55	60	6.72
5	48	87.31	22	29	17.58	39	52	10.65	56	25	6.43
6	54	81.31	23	41	16.2	40	4	10.62	57	7	6.35
7	20	65.45	24	24	16.09	41	28	9.76	58	26	5.96
8	8	62.75	25	10	15.34	42	16	9.22	59	34	5.95
9	53	59.85	26	38	13.87	43	23	8.72	60	30	5.89
10	57	54.73	27	36	13.87	44	58	8.36	61	51	5.8
11	11	41.73	28	64	13.35	45	50	8.35	62	47	5.62
12	63	41.04	29	37	13.17	46	56	8.06	63	65	5.61
13	59	38.16	30	44	13.04	47	21	7.95	64	27	5.46
14	40	35.86	31	49	12.88	48	42	7.9	65	6	5.16
15	22	34.15	32	19	12.71	49	46	7.57	66	35	5.09
16	39	30.71	33	9	12.34	50	17	7.21			
17	45	22.67	34	3	11.8	51	15	7.04			

3. 构建生态阻力面

野生动物在迁徙路途中一方面会受到坡度或非友好型景观（如沼泽地、沙漠、荒原）等自然阻隔因素干扰，另一方面还会遭受建（构）筑物的人为阻断要素干预，以上都会直接使得生态源地外扩面临阻碍。

因此，本书依据已经获取的地学数据将构建阻力面的影响因子设为高程、坡度、现状土地利用类型、地形起伏度、植被覆盖度指数 $NDVI$ 等，按照前人经验对各项指标因子赋予权重，以此计算基础阻力面（表6-7），计算模型表达式为

$$F_i = \sum_{j=1}^{n} W_j \times A_{ij} \tag{6-18}$$

式中，i 代表栅格；j 代表阻力因子；F_i 为 i 栅格的综合阻力值；n 代表阻力因子的数量；W_j 为 i 所占比重；A_{ij} 为 i 栅格中的 j 的阻力值。

表6-7 基本生态阻力面赋值及权重

阻力因子	阻力分值					权重
	1	2	3	4	5	
高程（m）	<50	50~100	100~150	150~200	>200	0.15
坡度（°）	<7	7~15	15~20	20~25	>25	0.1
起伏度（m）	<20	20~40	40~60	60~80	>80	0.15
土地利用类型	林地、草地	水域	耕地	未利用地	建设用地	0.4
$NDVI$	<0.2	0.2~0.4	0.4~0.6	0.6~0.8	>0.8	0.2

考虑到城市扩张和经济活动往往会占用生态用地和其他类型的用地，使土地利用类型呈现空间异质性，因此本书采用能够在一定程度上反映生态用地被占用情况的夜间灯光数据，对土地利用类型阻力面进一步修正。

修正公式为

$$R' = \frac{L_i}{L_a} \times R \tag{6-19}$$

式中，R' 为经夜间灯光数据校正后的土地利用类型阻力面；L_i 为栅格像元 i 对应的夜间灯光指数；L_a 为土地利用类型 a 对应的平均夜间灯光指数；R 为修正前土地利用类型对应阻力面。最终构造的阻力面如图6-9所示。

4. 生态廊道提取

在提取武汉都市圈生态廊道时，选用的是 Linkage Mapper 工具箱，该方法识别生态廊道的技术原理与MCR模型基本类似，但其优势点在于该工具省去了人为剔除冗余性、重复性廊道的步骤，只需要在工具栏预设廊道长度、搜索半径参数，就能够自行搜索、提取带有宽度信息的廊道。

在廊道提取完成后，将源地几何中心定义为生态源点，构建重力模型，利用生态源点间的相互作用力强度来测度生态廊道的重要性，以此对生态廊道进行分类。该重力模型是牛顿经典力学中万有引力定律重力模型的变体形式，可用于计算出生态源地之间的相互作用矩阵。公式为

$$G_{ab} = \frac{N_a N_b}{D_{ab}^2} = \left[\left(\frac{1}{P_a} \times \ln S_a\right)\left(\frac{1}{P_b} \times \ln S_b\right)\right] \bigg/ \left(\frac{L_{ab}}{L_{\max}}\right)^2 \tag{6-20}$$

式中，G_{ab} 为源地 a 和源地 b 的相互作用力结果；D_{ab} 表示两个源地之间潜在廊道阻力的标准值；N_a（N_b）、S_a（S_b）和 P_a（P_b）分别表示源 a（b）的权重、面积和阻力值；L_{max} 为所有廊道阻力的最高值；L_{ab} 表示两个源地之间关联廊道的累积阻力值。

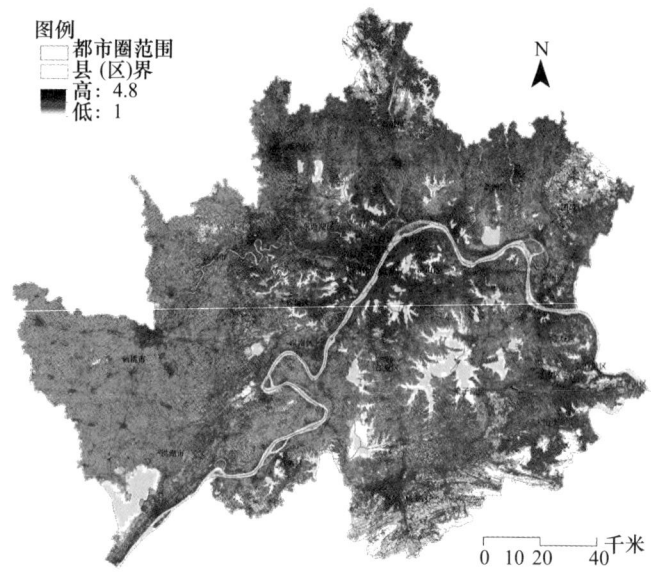

图 6-9 武汉都市圈生态阻力面

按上述原理，本节试验提取生态廊道共计 148 条。利用重力模型的重要值判断将这 148 条廊道分为两个重要等级，即若重要值高于 20（含 20），则判定为关键廊道；若重要值低于 20，则判定为一般廊道。最终判定结果为关键廊道共 68 条，一般廊道 80 条。同时将 Linkage Mapper 提取的 inactive 廊道作为潜在廊道，共计 27 条，作为廊道系统的补充（图 6-10、表 6-8）。

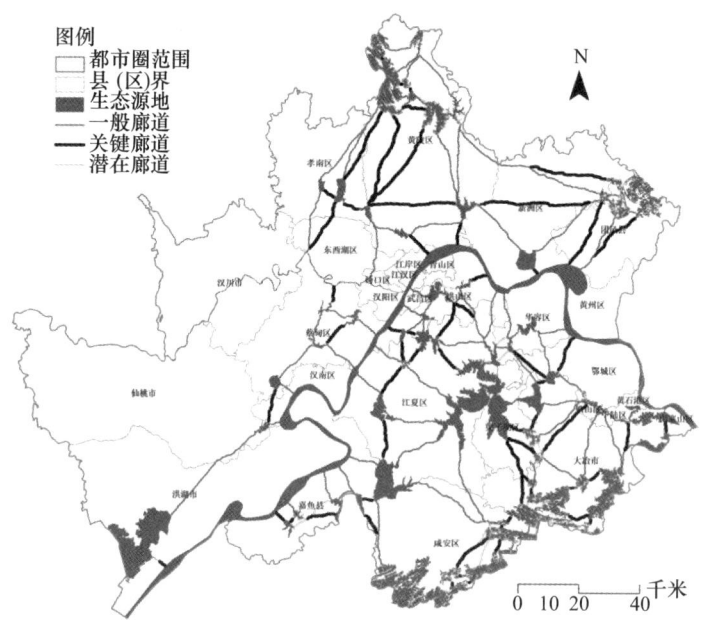

图 6-10 武汉都市圈生态廊道分布图

表 6-8　武汉都市圈生态廊道土地利用表

项目	耕地	园地	林地	草地	建设用地	湿地	未利用地	水域
面积（km^2）	281.02	0.38	55.66	3.58	42.55	0.50	0.01	55.94
占比（%）	63.92	0.09	12.66	0.81	9.68	0.11	0.00	12.72

5. 生态关键节点识别

本书在 ArcGIS 插件工具箱 Pinchpoint Mapper 中使用"多对一"模式调用 Circuitscape 模块，运行前将加权成本距离值设置 20 千米作为生态廊道最大宽度，获得初步总体电流密度分布图，然后按照密度高于 0.05 的标准提取生态夹点，如图 6-11 所示。在本试验中共识别夹点区域 34 处，总面积为 23.06 平方千米（表 6-9）。

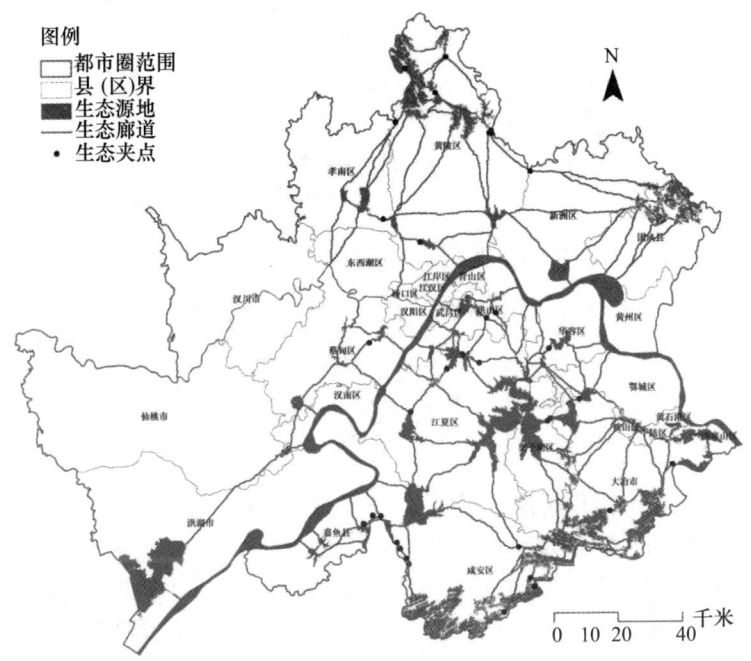

图 6-11　武汉都市圈生态夹点分布图

表 6-9　武汉都市圈生态夹点土地利用表

项目	耕地	园地	林地	草地	建设用地	湿地	水体
面积（km^2）	12.35	0.06	2.36	0.08	1.37	0.11	6.74
占比（%）	53.56	0.26	10.22	0.34	5.93	0.49	29.21

生态障碍点通过基于一定搜索半径的移动窗口法获取，计算移除生态障碍点后的累积电流恢复值，值越大表征该区域对物种活动的阻碍程度越高。本书选择 Barrier Mapper 工具中的 Maxmium 模式，经过反复阈值迭代计算，最后以 300 米为半径迭代运算，提取阈值高于 3.5 区域为生态障碍点区域，共计 71 处，总面积 47.42 平方千米（图 6-12、表 6-10）。

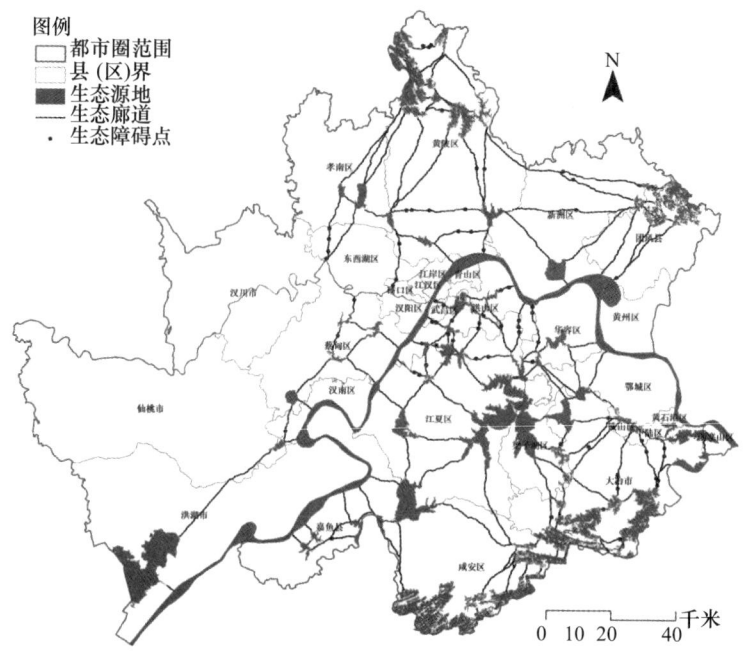

图 6-12 武汉都市圈生态障碍点分布图

表 6-10 武汉都市圈生态障碍点土地利用表

项目	耕地	林地	草地	建设用地	湿地	未利用地	水体
面积（km²）	21.39	0.14	0.45	25.25	0.01	0.01	0.16
占比（%）	45.11	0.30	0.96	53.25	0.03	0.01	0.35

6. 开发与保护并重的武汉都市圈生态安全格局构建

根据生态源地和最小累积阻力模型分析，提取重要生态功能 66 处生态源地、105 处生态节点（其中，生态夹点 34 处、生态障碍点 71 处），175 条生态廊道（其中，关键廊道 68 条、一般廊道 80 条、潜在廊道 27 条），共同构成了武汉都市圈的点、线、面结构的生态安全格局。生态功能空间占地面积约 3000 平方千米，占区域面积的 12.73%（图 6-13）。

6.3.3 整治系统尺度——武汉都市圈生态功能空间整治研究

1. 武汉都市圈生态功能空间整治空间判定

生态安全格局是野生生物活动的主要范围，故将上节构建的安全格局要素（包括生态廊道、生态夹点、生态障碍点等）作为本书论述的生态功能空间核心整治区域。进一步地，就是通过所识别的生态廊道、生态夹点、生态障碍点和结合现状卫星图像对照对比，对于破坏度较大、人类活动频繁的区域加以研判，从而记为武汉都市圈的生态功能空间的目标整治空间。

2. 武汉都市圈生态功能空间整治分类分区

按照破坏类型判定的目标空间分类分区，初步成果主要包括流域整治区 8 处、城乡人居环境整治区 16 处、山水林田湖草综合整治区 18 处、废弃矿山整治区 13 处，共计

55 处，如图 6-14、表 6-11 所示。

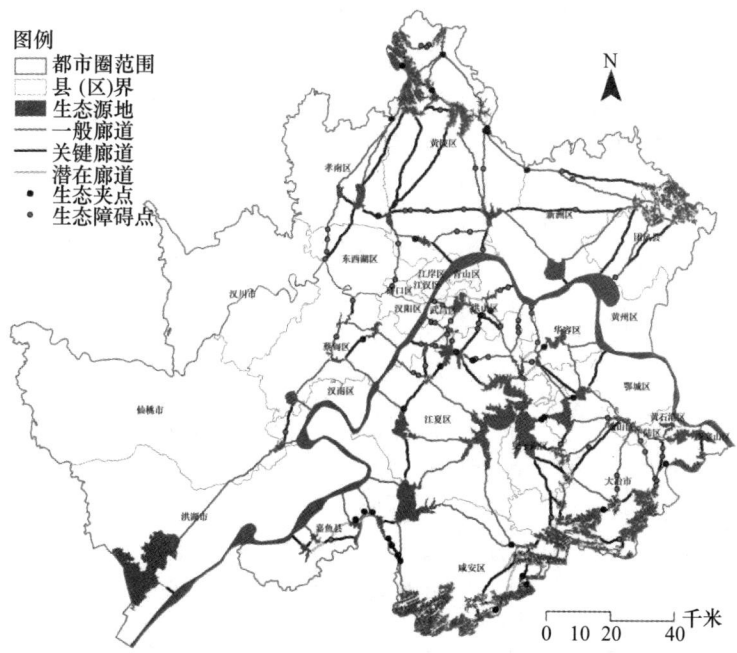

图 6-13　武汉都市圈生态安全格局规划图

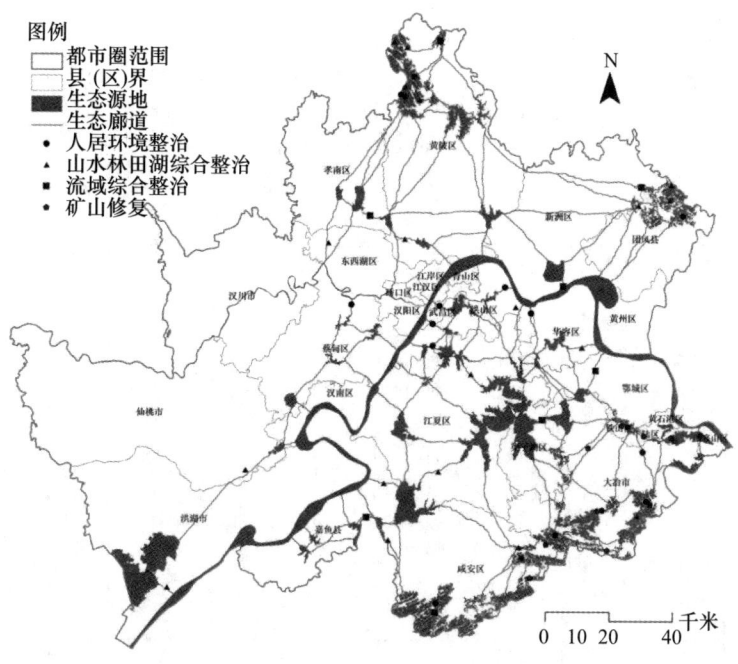

图 6-14　武汉都市圈生态修复分区规划图

表 6-11 武汉都市圈生态修复分区表

编号	修复类型	土地利用	行政区	坐标点	编号	修复类型	土地利用	行政区	坐标点
1	矿山修复	采矿用地	大冶市	115.05，30.18 115.05，30.17 115.07，30.17 115.07，30.18	11	山水林田湖综合整治	林地、水域	黄陂区	114.27，31.12 114.27，31.12 114.28，31.12 114.28，31.12
2	矿山修复	采矿用地	大冶市	115.07，30.17 115.05，30.17 115.08，30.17 115.08，30.19	12	矿山修复	采矿用地	团风县	115.07，30.84 115.07，30.82 115.10，30.82 115.10，30.84
3	矿山修复	采矿用地	西塞山区	115.16，30.19 115.16，30.18 115.17，30.18 115.17，30.19	13	流域综合整治	建设用地、水域	新洲区	114.97，30.88 114.97，30.85 115.01，30.85 115.01，30.88
4	流域综合整治	林地、水域	黄陂区	114.34，31.28 114.34，31.28 114.35，31.28 114.35，31.28	14	山水林田湖综合整治	耕地、建设用地	团风县	115.08，30.88 115.08，30.86 115.10，30.86 115.10，30.88
5	山水林田湖综合整治	耕地、林地	黄陂区	114.19，31.28 114.19，31.28 114.20，31.28 114.20，31.29	15	山水林田湖综合整治	耕地、建设用地	新洲区	114.97，30.82 114.97，30.81 114.98，30.81 114.98，30.82
6	山水林田湖综合整治	耕地、林地	黄陂区	114.23，31.27 114.23，31.26 114.25，31.26 114.25，31.27	16	人居环境整治	建设用地、耕地	团风县	115.11，30.79 115.11，30.77 115.14，30.77 115.14，30.79
7	矿山修复	采矿用地	黄陂区	114.26，31.19 114.26，31.18 114.26，31.18 114.26，31.19	17	矿山修复	采矿用地	铁山区	114.89，30.23 114.89，30.20 114.91，30.20 114.91，30.23
8	山水林田湖综合整治	耕地、建设用地	黄陂区	114.23，31.16 114.23，31.16 114.23，31.16 114.23，31.16	18	人居环境整治	建设用地、耕地	铁山区	114.91，30.22 114.91，30.20 114.93，30.20 114.93，30.22
9	人居环境整治	建设用地	黄陂区	114.21，31.14 114.21，31.13 114.22，31.13 114.22，31.14	19	人居环境整治	建设用地、耕地	大冶市	114.96，30.01 114.96，30.00 114.98，30.00 114.98，30.01
10	矿山修复	采矿用地	黄陂区	114.22，31.14 114.22，31.13 114.23，31.13 114.23，31.14	20	矿山修复	采矿用地	大冶市	114.98，30.00 114.98，30.00 114.99，30.00 114.99，30.00

续表

编号	修复类型	土地利用	行政区	坐标点	编号	修复类型	土地利用	行政区	坐标点
21	矿山修复	采矿用地	大冶市	114.81, 29.99 114.81, 29.98 114.82, 29.98 114.82, 29.99	31	山水林田湖综合整治	水域、建设用地	嘉鱼县	114.12, 29.94 114.12, 29.90 114.16, 29.90 114.16, 29.94
22	山水林田湖综合整治	建设用地、耕地	大冶市	114.93, 29.97 114.93, 29.96 114.95, 29.96 114.95, 29.97	32	人居环境整治	建设用地、耕地	大冶市	114.82, 29.99 114.82, 29.98 114.84, 29.99 114.84, 29.99
23	人居环境整治	建设用地、耕地	大冶市	114.65, 29.94 114.65, 29.91 114.70, 29.91 114.70, 29.94	33	流域综合整治	水域、耕地	嘉鱼县	114.03, 30.01 114.03, 29.96 114.11, 29.96 114.11, 30.01
24	矿山修复	采矿用地	咸安区	114.62, 29.91 114.62, 29.88 114.67, 29.88 114.67, 29.91	34	流域综合整治	水域、建设用地	梁子湖区	114.63, 30.25 114.63, 30.22 114.66, 30.22 114.66, 30.25
25	山水林田湖综合整治	林地、水域	咸安区	114.56, 29.89 114.56, 29.89 114.56, 29.89 114.56, 29.89	35	山水林田湖综合整治	建设用地、耕地	黄陂区	114.17, 30.76 114.17, 30.72 114.26, 30.72 114.26, 30.76
26	矿山修复	采矿用地	大冶市	114.83, 29.88 114.83, 29.87 114.85, 29.87 114.85, 29.88	36	流域综合整治	水域、耕地	孝南区	114.08, 30.82 114.08, 30.80 114.13, 30.80 114.13, 30.82
27	人居环境整治	建设用地、耕地	咸安区	114.56, 29.87 114.56, 29.85 114.58, 29.87 114.58, 29.87	37	流域综合整治	水域、耕地	新洲区	114.68, 30.63 114.68, 30.57 114.76, 30.57 114.76, 30.63
28	矿山修复	采矿用地	咸安区	114.59, 29.81 114.59, 29.80 114.60, 29.80 114.60, 29.81	38	人居环境整治	建设用地、水域	洪山区	114.57, 30.58 114.57, 30.62 114.50, 30.62 114.50, 30.58
29	人居环境整治	建设用地、耕地	咸安区	114.28, 29.75 114.28, 29.74 114.30, 29.74 114.30, 29.75	39	人居环境整治	建设用地、水域	蔡甸区	114.03, 30.59 114.03, 30.55 114.05, 30.55 114.05, 30.59
30	流域综合整治	林地、水域	咸安区	114.26, 29.73 114.26, 29.70 114.30, 29.70 114.30, 29.73	40	人居环境整治	建设用地、水域	武昌区	114.29, 30.57 114.29, 30.54 114.35, 30.54 114.35, 30.57

续表

编号	修复类型	土地利用	行政区	坐标点	编号	修复类型	土地利用	行政区	坐标点
41	山水林田湖综合整治	建设用地、耕地	洪山区	114.54, 30.57 114.54, 30.52 114.60, 30.52 114.60, 30.57	49	山水林田湖综合整治	水域、耕地	江夏区	114.23, 30.13 114.23, 30.07 114.38, 30.07 114.38, 30.13
42	人居环境整治	建设用地、水域	华容区	114.61, 30.55 114.61, 30.51 114.63, 30.51 114.63, 30.55	50	山水林田湖综合整治	水域、耕地	嘉鱼县	114.08, 30.10 114.08, 30.05 114.18, 30.05 114.18, 30.10
43	山水林田湖综合整治	水域、耕地	华容区	114.72, 30.45 114.72, 30.42 114.83, 30.42 114.83, 30.45	51	人居环境整治	建设用地	大冶市	114.95, 30.16 114.95, 30.12 114.98, 30.12 114.98, 30.16
44	流域综合整治	水域、耕地	鄂城区	114.79, 30.42 114.79, 30.31 114.85, 30.31 114.85, 30.42	52	矿山修复	采矿用地	大冶市	114.77, 30.17 114.77, 30.15 114.81, 30.15 114.81, 30.17
45	山水林田湖综合整治	水域、耕地	江夏区	114.38, 30.40 114.38, 30.33 114.45, 30.33 114.45, 30.40	53	人居环境整治	建设用地	洪山区	114.28, 30.46 114.28, 30.44 114.31, 30.44 114.31, 30.46
46	人居环境整治	建设用地	下陆区	114.95, 30.20 114.95, 30.17 114.99, 30.17 114.99, 30.20	54	人居环境整治	建设用地	武昌区	114.27, 30.53 114.27, 30.49 114.33, 30.49 114.33, 30.53
47	山水林田湖综合整治	水域、耕地	洪湖市	113.37, 29.85 113.37, 29.76 113.48, 29.76 113.48, 29.85	55	山水林田湖综合整治	建设用地、耕地	东西湖区	113.91, 30.81 113.91, 30.67 114.02, 30.67 114.02, 30.81
48	山水林田湖综合整治	水域、耕地	仙桃市	113.48, 30.26 113.48, 29.99 113.89, 29.99 113.89, 30.26					

6.4 基于产业导向的都市圈乡村生态资源分区修复策略

6.4.1 矿山整治修复区技术策略

矿山环境问题主要是矿山废弃后造成的塌陷、踩空以及沙石地表破坏等隐患，治理的重点就是对煤矸石堆的处理。

1. 技术要点

土地复垦是生态功能空间范围内废弃矿山整治的主要举措，服务于环境整治和农地保护与恢复两个目标。土地复垦技术主要分为物理工程技术、化学技术和生物技术三大类。

2. 修复模式

通过生态恢复的景观设计手法来恢复矿山自然生态和人文生态。在生态功能空间整治与文化重塑的策略基础上，将原本存在危险隐患的地段通过人工改造、生态修复，转变成为人们可以亲近、游览的旅游胜地。将公园建成集科普体验、矿业文化、极限运动、观光旅游、休闲度假于一体的矿山（地质）公园。

6.4.2 流域整治修复区技术策略

流域水体生态系统破坏的直接原因是人类活动造成的污染超过了其自然承载力，生态系统遭到严重破坏，主要体现在三方面：水量失衡、水化学失衡及水生态失衡。水生态环境保护需要应用生态友好的原则进行流域水生态系统的修复。

1. 技术要点

基于生态水工学理论方法，提出从河流廊道、水网、区域三个尺度下建立河湖生态环境保护与修复技术体系，包括全覆盖立体式河流生态廊道拟自然修复技术工具箱、河湖水系生态连通规划关键技术、城乡河湖水环境三全三可式系统治理技术。

2. 修复模式

河道景观治理注重水质的提升和驳岸的改造，通过地形塑造、生态功能空间整治，确保水体的流畅性，保证水面率，同时，禁止任何非法排污行为，减少对水体湿地人为的干扰。对于水体驳岸的设计，确保生态驳岸的占比，结合休闲观光需要，局部采用人工的生活驳岸和生产驳岸，合理规划驳岸形态，确定合理的景观布局，在保证景观的可持续性、可亲近性的同时，将人对水质的影响控制在水体可承受的范围内（图6-15）。

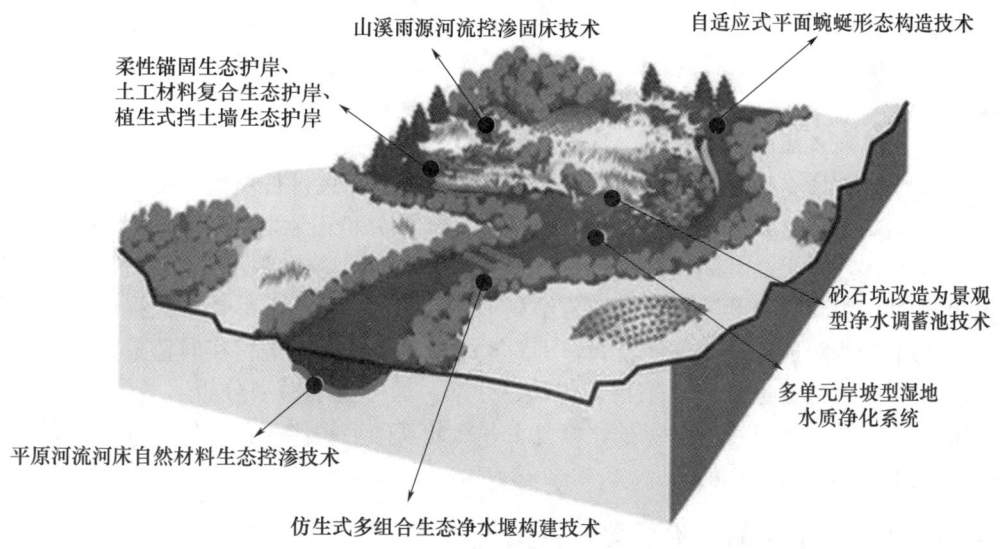

图 6-15　河湖生态环境保护与修复技术体系

6.4.3 城乡人居环境整治区技术策略要点

人居环境的提升一方面要求城乡为人们提供更高品质的生存环境，另一方面也要实现城乡发展与环境景观之间的协调共生。

1. 城市人居环境整治区技术要点——城市更新设计

城市更新设计是推进城市棚户区改造、旧城改造的主要手段，其规划设计的重点是完善老旧小区中的道路、给水、供电、供暖、电信等基础设施，并提升公共服务设施能级，提升建筑风貌，确保建筑间距满足通风、采光以及卫生、消防等要求。城市更新设计在很大程度上将激发城乡发展诉求。

2. 乡村人居环境整治区技术要点——设施建设

在学习借鉴武汉都市圈"千万工程"经验基础上，本书认为乡村人居环境整治主要包括以下几点：一是实施农村生活垃圾治理行动，完善垃圾收集、转运、处理体系；二是生产生活污水治理，开展河长制、湖长制；三是鼓励农村村民房前屋后环境治理，重点改造院墙、菜园、树池等；四是开展厕所革命，实施村民自治清洁行动，发挥村民自主自治功能，营造宜居环境。

3. 城市修复模式

利用城市边缘空间进行城市生态功能空间整治可以有效实现城市核心区域的人居环境优化。在不影响城市功能的基础上优化城市核心区域的城市生态环境，与城市外围的生态体系形成渗透关系，是生态系统向城市中心渗透的重要媒介。

4. 乡村修复模式

乡村生态功能空间整治可以提高承载城镇人口度假乃至康养的空间吸引力，乡村高质量的生态环境是与城市的重要区别，从山水林田湖等方面着手，划定生态功能空间整治区域，建设好乡村生态环境。

6.4.4 山水林田湖草修复区技术策略要点

首先，在突出核心生态功能的目标下，要加强技术方案的整体性设计，打破部门之间分割实施的思维模式，按照统一规划、统一实施、统一验收的思路，设计山水林田湖草修复方案。

其次，针对具体的修复目标，将综合性修复与精准保护相结合，达到既要以整个生态系统为主进行综合性修复，又要按照各个资源要素的需求进行精准治理修复。目前较为具体实用的方法是基于层次分析法（AHP），基于分析山水林田湖草子系统的技术，建立山水林田湖草生命共同体健康评价及分区系统，并运用地理探测器模型来检测导致区域山水林田湖草生命共同体健康评价结果不好的源头因素，最终针对性提出综合治理建议。目前较为智能便于实施的方式，即对整个区域生态要素进行实时监控，有效降低生态风险，通过数据进行智能采集、传输、共享，通过数学模型分析，做到智能分析、智能决策，实现生态环境科学保护、修复；并在此基础上构建完善的生态补偿机制，加强流域上下游的协调发展能力。

6.4.5 生态功能空间整治优化一张图

信息化建设的目标，一是汇集山水林田湖草一体化生态功能空间整治大数据，健全生态功能空间整治项目"立项申报—规划设计—实施监测—验收备案"全周期数字化管控，实现生态功能空间整治规划范围可查阅、工程实践区域可检测、管理流程可回溯、实施效果可评估的全链条管理。二是夯实国土生态功能空间整治项目数据库管理能力、动态监测预警能力、综合实施效能评估能力、宏观监管决策支持能力，协调处置部—省—市（县）各级生态功能空间整治项目衔接关系、补偿安置关系，提升生态功能空间治理体系、提升治理能力和强化信息化建设水平。

1. 生态修复一张图数据体系构建

依托自然资源三维立体一张图，整合生态功能空间整治现状底图数据、规划设计数据、项目库数据、审查管控数据，形成图数一体、动态更新的生态功能空间整治一张图数据体系。

生态功能空间整治一张图专题数据已有立足基础，协调相关数据标准，基于自然资源一张图的现状数据、规划数据、管理数据、社会经济数据等资料，进行整合建库。全面汇集生态功能空间整治相关的资源本底与评价、专项规划与项目设计、项目监测监管、政策法规与案例等数据资源，形成生态功能空间整治一张图专题数据，完善充实自然资源一张图体系（图6-16）。

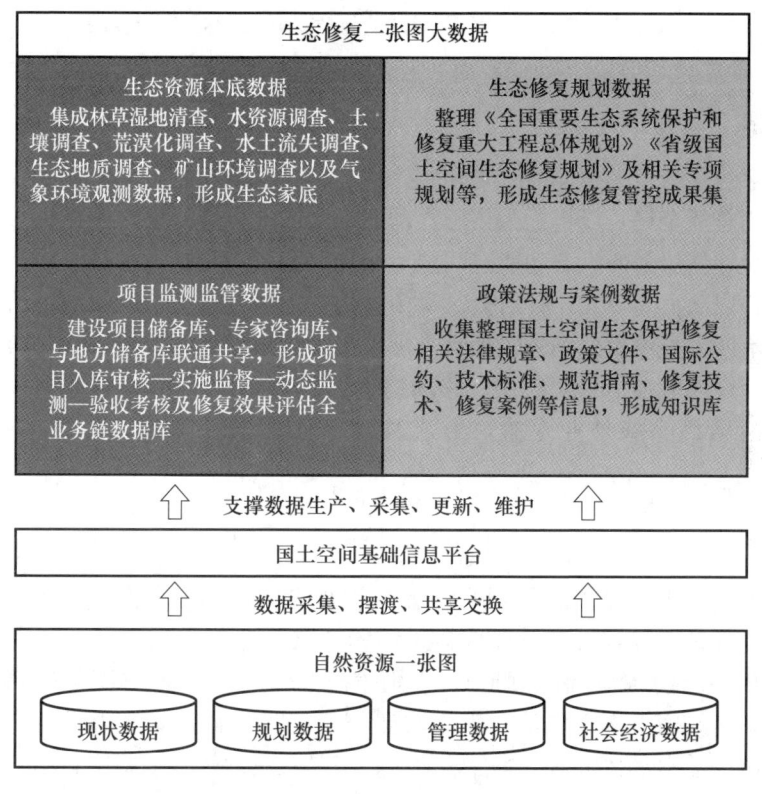

图6-16 生态修复一张图建设内容

2. 生态修复项目管理库建设

整合各级各类国土生态功能空间整治项目，按照项目全周期管理要求，汇总关联项目立项申报—规划设计—资金预算—实施监测—验收备案各环节数据信息，形成层级展开、全周期管理项目管理库。

生态功能空间整治项目库作为全省/市重大项目库的专题数据补充，侧重对生态功能空间整治类项目的数字化管理，通过国土空间基础信息平台进行数据共享交换；汇集各级各类生态功能空间整治项目的全周期数据信息，满足对项目统一编码分类、统一质检建库、统筹制定项目管理台账，进一步细分为项目储备库、项目生成库与验收备案库，实现项目各环节留痕管理（图6-17）。

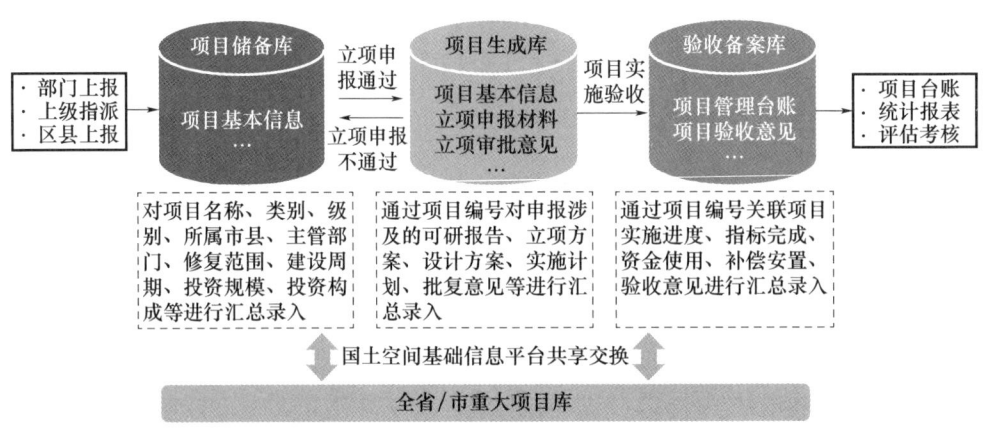

图6-17 生态修复数据库建设内容

3. 应用框架构建

应用框架包括智慧监管应用、项目监测监管应用、移动巡查APP应用三个部分。智慧监管应用总揽全局，以指标为核心，动态汇集四大类修复项目的指标数据，形成面向监测预警与评估决策的生态功能空间整治全局一张图与指标一本账。项目监测监管应用分项管理，以项目为单元，针对分区矿山整治、人居环境整治、流域整治、山水林田湖草综合整治四大类项目分别形成项目立项申报—规划设计—资金预算—实施监测—验收备案业务全周期管控信息化应用。移动巡查APP应用无障碍监督巡查，以调查为手段，针对整治项目实施外业巡查，形成移动一张图与一本账，支撑巡查执法取证（图6-18）。

6.4.6 总结

本章节提出基于景观生态学"斑-廊-基质"理念的生态安全格局体系。主要包括以下三个尺度：一是在区域尺度上提取格局结构要素，即确立生态源地、搭建生态廊道（含一般廊道、关键廊道、潜在廊道）、识别生态节点（含夹点、障碍点、断裂点）等；二是在整治系统尺度上筹划整治、优化四类分区，即人居环境整治区、废弃矿山整治区、流域整治区、山水林田湖草综合整治区；三是在场地尺度上归纳总结各类分区修复模式、技术要点，如滨水区城市设计、矿山边坡覆土复绿、城市双修等。

本章节结合武汉都市圈近20年土地利用及其他地理国情数据，构建了由66处源地。68条关键廊道、80条一般廊道、27条潜在廊道、34处生态夹点、71处生态障碍点等要素组成的武汉都市圈斑-廊-基质生态安全格局，并分类划定了55处生态功能空间整治区域，涉及3000平方千米的国土面积，占行政管辖面积的12%左右，其中耕地、草地、园地、林地、自然水体等生态空间类在 90% 以上，符合客观实际。最后提出提高生境质量、嵌入国土空间全过程的武汉都市圈生态功能空间分类分区整治策略。

国土空间生态修复信息系统					
智慧监管应用：以指标为核心，面向宏观业务监管决策					
一张图应用		规划管理		信息输出	
资源浏览	项目定位	成果质检	成果查询	专题制图	报表输出
空间分析	…	成果汇总	…	数据提取	…
监测监管		评估预警		辅助决策	
指标汇总	图斑核查	定期评估	及时预警	指标态势	统计汇总
资金监测	…	绩效评价	…	决策支持	…
信息共享		知识库		…	
信息发布	意见征集	政策法规	标准规范	…	…
服务共享	…	项目案例	…	…	…
项目监测监管应用：以项目为单元，面向项目实施考核评估					
项目申报		项目台账		项目监测	
信息填报	信息审核	年度计划	台账管理	图斑监测	指标监测
信息查询	…	统计分析	…	进度监测	…
补偿管理		成果管理		系统管理	
补偿标准	补偿安置	成果备案	成果管理	指标管理	用户管理
补偿进度	…	查询检索	成果下载	功能管理	…
移动巡查APP应用：以调查为手段，面向外业巡查执法取证					
数据浏览		外业巡查		信息监测	
资源展示	查询定位	项目台账	路径标绘	图斑监测	指标监测
统计汇总	…	取证录入	…	资金监测	…

图 6-18　生态修复应用框架图

参考文献

[1] NUGROHO P. Rural Industry Clustering Towards Transitional Rural-Urban Interface [J]. IOP Conference Series: Earth and Environmental Science, 2018, 158 (1): 012055.

[2] PARTE L, ALBERCA P. Business Performance and Sustainability in Cultural and Rural Tourism Destinations [J]. Mathematics, 2021, 9 (8): 892.

[3] KUKHARENKO V. Improving the Base of Rural Construction [J]. Problems of Economic Transition, 1999, 42 (2) 81-92.

[4] ANASTASIOU E, MANIKA S, RAGAZOU K, et al. Territorial and Human Geography Challenges: How Can Smart Villages Support Rural Development and Population Inclusion? [J]. Social Sciences, 2021, 10 (6): 1-15.

[5] SOUZA G B D. Rurban Landscapes: Tension between Rural Practices and Urban Values in the Morpho Genesis of Public Spaces of Seats of Rural Municipalities. A Case Study [J]. Sociedade & Natureza, 2009, 21 (2): 181-192.

[6] INFORMATION TECHNOLOGY-DATA MINING, STUDIES FROM J. J. QINet al. Provide New Data on Data Mining (Research on the Development Model and Promotion Mechanism of Rural Industry Convergence in China in the New Period Based on Data Mining Algorithm) [J]. Information Technology Newsweekly, 2018.

[7] JULIANO F, JULIO S, LAHR F A R. Roof Modular System in Wood and Particle Board (OSB) to Rural Construction [J]. Scientia Agricola, 2012, 69 (3) 189-193.

[8] LIU K, MURAYAMA Y, ICHINOSE T. Exploring the Relationship between Functional Urban Polycentricity and the Regional Characteristics of Human Mobility: A Multi-view Analysis in the Tokyo Metropolitan Area [J]. Cities, 2021, 111 (6): 103109.

[9] MENDIOLA L, GONZÁLEZ P. Urban Development and Sustainable Mobility: A Spatial Analysis in the Buenos Aires Metropolitan Area [J]. Land, 2021, 10 (2) 1-23.

[10] VIDICKIEN D, VILK R, GEDMINAITĖ R. Transformative Tourism as an Innovative Tool for Rural Development [J]. European Countryside, 2020, 12 (3) 277-297.

[11] XIE Z, ZHANG F R, LUN F, et al. Research on A Diagnostic System of Rural Vitalization Based on Development Elements in China [J]. Land Use Policy, 2020, 92 (C).

[12] EVANS N, MORRIS C, WINTER M. Conceptualizing Agriculture: A Critique of Post-productivism as the New Or-thodoxy [J]. Progressin Human Geography. 2002 (03): 313-332.

[13] HARVOLD K, NORDAHL B. Planning in Rurbania: Rural Policy and the Planning System in Norway [J]. Town Planning Review, 2012, (2): 213-232.

[14] PUNTER J. Centenary paper: Planning and Bood Design: Indivisible or Invisible? A Century of Design Regulation in English town and country planning [J]. Town Planning Review, 2010, (4): 343-380.

[15] SWAFFIELD S R. Reinventing Spatial Planning at the Urban Rural Interface: A Christchurch, New Zealand Case Study [J]. Planning Practice & Research, 2012, (4): 405-422.

[16] 白孝忠, 何艳. 农业产业集群发展模式及动力机制分析: 以湖北省为例 [J]. 科技进步与对策,

2012, 29 (24): 100-103.

[17] 曹祎遐, 耿昊裔. 上海都市农业与二三产业融合结构实证研究: 基于投入产出表的比较分析 [J]. 复旦学报 (社会科学版), 2018, 60 (04): 149-157.

[18] 曹祎遐, 黄艺璇. 文化创意产业与现代农业融合发展的耦合协调度及空间相关分析: 基于2012—2017年中国31个省市相关数据的研究 [J]. 复旦学报 (社会科学版), 2021, 63 (02): 169-177.

[19] 陈斌. 都市圈圈层演化及其与交通发展的互动关系研究 [D]. 南京: 南京林业大学, 2018.

[20] 陈慈, 陈俊红, 龚晶. 农业产业融合发展的理论与实践 [M]. 北京: 中国经济出版社, 2020.

[21] 陈东. 中国农业产业组织发展演变的制度分析 [M]. 长春: 吉林大学出版社, 2019.

[22] 陈天富. 美丽乡村背景下河南乡村旅游发展问题与对策 [J]. 经济地理, 2017, 37 (11): 236-240.

[23] 程恩富, 王新建. 京津冀协同发展: 演进、现状与对策 [J]. 管理学刊, 2015, 28 (01): 1-9.

[24] 党福玲. 现代农业产业经济的发展转型研究: 评《现代农业产业集群创新发展研究》[J]. 中国蔬菜, 2020 (05): 114-115.

[25] 董子铭, 刘天军. 休闲农业产业集群动力机制分析 [J]. 中国农学通报, 2014, 30 (02): 314-320.

[26] 樊漓, 杨明俊. 基于管理视角的镇级层面生态保护红线划定思考 [J]. 小城镇建设, 2022, 40 (01): 84-89.

[27] 丰华, 王金山. 农业产业链组织发展的演变趋势与改革创新 [J]. 经济体制改革, 2021 (02): 74-80.

[28] 耿虹, 李彦群, 范在予. 农家乐发展的地域空间格局及其影响因素: 基于浙江、湖北、四川的比较研究 [J]. 经济地理, 2019, 39 (11): 183-193.

[29] 顾朝林, 俞滨洋, 薛俊菲, 等. 都市圈规划 [M]. 北京: 中国建筑工业出版社, 2007.

[30] 郭红东, 蒋文华. 影响农户参与专业合作经济组织行为的因素分析: 基于对浙江省农户的实证研究 [J]. 中国农村经济, 2004 (05): 10-16+30.

[31] 郭红东, 阮建青, 曾亿武. 农业产业集群形成及演变: 中国案例选集 [M]. 北京: 中国农业出版社, 2018.

[32] 郭乃培. 西安都市圈都市农业现代化水平评价及发展模式研究 [D]. 西安: 陕西师范大学, 2013.

[33] 韩博, 金晓斌, 顾铮鸣, 等. 乡村振兴目标下的国土整治研究进展及关键问题 [J]. 自然资源学报, 2021, 36 (12): 3007-3030.

[34] 贺欢欢, 张衔春. 土地产权视角下的城乡规划改进思考 [J]. 规划师, 2014, 30 (02): 18-24.

[35] 洪亮平, 乔杰. 规划视角下乡村认知的逻辑与框架 [J]. 城市发展研究, 2016, 23 (01): 4-12.

[36] 洪艳. 现代农业集群式发展研究 [D]. 长沙: 湖南农业大学, 2009.

[37] 胡航军, 张京祥. "超越精明收缩"的乡村规划转型与治理创新: 国际经验与本土化建构 [J]. 国际城市规划, 2022, 37 (03): 50-58.

[38] 胡剑锋. 中国农业产业组织发展演变的制度分析 [M]. 北京: 人民出版社, 2010.

[39] 黄亚平, 周敏. 武汉都市区制造业空间演化特征、机理及引导策略研究 [J]. 城市规划学刊, 2016 (06): 54-64.

[40] 黄震方, 陆林, 苏勤, 等. 新型城镇化背景下的乡村旅游发展: 理论反思与困境突破 [J]. 地理研究, 2015, 34 (08): 1409-1421.

[41] 焦隆, 王冬梅. 基于DPSIR模型和水足迹理论的桂林市水资源承载力研究 [J]. 中国水土保持科学, 2020, 18 (03): 74-80.

[42] 蓝启先. 新时代农村集体经济组织发展问题研究 [J]. 农业与技术, 2020, 40 (13): 156-158.

[43] 李兵弟. 中国城乡统筹规划的实践探索［M］. 北京：中国建筑工业出版社，2011.

[44] 李春友. 基于资源利用视角的广西农业用地绩效评估及障碍分析［J］. 中国农业资源与区划，2021，42（03）：42-50.

[45] 李二玲. 中国农业产业集群演化过程及创新发展机制：以"寿光模式"蔬菜产业集群为例［J］. 地理科学，2020，40（04）：617-627.

[46] 李国英. 构建都市圈时代"核心城市＋特色小镇"的发展新格局［J］. 区域经济评论，2019（06）：117-125.

[47] 李娟. 多指标综合评判在自然资源承载力评价中的应用：以临泽县水资源为例［J］. 测绘与空间地理信息，2021，44（05）：61-64.

[48] 李松柏. 都市圈乡村休闲旅游与老年季节性移居融合发展研究［J］. 农村经济，2011（09）：101-104.

[49] 李铜山，杨绍闻. 论现代农业产业集群发展的动力机制及对策取向［J］. 中州学刊，2017（04）：43-49.

[50] 李小云，李志. 新型城镇化背景下欠发达地区县域村庄布点规划研究［J］. 华中建筑，2019，37（04）：76-79.

[51] 李彦军. 都市圈的空间界定方法研究：以武汉都市圈为例［J］. 理论与改革，2008（04）：150-153.

[52] 颜琪，罗静. 武汉城市圈经济资源环境耦合的系统动力学模拟［J］. 地理研究，2013（01）：18-22.

[53] 刘刚. 我国新型农业经营主体政策供给绩效评估研究：基于利益相关者理论模式的分析［J］. 农村经济与科技，2016，27（12）：1-3.

[54] 刘迎. 产业融合视角下的农业产业园发展研究［D］. 泰安：山东农业大学，2018.

[55] 龙花楼，李婷婷，邹健. 我国乡村转型发展动力机制与优化对策的典型分析［J］. 经济地理，2011，31（12）：2080-2085.

[56] 龙花楼. 论土地整治与乡村空间重构［J］. 地理学报，2013，68（08）：1019-1028.

[57] 卢小丽，成宇行，王立伟. 国内外乡村旅游研究热点：近20年文献回顾［J］. 资源科学，2014，36（01）：200-205.

[58] 卢中辉. 都市圈边缘区空间经济联系机理及效应研究［D］. 武汉：华中师范大学，2018.

[59] 罗彦，蒋国翔，陈少杰，等. 基于"双评价"和主体功能区优化的国土空间规划探索［J］. 城市规划，2022，46（01）：7-17＋52.

[60] 罗永乐. 特色农业产业集群形成与发展的动力机制分析［J］. 理论导刊，2015（03）：74-76＋90.

[61] 孟秋莉，邓爱民. 全域旅游视阈下乡村旅游产品体系构建［J］. 社会科学家，2016（10）：85-89.

[62] 牛强，伍磊，张伟铭，等. 基于五色判断矩阵的资源环境承载能力预警：以武汉"1＋8"都市圈为例［J］. 测绘地理信息，2020，45（01）：52-55.

[63] 钮心毅，王垚，刘嘉伟，等. 基于跨城功能联系的上海都市圈空间结构研究［J］. 城市规划学刊，2018（05）：80-87.

[64] 潘悦，程超，洪亮平. 基于规划协同的市（县）空间管制区划研究［J］. 城市发展研究，2017，24（03）：1-8.

[65] 潘悦，洪亮平. 中西部都市圈区"被动城市化"困境突围［J］. 城市规划学刊，2013（04）：42-48.

[66] 潘悦，罗翔. 基于城乡统筹的农村土地流转动力机制研究：武汉例证［J］. 中国房地产，2016

(15): 42-50.

[67] 彭玉玲, 林爱文, 王珂, 等. 老挝中部地区林业用地空间适宜性多尺度评价[J]. 地域研究与开发, 2019, 38(02): 139-146.

[68] 乔杰, 洪亮平, 王莹. 全面发展视角下的乡村规划[J]. 城市规划, 2017, 41(01): 45-54+108.

[69] 秦振兴, 杨新海, 郑无喧, 等. 苏南乡村闲置资源再利用与空间整合研究[J]. 规划师, 2016, 32(09): 134-139.

[70] 石忆邵, 杭太元. 我国城乡一体化研究的近期进展与展望[J]. 同济大学学报(社会科学版), 2013, 24(06): 50-57.

[71] 石忆邵. 都农融合城市: 城乡一体化发展的新趋向[J]. 广东社会科学, 2015(06): 5-11.

[72] 宋小冬, 吕迪. 村庄布点规划方法探讨[J]. 城市规划学刊, 2010(05): 65-71.

[73] 粟路军, 黄福才. 服务公平性、消费情感与旅游者忠诚关系: 以乡村旅游者为例[J]. 地理研究, 2011, 30(03): 463-476.

[74] 孙爱博, 公云龙, 金志丰, 等. 基于规划实践的国土空间"双评价"审视与反思[J]. 中国国土资源经济, 2022, 35(05): 63-69.

[75] 孙彤宇, 李彬, 张蕾, 等. 基于自组织理论的中国传统城市空间结构拓扑关系研究[J]. 城市规划学刊, 2019(01): 33-39.

[76] 唐伟, 钟祥浩. 成都都市圈县域经济时空差异及空间结构演变[J]. 长江流域资源与环境, 2010, 19(07): 732-738.

[77] 唐伟成, 彭震伟, 陈浩. 制度变迁视角下村庄要素整合机制研究: 以宜兴市都山村为例[J]. 城市规划学刊, 2014(04): 38-45.

[78] 田莉. 城乡统筹规划实施的二元土地困境: 基于产权创新的破解之道[J]. 城市规划学刊, 2013(01): 18-22.

[79] 汪光焘, 李芬, 刘翔, 等. 新发展阶段的城镇化新格局研究: 现代化都市圈概念与识别界定标准[J]. 城市规划学刊, 2021(02): 15-24.

[80] 汪梁. 产业融合视角下安徽省农业产业结构优化研究[D]. 合肥: 安徽大学, 2015.

[81] 王明田. 乡镇应成为乡村规划管控的主体平台[J]. 小城镇建设, 2019, 37(04): 1.

[82] 王明田. 集体经营性建设用地入市对乡镇国土空间规划的影响[J]. 小城镇建设, 2020, 38(02): 5-9+24.

[83] 王琪延, 徐玲. 基于产业关联视角的北京旅游业与农业融合研究[J]. 旅游学刊, 2013, 28(08): 102-110.

[84] 王秦, 邱红. 区域资源环境承载力的内涵、特征与演进机制研究[J]. 当代经济管理, 2020, 42(05): 51-58.

[85] 王瀛旭, 郭燕茹, 陈东杰. 基于层次熵分析法的森林公园生态旅游发展研究: 以30个国家森林公园为例[J]. 林业经济, 2021, 43(01): 68-82.

[86] 王雨村, 李月月, 潘斌. 精准扶贫视域下河南乡村产业韧性化发展策略[J]. 规划师, 2018, 34(12): 39-45.

[87] 翁一峰. 苏南乡村人地空间组织与模式探究: 以产权关系为视角[J]. 城市规划学刊, 2014(06): 30-37.

[88] 吴必虎, 黄琢玮, 马小萌. 中国城市周边乡村旅游地空间结构[J]. 地理科学, 2004(06): 757-763.

[89] 吴必虎, 俞曦. 旅游规划原理[M]. 北京: 中国旅游出版社, 2010.

[90] 伍婷. 农业与旅游产业融合模型及实证研究[D]. 桂林: 广西师范大学, 2014.

[91] 夏杰长, 徐金海. 中国旅游业与农业融合发展的实证研究 [J]. 经济与管理研究, 2016, 37 (01): 77-83.

[92] 向延平. 乡村旅游驱动乡村振兴内在机理与动力机制研究 [J]. 湖南社会科学, 2021 (02): 41-47.

[93] 肖金成, 安树伟. 从区域非均衡发展到区域协调发展: 中国区域发展 40 年 [J]. 区域经济评论, 2019 (01): 13-24.

[94] 谢守红, 周芳冰, 吴天灵, 等. 长江三角洲城乡融合发展评价与空间格局演化 [J]. 城市发展研究, 2020, 27 (03): 28-32.

[95] 熊剑平. 都市圈空间成长的结构性机理 [M]. 北京: 中国经济出版社, 2015.

[96] 杨军, 吴孟, 赖长伟. 重庆都市圈农业结构与功能调整研究 [J]. 重庆工商大学学报 (西部论坛), 2004 (05): 63-66+79.

[97] 杨开忠. 乡村振兴以都市圈为主要依托 [J]. 理论导报, 2018 (06): 54-55.

[98] 杨忍, 张菁, 陈燕纯. 基于功能视角的广州都市边缘区乡村发展类型分化及其动力机制 [J]. 地理科学, 2021, 41 (02): 232-242.

[99] 杨卫丽. 西安都市圈都市农业发展研究 [D]. 西安: 西北大学, 2011.

[100] 叶裕民. 中国统筹城乡发展的系统架构与实施路径 [J]. 城市规划学刊, 2013 (01): 1-9.

[101] 尹成杰. 新阶段农业产业集群发展及其思考 [J]. 农业经济问题, 2006 (03): 4-7+79.

[102] 俞孔坚, 李海龙, 李迪华, 等. 国土尺度生态安全格局 [J]. 生态学报, 2009, 29 (10): 5163-5175.

[103] 虞虎, 刘青青, 陈田, 等. 都市圈旅游系统组织结构、演化动力及发展特征 [J]. 地理科学进展, 2016, 35 (10): 1288-1302.

[104] 岳凤霞. 农旅融合视角下宜宾县冠英现代农业产业园旅游发展研究 [D]. 成都: 成都理工大学, 2017.

[105] 张迪, 李铜山. 现代农业产业集群创新发展的内外部环境探究 [J]. 南方农业, 2018, 12 (05): 85-86.

[106] 张京祥, 赵丹, 陈浩. 增长主义的终结与中国城市规划的转型 [J]. 城市规划, 2013, 37 (01): 45-50+55.

[107] 张京祥, 邹军, 吴启焰, 等. 论都市圈地域空间的组织 [J]. 城市规划, 2001 (05): 19-23.

[108] 张晓敏. 基于群组 AHP-模糊综合法的陕南生态旅游资源评价 [J]. 江苏农业科学, 2021, 49 (13): 13-18.

[109] 张欣炜, 宁越敏. 中国大都市区的界定和发展研究: 基于第六次人口普查数据的研究 [J]. 地理科学, 2015, 35 (06): 665-673.

[110] 张正峰, 赵伟. 土地整理的资源与经济效益评估方法 [J]. 农业工程学报, 2011, 27 (03): 295-299.

[111] 周珺. 上海都市圈产业结构特征及演变 [D]. 南京: 南京大学, 2018.

[112] 周婷婷, 欧向军, 王晓雨, 等. 江苏都市圈空间结构的经济绩效影响研究 [J]. 资源开发与市场, 2020, 36 (12): 1378-1382+1420.

[113] 朱雷洲, 黄亚平. 华中地区田园综合体类型划分及空间组织模式研究 [J]. 小城镇建设, 2021, 39 (03): 57-66.

[114] 邹军, 朱颖璇, 杨雨豪, 等. 1981—2015 年华北地区种植结构演变及其驱动机制分析 [J]. 中国农业大学学报, 2019, 24 (12): 23-32.